见识城邦

更新知识地图　拓展认知边界

当代印度的种姓制度

Caste in
Contemporary India

第2版
Second Edition

[印度] 苏林德·约德卡 著
（Surinder S. Jodhka）

徐梦洁 译

中信出版集团 | 北京

图书在版编目（CIP）数据

当代印度的种姓制度：第2版/（印）苏林德·约德卡著；徐梦洁译. -- 北京：中信出版社，2023.11
书名原文：Caste in Contemporary India（Second Edition）
ISBN 978-7-5217-5724-8

Ⅰ.①当… Ⅱ.①苏…②徐… Ⅲ.①种姓－制度－研究－印度 Ⅳ.①D735.121

中国国家版本馆CIP数据核字(2023)第110255号

Caste in Contemporary India（Second Edition）/ by Surinder S. Jodhka / ISBN: 978-1-138-57295-9

Copyright © 2015, 2018 Surinder S. Jodhka
Authorized translation from English language edition published by Routledge, part of Taylor & Francis Group LLC; All Rights Reserved.
本书原版由Taylor & Francis出版集团旗下Routledge出版公司出版，并经其授权翻译出版。版权所有，侵权必究。

CITIC Press Group is authorized to publish and distribute exclusively the Chinese (Simplified Characters) language edition. This edition is authorized for sale throughout Mainland of China. No part of the publication may be reproduced or distributed by any means, or stored in a database or retrieval system, without the prior written permission of the publisher.
本书中文简体翻译版授权由中信出版集团独家出版并仅限在中国大陆地区销售，未经出版者书面许可，不得以任何方式复制或发行本书的任何部分。

Copies of this book sold without a Taylor & Francis sticker on the cover are unauthorized and illegal.
本书贴有Taylor & Francis公司防伪标签，无标签者不得销售。

当代印度的种姓制度（第2版）

著　者：[印度]苏林德·约德卡
译　者：徐梦洁
出版发行：中信出版集团股份有限公司
　　　　　（北京市朝阳区东三环北路27号嘉铭中心　邮编 100020）
承　印　者：嘉业印刷（天津）有限公司

开　本：880mm×1230mm　1/32　印　张：11　字　数：235千字
版　次：2023年11月第1版　印　次：2023年11月第1次印刷
京权图字：01-2023-4691
书　号：ISBN 978-7-5217-5724-8
定　价：78.00元

版权所有·侵权必究
如有印刷、装订问题，本公司负责调换。
服务热线：400-600-8099
投稿邮箱：author@citicpub.com

献给
苏海尔（Sohail）和安哈德（Anhad）

目 录

术语表　I

前言与致谢　III

第 2 版导论　IX

引　论　种姓制度的概念
　　流行的观点　003
　　种姓制度的概念轨迹　006

第一部分　阶序与公民政治

第 1 章　污染和偏见：旁遮普农村不可接触制的残迹
　　不可接触制和"污染界限"　027
　　当代旁遮普邦的种姓制度和不可接触制　030
　　旁遮普农村的不可接触制　033
　　结　论　055

第 2 章　暴行和反抗：达利特人对公民身份的主张
　　案例研究 1　哈里亚纳邦杜利纳村 5 名达利特人
　　　　　　　　惨遭谋杀案　060
　　案例研究 2　旁遮普邦塔汉村达利特人主张权利　065

案例研究3　种姓制度与排水权　071
　　案例研究4　旁遮普邦的土地和种姓制度　073
　　案例研究5　个人犯罪和种姓暴力　076
　　结　论　079

第3章　种姓制度和民主政治：一种不同的观点
　　种姓制度与民主　082
　　种姓制度的政治社会学：印度民主的运作　085
　　种姓协会　088
　　民主政治中的达利特身份和种姓制度　092
　　内部动力学：达利特身份　098
　　配额与政治进程　100
　　配额与巴尔米基人-马扎比人身份　103

第二部分　新自由主义经济中的种姓制度

第4章　经商的达利特人：印度城市中个体经营的表列种姓
　　经商的达利特人　113
　　田野调查选址和资料搜集　115
　　寻找达利特企业家：绘制全景图　118
　　经济学之外的范畴：障碍与支持　131
　　总结评论　137

第 5 章 "忽视种姓"和企业招聘
    招聘模式和流程　　145
    总结评论　　167

第三部分　流动性与动员

第 6 章 社会流动和追求自治：拉维达西身份的整体概况
    旁遮普邦的宗教和种姓动员　　173
    动员宗教为社群和发展服务　　197
    总结评论　　199

第 7 章 为尊严而战：德里国家首都辖区的达利特活动人士
    背景环境　　204
    达利特主动性、行动主义和关系网　　206
    总结评论　　253

结　论　种姓制度的未来
    变化的种姓制度　　263
    衰落的阶序、持续的不平等和种姓制度在今天的繁殖　　265
    社会变革和种姓制度的繁殖　　273
    关于偏见与歧视的社会学　　276

参考文献　　282

索　引　　300

术语表

achhoots	不可接触者[1]
atta chakki	面粉厂
baba	巴巴，宗教派别的领袖/老年男性
basti	小聚落区
bhandara	班达拉，一种琅加（见下文），向信徒免费提供的食物
dargah	圣祠
dera	一种宗教中心，通常与一位古鲁[2]或巴巴密切关联
dharna	静坐抗议，通常在有关部门的办公室前
fakir	圣徒
gaushala	牛庇护所
gurbani	歌伯尼，锡克教圣书《古鲁·格兰特》（*Guru*

---

[1] 不可接触者，印度种姓制度最底层的贱民。——译者注
[2] 古鲁（guru），印度教或锡克教的宗教导师或领袖。——译者注

	Granth）的宗教经文，字面意思是出自古鲁之口，或"上师之言""经书之言教"
gurukul	古鲁库尔，印度教传统寄宿学校，实施上师-学徒制教育
jati	阇提，一个种姓群体
kanal	卡纳，计量单位，约1/8英亩[1]
karma	业，一种印度教宗教哲学概念，指现在的生活是过去行为的结果，包括前世生活中的行为
dharma	法，一种印度教宗教哲学概念，指义务
kasai	屠夫
kirana	杂货店
langar	琅加，在锡克教谒师所[2]免费提供的热餐
mela	集会
sant	圣人
sarpanch	村长或五老会主席，在地方机构掌握最高权力者
shahid	殉道者
shuddhi	宗教净化过程
smadh	尊者的埋葬地
thanedar	中级警官
varna	瓦尔纳，一种源自印度教宗教哲学的种姓阶序的概念
yajna	雅吉纳，一种印度教仪式

---

[1] 1英亩约合4 047平方米。——译者注
[2] 谒师所（gurdwara），锡克教徒的礼拜场所。——译者注

前言与致谢

印度的政治图景和仍在进行中的剧烈的社会变动为社会科学研究提供了极具吸引力的土壤，它可能具有更广泛的比较意义和理论意义。这个以差异、分化和阶序（hierarchies）为标志的社会经历了一些非常深刻的变化。除了增长率和市场份额这样的定量指标，其大范围的聚落区、社群和语言/文化区域的关系结构也见证了前所未有的变化的步伐，特别是在1980年以后的时期。2015年初版的《当代印度的种姓制度》正是试图以印度西北部为区域背景，围绕种姓制度这一主题探讨和理解其中的一些进程的。这本书的第2版有一篇简短的新导论。

本书主要基于我对印度西北部各邦的城市和农村地区进行的实证研究，经过一段时间的整合，我将其逐步发展成书。我对种姓制度的研究开始于1999年，当时安德烈·贝泰耶（André Béteille）要与《印度政治经济学院学报》（*Journal of the Indian School of Political Economy*）的编辑尼拉坎塔·拉特（Nilakantha Rath）一起为该杂志编一本特刊，我收到贝泰耶的邀稿为这本特刊撰写了一篇关于旁遮普邦表列种姓不断变化的地位的论文。多年来，我一直有幸与他们二人互动，并且受益良多。在该杂志的特刊出版后不久，印度行动援助组织联系我参与其在印度全国范围内开展的对农村地区不可接触制现状的研究。该组织请我调查研究旁遮普的情况。这是我一直在等待的机会。这项研究（第1章）是在当地的非政府组织（总部位于旁遮普邦）及其负责人杰·辛格（Jai Singh）的支持下进行的。我还得到了旁遮普大学（昌迪加尔）社会学系的曼吉特·辛格（Manjit Singh）以及来自该学校一群年轻学者的支持。

我所做的关于旁遮普邦农村种姓制度的动态工作的一部分还得到了总部位于德里的印度社会研究所及其当时的所长普拉卡什·路易斯（Prakash Louis）的支持。在他们的帮助下，我调查研究了围绕旁遮普农村的种姓问题新出现的紧张局势和冲突。第2章介绍了其中的一些工作。我在21世纪第一个十年里对种姓制度和围绕旁遮普的种姓问题新出现的农村冲突所做的研究，对我从另一个角度探讨种姓和政治问题很有帮助。本书的第3章部分取自我应尼拉贾·戈帕尔·贾亚尔（Niraja Gopal Jayal）和普拉塔普·巴努·梅塔（Pratap Bhanu Mehta）邀请为《牛津印度政治指南》（*Oxford Companion to Politics in India*）所写的一篇文章。他们对该篇文章初稿所做的评论极大地帮助了我形成关于该主题的想法。

第4章介绍的工作由世界银行支持，并且在印度达利特研究所的积极支持下完成。我特别感谢世界银行的麦特里伊·达斯（Maitreyi Das），他将这项工作委托给我，并对该报告的初稿提供了助益良多的反馈意见。苏尼尔·高塔姆（Sunil Gautam）和印度达利特研究所的其他一些研究人员在田野工作和数据处理方面给予了帮助。第7章介绍的工作也是在印度达利特研究所的支持下完成的，由基督徒互援会提供资助。印度达利特研究所的执行理事苏哈迪尔·索拉特（Sukhadeo Thorat）和基督徒互援会的阿南德·博利梅拉（Anand Bolimera）对该项研究工作给予了积极关注。坦维·西拉里（Tanvi Sirari）协助我进行该项研究的田野工作。

第6章介绍的实证工作由英国国际发展部（DFID）资助的伯明翰大学宗教与发展研究项目支持。除了为这项工作提供所需的资金支持外，与该项目在伯明翰总部的负责人卡罗尔·拉科迪（Carol Rakodi）和古尔哈帕尔·辛格（Gurharpal Singh）共事也使我获益匪浅。在担任该项目的国家协调员期间，我有幸与奈达·基尔马尼（Nida Kirmani）、艾玛·汤姆林（Emma Tomlin）、理查德·巴特利（Richard Batley）、乔·迪瓦恩（Joe Devine）、马苏达·巴诺（Masooda Bano）、莎拉·怀特（Sarah White）、穆罕默德·瓦辛（Mohammad Waseem）、英萨·诺尔特（Insa Nolte）、希瑟·马凯特（Heather Marquette）、塔姆辛·布拉德利（Tamsin Bradley），以及我的印度同事维诺德·帕瓦拉拉（Vinod Pavarala）、帕德玛亚·奈尔（Padmaja Nair）、索宾·乔治（Sobin George）、阿维纳什·库马尔（Avinash Kumar）和马丁·卡莫当（Martin Kamodang）讨论我的工作。

第5章介绍的关于"忽视种姓"和企业招聘的工作是我与凯瑟琳·纽曼（Katherine Newman）共同完成的，这项工作是普林斯顿大学资助的合作项目的一部分。我与凯瑟琳·纽曼最初在《经济与政治周刊》上发表了该文章的简短版本。这项工作还得到了其他人的帮助：索拉特、保罗·阿特维尔（Paul Attewel）、阿什维尼·德什潘德（Ashwini Deshpande）和S.马德斯瓦兰（S. Madheswaran），他们参与了更大的合作项目。在与印度达利特研究所合作期间，我还有幸与更多的人进行了交流：马丁·玛克旺（Martin Macwan）、甘地亚姆·沙阿（Ghanshyam Shah）、R. S. 德什潘德（R.S. Deshpande）、拉米亚·苏布拉赫曼尼安（Ramya Subrahmanian）和保罗·迪瓦卡尔（Paul Divakar），并从中受益匪浅。除了第5章之外，第1章、第4章和第6章的其他版本也发表在《经济与政治周刊》上。本书第3章取自最初由牛津大学出版社出版的著作中我撰写的章节，在此也表示感谢。我还要向尼塔莎·德瓦萨尔（Nitasha Devasar）和沙山克·辛哈（Shashank Sinha）表示衷心感谢，是他们鼓励并敦促我写这本书。我能够有时间将所有这些工作成果结集成书，得益于印度文化关系委员会提名我担任其在瑞典隆德大学的主席之一，我于2012—2013年在那里受到了瑞典南亚研究联络会（SASNET）和政治学系的热情招待。印度文化关系委员会在德里的官员和印度驻瑞典大使馆的官员，特别是大使巴纳什里·博斯·哈里森（Banashri Bose Harrison）女士提供了所有必要的支持，确保我能够获得开展工作所需的一切，包括温暖的友谊和社会支持。其间，我还在瑞典和欧洲其他地方的各种研讨会上介绍了一些关于这方面的工作，并收获了宝贵意见。我要特别感谢瑞典南亚研究联络会的安娜·林德伯格（Anna Lindberg）和拉斯·艾克朗德（Lars Eklund），以及政治学系的托马斯·伯格斯特罗姆（Tomas Bergstrom）、卡塔琳娜·欣瓦尔（Catarina Kinnvall）、温妮·博特（Winnie Bothe）、泰德·塞恩森（Ted Sevensson）和克里斯蒂娜·琼森（Kristina Jönsson）。与斯塔凡·林德伯格（Staffan

Lindberg)、戈兰·久尔费尔特(Goran Djurfeldt)、奥勒·弗勒丁(Olle Frodin)、艾格尼丝·久尔费尔特(Agnes Djurfeldt)、阿克·桑德(Åke Sander)、克里斯蒂娜·米沃尔德(Kristina Myrvold)、尼兰巴尔·哈蒂(Neelambar Hatti)、拉吉尼·哈蒂·考尔(Rajni Hatti Kaul)和哈柏烈·辛格(Harpreet Singh)的交流互动也使我受益良多。多年来，我从专业同行给予的批评和评论中收获了很多。我特别要提到的有迪潘卡尔·古普塔(Dipankar Gupta)、古尔普雷特·玛哈贾(Gurpreet Mahajan)、拉马诺哈·雷迪(Rammanohar Reddy)、詹姆斯·马诺尔(James Manor)、阿南德·泰尔塔姆伯德(Anand Teltumbde)、萨蒂什·德什潘德(Satish Deshpande)、约翰·哈里斯、西蒙·查斯利(Simon Charsley)、博伊克·雷拜因(Boike Rehbein)、拉文德·考尔(Ravinder Kaur)、南迪尼·珊达尔(Nandini Sundar)、大卫·莫斯(David Mosse)、路易莎·斯特尔(Luisa Steur)、戈帕尔·古鲁(Gopal Guru)、杰西·索萨(Jesse Souza)、南迪尼·古普图(Nandini Gooptu)、大卫·盖纳尔(David Gellner)、苏达·派(Sudha Pai)、巴德里·纳拉扬(Badri Narayan)、雨果·戈林奇(Hugo Gorringe)、朱尔斯·诺德特(Jules Naudet)、拉杰什瓦里·拉伊纳(Rajeshwari Raina)、德鲁夫·拉伊纳(Dhruv Raina)、玛丽·约翰(Mary John)、阿西姆·普拉卡什(Aseem Prakash)、帕达姆纳布·苏马伦德拉(Padamnabh Sumarendra)、罗查纳·巴杰派(Rochana Bajpai)、桑杰·帕尔希卡尔(Sanjay Palshikar)、阿帕纳·拉亚普罗尔(Aparna Rayaprol)、萨希·赫格德(Sasheej Hegde)、苏亚塔·帕特尔(Sujata Patel)、桑杰·斯纳瓦斯塔瓦(Sanjay Snvastava)、希亚·森(Hia Sen)、保罗·德

苏萨（Paul D'souza）和拉梅什·贝里（Ramesh Bairy）。我在社会系统研究中心的同事们也给予了我极大的积极支持和反馈，他们是迈特雷·乔杜里（Maitrayee Chaudhuri）、迪维亚·维德（Divya Vaid）、埃迪·罗德里格斯（Eddie Rodrigues）、维维克·库马尔（Vivek Kumar）、坦维尔·法扎尔（Tanveer Fazal）和G.斯里尼瓦（G. Srinivas）。在这项工作的不同阶段，我获得了许多之前和现在的学生的帮助。他们包括萨拉赫·普纳蒂尔（Salah Punathil）、阿纳苏亚·查特吉（Anasua Chatterjee）、博米卡·乔希（Bhoomika Joshi）、乌吉特拉·波尼亚（Ujithra Ponniah）、尼兰贝尔·切特里（Nilamber Chhetri）、苏拉杰·贝里（Suraj Beri）和伊什瓦利·巴特拉伊（Ishwari Bhattarai）。

我的妻子斯内哈·苏达·科马瑟（Sneha Sudha Komath）一直都是我的作品最苛刻的评论者，如果没有她的积极支持，这本书是不可能完成的。

第 2 版导论

关于当代印度的种姓制度的流行叙述颇有些令人费解。对居住在印度城市的绝大多数主流中产阶级来说，种姓制度是个天生不合法的话题。在新兴的现代化和民主化的印度，正如他们中的许多人所认为的，种姓制度应当没有合法的容身之地。甚至谈论和书写种姓制度都无异于鼓励其在日常生活中的持续存在。另一方面，奇怪的是，人们却日益认识到，作为生活中无法改变的事实，种姓制度的存在很重要。这种情况不仅存在于选举政治和治国方略领域，而且在明显开放的企业资本领域、快速变化的印度经济中的新兴劳动力市场和正在萌芽的城市形态中，情况也是如此。也许更重要的是，不仅仅是"种姓战士"或政治活动家要求从种姓制度的角度来看待印度的事务，甚至连社会科学学者也越来越多地将"种姓变量"（caste-variable）纳入广泛的实证研究和概念研究中。"种姓变量"的重要性现在得到了政策制度的广泛认可，无论是在地区层面还是在国家层面。

由于出生时正处于殖民统治的阴影之下，受过西方教育的新一代印度精英阶层——他们基本上全部出身于传统上的高种姓——视种姓制度的现实为尴尬的来源。对他们中的许多人来说，种姓制度在日常生活中的存在和实践，只会强化殖民时期对印度传统文化的刻板印象，即它是植根于非理性的宗教信仰和不人道的排斥与阶序的做法。实现现代和民主的核心组成部分或要求之一就是抛弃种姓制度和其他类似的信仰并向前迈进，走向以个人成就和理性公民生活为基础的社会。社会科学家之中的主流观点也与这种源于西方现代化观念的常识一致。种姓制度的衰落不仅众人翘首以待，而且也不可避免。因此，任何表明其持续存在的证据都被视为和理解为一种反常现象。也就是说，主流中产阶级对待种姓制度的这种狼狈和难堪很少被清楚地表述为一个政治或社会事实。他们对种姓制度的反对源自他们从殖民统治者那里学到的东西。

换言之，种姓制度在这样的叙述中主要被视为一种文化上的遗留习俗，其运作阻碍了印度的进步。形成于19世纪欧洲的人类进化与社会变革理论及其对世界各地区和各文化——特别是在殖民地——日益增强的影响力，为信奉现代主义的中产阶级的种姓制度观提供了"科学"的基础。社会科学学术研究及其概念框架，结构功能主义甚至马克思主义都预言，种姓制度作为传统文化和意识形态的一个方面，将不可避免地衰落并最终自行消亡。城市化和工业化进程、资本主义经济的发展、精神框架和社会制度的现代化以及政治体系的民主化，都将使种姓制度变得多余和毫无意义。随着经济发展和社会进步，就像现代西方世界一样，印度社会也将从封闭的阶序体系转变为开放的社会阶层分化体系。

传统文化各方面这种"消失的势在必行"，仍然是关于一个强大的民族国家未来可能进步的有影响力的比喻。即使是那些主张"复兴古印度教国家"的人，也不约而同地将种姓分化视为对他们的国家理念和印度教社群主义[1]身份的一种挑战。在此，种姓制度也被视为仅仅是在意识形态上有待克服的腐化堕落的根源。

然而，并没有什么迹象显示，种姓制度会在不远的将来消失。相反，在21世纪初，它看起来似乎比以往任何时候都更有生命力。基于种姓的社群越来越多地自我动员起来，这不仅仅是因为这些社群继续将自己视为集体主体，更重要的是因为这些社群认为自己的脆弱和力量源于对种姓的集体身份认同。那些处于阶序下层的人，视种姓制度为一种造成阻碍的物质现实，妨碍了他们参与新兴的机会结构——选举政治、优质教育和企业经济。享有特权的一方也希望牢牢守住自己的垄断地位，往往以能力（merit）和现代性的名义。因此，种姓制度是一种资源、一种资本形式，其价值取决于一个人在传统阶序中所处的位置，这本身就表明了各种姓社群所拥有的不平等的资源。

不过有趣的是，尽管有显而易见且纷杂喧嚣的证据表明种姓制度的韧性，但居住在印度城市的许多人仍然认为，如果不是印度选举政治中狡猾的行动者在利用它、使它政治化，种姓制度到如今就会而且应该消失了。另一个被提及的种姓制度继续存在的原因是，其通过预留政策（reservation policy），为表列种姓和其他落后阶层提供配额而被体制化。即使种姓制度的存在被承认为

---

[1] 社群主义（communitarian），也可译为共同体主义，是20世纪80年代后产生的当代最有影响力的西方政治思潮之一。社群主义的哲学基础是新集体主义，认为个人及其自我最终是由他所在的社群决定的。——译者注

实质性的现实，它也通常被视为"改变和延续"的典型例子。其潜在的假定是，种姓制度的继续存在是印度经济及其文化价值观没有完全现代化的结果。在新自由主义市场体制下，随着发展过程的成熟，种姓制度必然会自行消失，只要允许其被印度民主政体的政治企业家（political entrepreneurs）遗忘。

与这一流行的中产阶级常识相反，本书构建了一个不同的种姓制度发展轨迹。要开展这项工作，我们就应当摆脱纯粹以文化和传统为中心的种姓制度观，认识到它的物质性。流行的以宗教为中心的种姓制度观提供了一种过分简单化的、不顾史实的视角。尽管印度教的宗教典籍和日常生活的祷告中谈及瓦尔纳（varna）模型，但这些概念结构并未穷尽种姓制度的现实。种姓制度也塑造了受约束的（regulated）土地关系和居住模式。作为一种社会制度，生态上的可能性、经济进程和政治动荡也会在不同的地区以不同的方式塑造种姓制度。即使在今天，种姓制度也在不断发展和变化。

现有的大量实证研究，包括本书介绍的实证研究都清楚地表明，种姓制度在最近经历了许多重大的变化，而且或许变化比以往任何时候都更为迅速。这些变化在印度几乎所有层面和所有地区都能感受到。然而，变化的过程并没有遵循一条单一演进或线性的发展道路。更重要的是，即使种姓制度和维持该制度的社会与经济结构经历了重大转变，它也不会消失。在某些地区，即使其农村生活的社会与经济领域已经发生了相当"激进的变化"，旧的种姓等级几乎已经瓦解，但基于种姓的分化和不平等继续影响重大，并且常常与新经济带来的差距重叠，无论是在农村还是在城市。

对选举政治的分析也未能详尽论述当代种姓制度的现实，种姓制度以多种形式出现在社会、经济和政治生活的不同领域，有时显而易见，有时则不那么明显。

由于种姓制度存在于人们实实在在的生活与经历中，因此，它在南亚次大陆的不同地区向来存在着显著的差异。本书各章节从实例出发，探讨了在历史上婆罗门印度教的影响并不十分强大的地区的种姓制度在当代的现实。本书的一些章节还探讨了传统上一直被研究印度种姓制度的学者所忽略的社会生活领域。尽管所有的章节都是基于在印度西北部进行的实证研究，但我希望本书试图提出的框架同样有助于我们理解其他地区的社会阶序和持续存在的不平等。正如人们通常认为的，印度社会的社会结构或其种姓分化体系并不是独一无二的。地位阶序存在于不同的社会中并将继续发挥重大影响。它们还与不断变化的经济、政治和社会生活模式交织在一起，其方式与当代印度的种姓制度的动态非常类似。因此，研究种姓制度这一主题可以帮助我们建立比较框架，用以理解当今世界继续存在的社会差异、歧视和社会不平等的繁殖方式和模式。

引 论

种姓制度的概念

　　种姓制度的概念看似显而易见,但仍然引出了种种无法轻易回答的问题。种姓制度几乎普遍被视为印度教的传统制度,围绕着瓦尔纳阶序和阇提建构起来。在现代印度,随着民主的发展和经济秩序与教育体系的迅速变化,种姓制度的概念本应失去其吸引力和价值。但事实并非如此。相反,虽然今天传统社会秩序的束缚相比五六十年前已大为放松了,但种姓制度的公众存在感在许多方面却比五六十年前显著得多。

　　种姓制度究竟发生了什么?当代印度的情况使得这个问题没有简单的答案。今天的印度,种姓制度经历了多种多样的发展。答案很可能取决于该问题是在什么背景下提出的。这也可能取决于在回答该问题时考虑的是谁对种姓制度的感受。对于这样的问题,可能存在而且确实存在多个答案。今天的"种姓问题"不再仅仅是一个学术问题,而是一个实证调查和分析的对象。其学术讨论总是涉及道德和经验的层面。

　　然而,这并不是打算颂扬多重主体性。这也并不意在暗示,只有亲身经历种姓制度的人才能理解或描述它。换言之,不应当就此推论出从实证的角度研究种姓制度问题已变得不可能。相反，持续不断地探寻新出现的、常常以相互冲突的方式迅速变化的种姓制度的现实，并且理解它们引起的争议和在特定社会、经济和政治情境下被表达的不同方式，变得更加重要。当代关于种姓制度的论述正在一些复杂的智识领域开展，今天我们要研究该主题，就必须首先认识这一图景。

在印度独立后的最初几十年里，社会学家和社会人类学家研究种姓问题或许要容易得多。那些在20世纪50年代和60年代研究印度农村生活的学者提供了丰富的有关种姓制度的报道。然而，他们的受众主要是他们自己的同事、其他社会科学家同行。即使是后殖民发展型国家，也对学者们构建的阶序体系的详细描述性报道不太感兴趣。然而今天，种姓制度问题的框架不能脱离其在日常政治和社会生活中所受的争议。

因此，对"种姓问题"的（多个）框架进行批判性研究已经变得与对其进行实证研究一样重要。

我们必须要问，已经有哪些类型的概念框架被用于研究种姓制度以及它们的起源。搞清楚我们今天所处的位置，将使我们能够考虑要理解当前的（各种）情境还需要探究和阐明什么。本引论试图理解种姓概念的发展历程，为接下来打算研究的实证问题介绍更广的理论背景，这些问题贯穿于我在本书后面的章节中介绍的对当代印度种姓制度动力学的研究。

流行的观点

根据流行的教科书观点，种姓制度是印度一种古老的制度，源自处于支配地位的印度教宗教意识形态。印度教宗教体系强调瓦尔纳、业（Karma）和法（dharma）的重要性，这点在《摩奴法典》中已明确宣告。这些观念产生了一个围绕着洁净和污染的概念构建而成的阶序式的社会等级。瓦尔纳体系将印度教徒划分成四个或五个互相排斥的类别，其中婆罗门处于顶层，接下来按地位依次是刹帝利、吠舍和首陀罗。在这四个瓦尔纳之下是贱民（achhoots 不可接触者），他们在社会等级中处于最底层的位置。

对种姓制度的这一描述存在许多问题。尽管该描述几乎被普遍接受，但它却是一个相对现代的观念。正如一些历史学家和社会人类学家指出的那样，这种将种姓简单化地描述为整个南亚次大陆的统一结构的做法，只是在英国殖民时期，也就是接近19世纪末的某个时候，才被视为关于印度社会的常识（Appadurai 1988; Banerjee-Dube 2008; Charsley 1996; Cohn 1968,1987; Dirks 2001; Raheja 1989; Samarendra 2011; Sharma 2002）。

该种姓制度观从根本上视种姓为印度独有的文化或意识形态现实，认为其使印度的传统社会等级区别于现代西方。不同于西方社会的阶级不平等——这种不平等被认为直接源自经济结构——种姓阶序的运作独立于物质现实或政治动态之外。

将种姓制度贴上与"现代西方"形成鲜明对比的"传统制度"的标签，也是预先假定了印度社会处于与西方不同的进化阶段。这一标签表示，随着经济发展、现代化和城市化进程的展开，种姓制度最终会自行消失。

当代印度的历史显然没有遵照这种社会进化模式。印度的现代化进程——正如人们在该框架下对它的理解——是19世纪中期的某个时候由英国殖民统治者开启的，当时殖民统治者引入了铁路、西式世俗教育、现代工厂、大众传播方式和现代行政体系。1947年印度独立后，随着发展规划、民主治理体系和"现代"宪法——该宪法具有周密制定的法律和行政框架，积极致力于削弱传统种姓等级——的引入，印度的现代化进程大幅加速。

虽然印度今天仍然面临许多社会、经济和政治问题，但并不能将其描述为具有传统社会和政治秩序的发展中国家。相反，今天在世界上许多人看来，印度已然是21世纪新兴的经济大国。尽管从人口统计学角度来看，印度2/3的人口仍然居住在农村地区，但印度不再是农业经济体制。随着越来越多的人加入城市经济，即使住在农村地区的人的生活方式也逐渐城市化，印度大部分地区的社会和经济组织已经发生了根本性的变化（Gupta 2005; Jodhka 2012a, 2014; Lindberg 2012）。民主政治也在逐步深化，几乎覆盖印度所有的社会范畴和地区。

所有这些进程彻底改变了印度社会，包括其种姓制度。正如社会学家和社会人类学家一个多世纪以来一直报道的，种姓制度在意识形态上的影响力及其根深蒂固的等级不再像20世纪中叶以前那样强大了。然而，虽然发生了深刻的变化，但种姓制度既没有淡出也没有消失。

对居住在印度城市的许多中产阶级来说，种姓制度之所以延续至今，并不是因为它继续构建社会关系或印度教的心理特征，而是因为它被印度选举政治中狡猾的行动者政治化了，或是因为国家实行为表列种姓和其他落后阶层提供基于种姓的配额（预留名额）的政策。然而，这并不能解释大众媒体频繁报道的日常发生的各种种姓暴力和暴行、某些种姓社群在空间上和社会上的边缘性、对种姓内婚制的继续强调和不平等的社会等级——种姓制度仍然是其重要组成部分——的繁殖。本书介绍的研究以及当代印度的社会科学家发表的大量其他研究成果清楚地证实了这一点。在今天的印度，种姓制度的重要程度超越了选举政治。因此，问题不是简单地检验这种公式化的表述的经验主义断言，而是要质疑将种姓制度仅仅视为文化或意识形态现实这一概念模型的潜在假定。甚至在文化方面，阶序和污染的观念也继续在当代印度的生活中产生偏见和歧视。

然而，种姓制度从来都不像东方学家以及后来一些社会学家和社会人类学家所构建的那样，只是一个宗教或意识形态上的事实。这样一种仅仅或主要从文化"差异"的角度着眼的种姓制度观仍然持续存在，实在令人惊讶。事实上，种姓制度展现出明显的物质差距，比如像贫民窟社区这样的物理上隔离的聚落区，以及制度化的暴力，包括不可接触制。不可否认，阶序和洁净/污染是种姓制度的核心理念之一。但它们也产生了人为影响、社会不平等、经济差距、剥夺和暴力。不知何故，有关种姓制度的流行教科书观点并没有传达这些相当明显的事实及其日常运作产生的影响。因此，我们从审视种姓制度的概念轨迹着手并试图逐步形成另外的将种姓制度概念化的方法就变得非常重要了。

种姓制度的概念轨迹

正如我在其他文章中提出的（Jodhka 2012b），绘制种姓制度概念的历史轨迹的一种方法是将其划分成三个"时刻"：将种姓制度视为传统、视为强权政治、视为耻辱。这三个"时刻"虽然不是相互排斥的，但可以帮助我们理解社会科学在种姓制度这个主题上的研究模式的变化。

将种姓制度视为传统

传统一直是最常见的概念化种姓制度的方式。其历史可以追溯到西方和殖民地的学者与统治者对南亚地区文化的早期研究。然而，这并不是说前殖民时期不存在种姓阶序，也不是说英国统治者或西方理论家创造了种姓制度。诸如瓦尔纳、阇提或内婚群体（zat）等类别以及相应的社会分化和地位阶序确实已经在南亚的不同地区存在了很长时间（尽管不是无处不在），表现为各种各样的形式和结构组织。关于种姓制度的历史学研究和人类学研究表明，西方的"种姓制度"概念不顾"本土"的社会等级多样化且往往充满争议的现实，而将其简化为界限清晰的群体（Dirks 2001; Raheja 1989），这些研究成果令人信服。

西方的种姓制度观是通过东方学家、传教士和殖民地管理者的著作经过一段时间发展形成的。通过这些著作，一种将种姓制度视为印度传统的观念兴起，其中许多看法最终成为民族独立主义关于印度社会常识的一部分，即便在今天，仍然在印度内外的许多方面发挥着影响力。由于西方世界将印度视为文明古国之一，因此印度教典籍被认为对理解其"本质"具有关键性的意义。这些通过古代典籍质询印度文明文化的做法伴随着一个显而易见的假设：19世纪的印度与这些典籍成书的时代并没有太大差异。正如伯纳德·S.科恩（Bernard S. Cohn）所正确指出的：

> 接受基于典籍的社会观……也给人一种印度社会是静态的、不受时间影响的、无空间性的印象。对于确定印度社会和文化性质来说，公元3世纪的典籍中关于习俗的叙述和18世纪晚期的观察结果都是很好的证据。在这种观点下……不存在区域上的差异，也无人质疑来自典籍的规范性陈述与个体和群体的实际行为之间的关系（Cohn 1987: 7-8）。

到19世纪后期，英国统治者开始相信"种姓制度是印度社会的基础事实，是印度教（印度教也是种姓制度的基础）和南亚次大陆作为一个文明地区的基础"（Dirks 2001: 41）。

种姓制度除了使印度区别于其他社会的制度之外，还是传统印度社会的缩影，一个"封闭的体系"，在此体系中，连续数代人做着类似的工作，过着或多或少类似的生活。相比之下，西方工业社会被描绘为"开放的体系"，其社会阶层分化仅仅以阶级为基础，在此体系中，个体可以根据自己的喜好和能力选择职业。如果努力工作，他们将有可能沿着社会阶梯向上爬升，改变自己的阶级地位。而这种个人层面上的流动在种姓制度中是不可能的。

路易·杜蒙（Louis Dumont）在其著作《阶序人》（1966年首次出版了法文版，1971年出版了英译版）中以现代社会科学的语言再现了东方学家看待种姓制度的这种"基于书本的观点"（book-view）。像东方学家一样，杜蒙认为种姓制度代表了印度与西方之间的文化"差异"。作为一种意识形态体系，它的运作方式与西方社会的文化模式截然不同。他对那些认为种姓制度与物质环境有关的人不屑一顾。他认为，政治经济学的视角可以解释西方社会的不平等，但在印度行不通。

不平等思想是杜蒙的种姓制度观的核心。然而，他对比了种姓制度的阶序与西方的不平等观，视后者为物质差距。按照杜蒙的说法，西方的核心意识形态是个人主义和平等。而在印度，不平等是一个文化事实，是一种合乎情理且有特定价值的社会组织模式，受到了印度教宗教意识形态的过多影响。因此，不能使用共同的社会学框架来比较或研究印度与西方，因为它们的底层结构有着根本的不同。如果说西方是一个建立在个人主义和平等思想基础上的现代社会，相比之下，印度则是一种基于"总体性"和"整体主义"思想的传统文化。在印度，地位和阶序的不平等比经济或政治/权力更为重要，正如杜蒙所说的"地位涵盖权力"（1998）。尽管国王权力强大，但婆罗门的地位高于国王。正如格洛里亚·G. 拉赫贾（Gloria G. Raheja）对杜蒙的论点所做的总结：

> 西方对印度教社会最流行且最持久的看法认为，阶序是界定各种姓之间关系的唯一的意识形态。在这种狭隘的看法中，种姓制度被视为关注于婆罗门的洁净价值，而国王和宰制种姓（dominant caste）……被认为只代表了"政治"和"经济"关系这一剩余的、不重要的和非意识形态的领域

(Raheja 1989: 79)。

因此，对杜蒙而言，种姓制度是一种阶序式的体系，被印度教自然化、合法化，建立在洁净与不洁的对比之上。

> 这种对立是阶序的基础，其中洁净优于不洁。这种对立是隔离的基础，因为洁净者与不洁者必须隔离开来。这种对立是劳动分工的基础，因为洁净与不洁的职业同样必须隔离开来。社会整体建立在这两个对立面的共存之上，这种共存是必要的且是阶序式的（Dumont 1998: 43）。

种姓阶序体系的两个极端，一端是婆罗门，另一端是不可接触者。洁净者必须"找到其逻辑的对立面——不洁者，因为它是一个完整的体系"（Gupta 1981: 2095；也参见 Quigley 1993）。

杜蒙的这本书一直是关于印度种姓制度的最具影响力的著述之一。然而，他对种姓制度的概念也一直饱受批评，因为其提供的对种姓制度的报道失之偏颇，像是婆罗门自身想要讲述的（Berreman 1991: 87-88; Mencher 1974）。杜蒙的资料来源主要是由婆罗门编写和保存的典籍。批评者指出，他无视描述种姓制度运作的实证文献集，因为这些文献集不符合他的概念。甚至他在挑选典籍作为资料来源时也是有选择性的。典籍体现的种姓制度观也不像杜蒙展现的如此统一（Das and Uberoi 1971）。

历史学家指出，即使在古代，种姓制度也是一个有争议的且不断演化的现实，与印度社会的其他方面一样，也随着时间的推移而不断变化。例如，在特定的地区或王国，婆罗门的地位取决于他们与国王的关系。一名婆罗门只有在成为国王的祭司或获得大量土地的控制权后，才开始享有很高的地位（参见Gupta 1981；Thapar 1975）。村落一级的种姓关系体系也是超出村落的更大的政治权威的一部分（Fuller 1977, 1984）。詹姆斯·马诺尔认为，"旧的种姓阶序根源于物质性。它们不仅存在于人们的思想中，在观念、信仰和想象的层面上……种姓制度和种姓阶序过去具有并且现在仍然具有有形的事实根据"。他的说法是正确的（Manor 2010: xxii）。

杜蒙的这本书最终过度强调了印度与西方之间的差异，将前者描绘为整体主义的和阶序式的，而将后者描绘为个人主义的和平等主义的。它还产生了一种单一且简化了的印度观，抹杀了阶序自身的能动性（Appadurai 1988; Béteille 1986; Inden 1990: 65）。现实情况是，阶序在印度的不同地区和不同环境中以多种方式实现自身的运作。从事种姓制度研究的学者们也指出，一直都存在着多种阶序概念，而且各种姓群体对在各种不同的阶序中孰"高"孰"低"常常没有一致意见（Deliège 1993; Gupta 2000）。

将种姓制度视为权力

在杜蒙的论点中，争议的要点是种姓制度的地位阶序与日常生活的权力和物质现实之间的关系。然而，这两者从来都不是彼此独立的。即使是 M. N. 斯里尼瓦的有关梵化[1]的著作，也展示

---

[1] 梵化（Sanskritization），指低种姓遵循高种姓，特别是婆罗门的生活习俗、宗教仪式和人生信仰，采取其生活方式的过程。——译者注

了物质上的成功能够改变一个群体在种姓阶序中的社会地位。这种群体流动过程只有在"低"种姓取得了某种程度的物质上的成功时才会发生（Srinivas, 1966）。

有趣的是，在杜蒙将这种东方学家的种姓制度观标准化以前，西方的许多学者已经从比较的视角研究过种姓制度。他们中最著名的两位是马克斯·韦伯（Max Weber, 1864—1920）和塞莱斯坦·布格莱（Celestin Bouglé, 1870—1940）。韦伯认为种姓制度没有任何独特之处（或印度独有之处）。他认为种姓分化是基于地位分化的特例，根据他的说法，后者在几乎所有的社会中都存在。然而，地位分化可能会演变成"封闭的种姓制度"，尽管并非总是如此、处处如此。对韦伯来说，"社会地位"不同于"阶级处境"，因为"阶级"取决于经济次序，而"地位处境"由"社会对荣誉的评价"和"生活方式"决定。这通常会导致基于种族群体的隔离。然而，在"影响达到了最大程度"的情况下，"种族隔离"可能会变成"封闭的种姓制度"。在这样的情况下：

> 地位差别……不仅得到习俗和法律的肯定，还获得宗教仪式的保障。其结果是，与任何被"高"种姓成员认为是"低"种姓的成员进行一次身体接触都被视为导致了一种仪式性的不洁，一种必须通过宗教行为来赎罪的耻辱。个别种姓发展出全然不同的宗教仪式和神（Weber 1946: 188-189）。

虽然种姓制度是地位群体（status group）区分的极端例子，但韦伯强调它并非印度独有。

实际上，"种姓制度"是种族社群通常以"组成社会的"方式一起生活的范式。这些种族社群信仰血缘关系，排斥与异族结婚和社会交往。这样的种姓制度情况是"被社会遗弃的"人们的部分表现，并且在世界各地都能看到它的身影。这些人组成社群，取得特定的职业传统……他们生活在"流放区"，除了不可避免的往来之外，严格隔离所有的个人交往，他们的处境在法律上是不确定的。然而，由于他们在经济上的不可或缺性，他们被容忍存在（Weber 1946: 188-189）。

对该学术传统做出另一个重要贡献的是法国学者塞莱斯坦·布格莱。虽然他区分了基于阶级的经济不平等与种姓制度的地位阶序（因为在后者中，按阶序划分的职业差异也产生了一种对其他群体的排斥感），但与韦伯一样，他也不认为种姓制度是独特的，或为印度或印度教徒特有的。他强调，种姓制度"不过是随处可见的元素的综合体"（Bouglé 1971: 30）。这种比较视角承认像种姓这样的制度和印度社会的特殊性，但是并不将它们简化为仅仅是"文化差异"这一事实，这将有助于形成概念框架，也将有助于更好地理解种姓制度。

因此，种姓制度的第二个"时刻"围绕着种姓制度的权力和政治这个观点。关于种姓制度的这一事实已得到从事印度社会学研究的学者的广泛认可。"阶序"和"地位"不仅仅是关于文化差异的问题。正如马克斯·韦伯所认为的，它们也是"权力"的维度或形式（参见Giddens 1980）。"地位"在印度也得到了某种宗教上的认可，这一事实并不意味着对其作为一种关系的体验不同于对权力和宰制的体验。而且，只有通过权力的运作，无论是非法强制的还是合法的，它才有可能在日常生活中繁殖。

在印度社会科学中，"将种姓制度视为权力"并不是新观点。在20世纪50年代和60年代，当社会学家、社会人类学家和其他社会科学家开始通过研究村落和分析民主与选举过程对印度社会的微观环境进行探讨时，他们极为详尽地观察和描述了种姓制度与权力之间的关系的各个方面。对种姓制度的实证研究的一项重大贡献是由斯里尼瓦做出的，他引入了"宰制种姓"（1955: 18）的概念。他在印度南部进行实地考察时观察到：一个种姓群体的仪式地位只有在伴随其他形式的宰制，最重要的是物质繁荣时，才变得有意义。

> 当一个种姓享有一种形式的宰制后，随着时间的推移，它经常能够获得其他形式的宰制。因此，一个从数字上说强大而富有的种姓如果梵化它的仪式和生活方式，将能够在仪式上的阶序中往上爬升，而且它希望自己是什么，就能够大声而坚定地宣称自己是什么。无须补充的是，一个种姓享有越多形式的宰制，它就越容易获得其他形式的宰制（Srinivas 1959: 3）。

一些对村落的研究还显示，实行不可接触制是为了控制不可接触者的生活，这是一种权力关系（类似于奴役），如果必要的话通过强制加以巩固。安德烈·贝泰耶在其对南印度村落的研究中，生动地描述了这一点：

婆罗门经常依赖非婆罗门来对付阿底·德拉维达人。[1]当一名阿底·德拉维达人行为不端时，婆罗门米拉斯达尔人（mirasdar）会叫他的非婆罗门佃户从隔离的村庄（cheri）那里捉来这个恶棍，将他绑到树上，把他揍一顿。武力……是针对阿底·德拉维达人最有效的制裁手段之一（1996: 168）。

尼古拉斯·德克斯（Nicholas Dirks）和拉赫贾等学者在建立种姓制度的理论时也赋予了权力以中心地位。德克斯认为，"原始种姓制度"是一个多样化的现实，并不遵循任何单一的原则，这正如杜蒙提出的观点。他通过对泰米尔纳德邦的一个王国的研究表明，"宗教"与"政治"领域不存在任何"本体论上的分离"：宗教制度和（国王的）权力完全交织在一起。国王从宗教崇拜中获得他的权力。

神庙通过承认国王在神庙中拥有最高荣誉，甚至超越了博学的……婆罗门，从而象征国王的至高无上的地位。宗教不涵盖王权，正如王权不涵盖宗教一样。不存在两种截然不同的权力形式……在一个万物都产生自同一本体论源头的世界里，国王和婆罗门都享有特权，却是通过不同形式的神性（Dirks 1989: 61）。

类似地，拉赫贾认为，"在日常农村社会生活中，种姓间关

---

[1] 阿底·德拉维达人（Adi-Dravidas 或 Adi-Dravida），又译为原始德拉维达人，是印度泰米尔纳德邦自1914年以来用来指示表列种姓的术语。在2011年印度人口普查中，他们占到了该邦人口的18%左右。——译者注

系的意识形态发生了一些显而易见的与环境有关的变化。随着环境的变化，意义和价值观受到不同程度的重视，并且它们暗示着各种姓的排列发生了变化"（Raheja 1989: 81）。

在对北方邦村落的祭祀仪式进行的研究中，拉赫贾发现宰制种姓古贾尔人（Gujjars）甚至在村落的宗教仪式生活中也处于中心地位。

> 古贾尔人的宰制是绝对的。他们占总人口的一半略多一点，但掌握几乎所有的土地。他们不仅被认为是他们自己的家庭和农业宗教仪式的贾吉曼，在涉及作为一个整体的村落的宗教仪式生活中也被视为贾吉曼（Raheja 1989: 98）。

关于当代印度民主政治进程的许多实证研究都进一步强调了种姓制度与权力的这种关系，以及这种关系如何能够很容易地适应现代民主政治。

将种姓制度视为羞辱和歧视

种姓制度的第三个"时刻"视种姓制度为一种将羞辱制度化为社会和文化实践的体系。虽然这种看待种姓制度的视角纳入了权力的思想，但它对权力的处理方式是批判性的，而不是描述性的或实用主义的模式（这是第二个"时刻"的许多著作采用的方式）。它还对所谓的印度传统是一种权威和宰制模式的观点提出了批判。这种表述方式的起源可以追溯到19世纪的改革者，如焦提巴·普乐（Jyotiba Phule）和达利特理论家B. R. 安贝德卡尔

（B. R. Ambedkar）等人的著作（Omvedt 1976, 1994）。然而，直到20世纪80年代和90年代末，种姓制度的第三个"时刻"才开始受到学术界的关注和尊重。

印度社会在20世纪70年代和80年代经历的剧烈的社会变动中产生了许多新趋势。差不多在这一时期，印度从殖民统治下取得独立之时所架构的关于国家建设和发展的主流话语——"尼赫鲁议程"——在道德上和政治上开始瓦解。这为新形式的政治的兴起创造了空间，它们通常以身份认同为基础，包括那些处于印度社会边缘的政治（Jodhka 2001）。

直到20世纪80年代，主流政治话语和国家发展倡议在很大程度上仍然是"忽视种姓"的。即使在选举政治中，表列种姓社群也大多与主流政治形态——国大党——结盟。关于达利特政治和身份认同的自治话语，无论以何种形式存在，都仅局限于像马哈拉施特拉邦、卡纳塔克邦或安得拉邦等邦的少数地区。只有来自表列种姓背景的、已经城市化和向社会更高层流动的个人关注这个问题，他们受益于"预留名额"。他们表达的达利特问题也主要局限于文化形态，其中最突出的是区域语言文学领域（Mendelsohn and Vicziany 1998）。

然而，这些年来，达利特中产阶级的规模不断扩大，主要原因是国家在政府职位和教育机构中实行的配额政策取得了日渐显著的效果。随着人数的增多，达利特人也更有自信大声说出他们在职场遭受歧视的经历，以及整个社会针对他们社群持续存在的基于种姓的偏见。他们开始组建单独的表列种姓雇员协会，并动员起来抵制他们在职场或外界社会感知的不同种类的歧视行为（Mendelsohn and Vicziany 1998）。

差不多在这一时期，安贝德卡尔被重新发现并被奉为达利特身份的全民偶像，一位能够代表他们的抱负的伟人（Zelliot 2001）。印度在1991年举行了安贝德卡尔诞辰一百周年庆典。虽然印度民族独立主义运动中的其他主要人物，如尼赫鲁、帕特尔、甘地似乎正在失去他们在政治上的吸引力，但安贝德卡尔的声望和重要性继续增强。讨论今天的种姓制度不可能不援引安贝德卡尔及其对种姓制度和印度社会的批评。

种姓关系在实地发生的一些实质性变化也促进了关于种姓制度的学术话语的转变。最近的研究指出，种姓阶序和传统的权力与宰制结构正在逐渐松散。奥利弗·门德尔松（Oliver Mendelsohn）基于他在拉贾斯坦邦的工作认为，尽管斯里尼瓦在20世纪50年代谈论"宰制种姓"是正确的，但这样的说法在当今的印度农村却没有多大意义。"如今低种姓，甚至是不可接触的村民已不再像过去报道的那样受制于他们在经济上和仪式上的高阶者了"（Mendelsohn 1993: 808）。同样，"在印度农村，土地已经与权威脱钩，即使这不是一场革命性的转变，也相当于一场历史性的变革了"（Mendelsohn 1993: 807）。印度不同地区均报道了贾吉曼尼关系（jajmani ties）的瓦解，这为动员运动（Karanth 1996; Sahay 2004）和主张权利创造了新的可能性。正是在这种综合了各种因素的变化的背景下，必须在达利特人中找到新的行动者。从前贱民社群中崭露头角的新一代政治企业家利用"达利特身份"这一概念，动员表列种姓社群联合在一起，许诺他们能够有尊严地发展。其中一些人，如坎锡·拉姆（Kanshi Ram）和玛雅瓦蒂（Mayawati），极为成功地将这些动员运动转化为他们在选举上的成功（Chandra 2000; Pai 2002; Shah 2002）。

种姓制度的第三个时刻使我们能够从不同的角度提出种姓问题。如前所述,这种概念模型的起源可在B. R. 安贝德卡尔和普乐的著作中找到,其中普乐发展出对种姓制度的政治批判。对他们而言,种姓制度不仅仅是印度社会或其传统文化中一个无害的特征。他们指出了种姓制度的负面因素以及对那些在阶序中处于下游的人的不利影响。他们不仅认为种姓制度是那些处于种姓阶序底层的人所遭受的无数耻辱和不利状况、剥削和羞辱的根源,还批判了印度社会。种姓阶序体系使得实行该体系的大社会"缺乏组织"和"毫无斗志"。种姓制度的"反社会精神"已经"毒害了亚种姓(sub-caste)的相互关系"(Ambedkar in Rodrigues 2002: 268-386)。在阶级社会中,不平等可能引发革命性的变革,而与之不同的是,"在一个分等级的不平等的体系中,受害方并不处于共同的层面……即使是低等人,他们相比更低等的人也是特权阶级。各个阶级都享有特权,每个阶级都有志于维护这个体系"(Ambedkar 1987: 320)。

尽管印度民主取得了成功,并且历史上处于边缘地位的团体/社群越来越多地参与选举程序,加之持续60多年为表列种姓提供发展和配额,但基于种姓的差距并没有消失。换句话说,种姓歧视仍然是剥夺和边缘化的重要标志。种姓制度也在现代城市经济中扮演着重要角色。例如,印度企业的所有权历来集中在少数社会/文化团体的手中,而高层职位始终掌握在基于亲属关系的密切关系网中(Munshi 2007; Rutten 2003; 另参见本书第4章和第5章)。而其他职位的招聘,只有在本社群或范围更大的亲属团体内找不到所需人员时,才向外部人员开放。种姓制度通过对社会和文化资本的不同程度的垄断,开始以关系网的阶序形式自我繁殖。

因此,种姓制度在这种论述方式下似乎是一个宰制和排斥的体系。在这里也许可以援引马克斯·韦伯提出的强制权力与权威或宰制之间的区别来说明种姓历来是一种制度化的宰制形式,支撑它的是一系列价值观、规范和制度,其中的一些延续至今,而另一些则已经削弱或瓦解了。然而,彻底打破种姓制度却仍未实现。在缺乏全面的结构性改革的情况下,由于种姓制度在意识形态上的影响力不断减弱,其或许会比从前更多地作为一种强制力量发挥作用。基于种姓的暴行的增多就是一个证明。

在这一视角中,种姓制度的第二个维度是其在制造不平等方面所扮演的角色。种姓制度并不仅仅意味着文化意义上的权力。它还是结构上和物质上的现实,其中不平等的资源分配使得不平等制度化了。与杜蒙的不平等概念相比,由差距导致的不平等指的是一组完全不同的属性,前者指的是文化上的阶序,只不过属于一种意识形态的范畴,源自洁净与不洁的辩证对立,正如印度教徒的思想中的那种对立。另一方面,差距指的是权利和资源的所有权之类的不平等。它更接近马克思的生产资料概念。然而,在种姓制度社会中,差距和不平等的性质是不同的。用安贝德卡尔的表述方式,差距是分等级的不平等(Ambedkar 2007)。

种姓制度在此视角下的第三个维度是其制度化的歧视和拒绝体系。印度已经在社会上和文化上将针对特定群体的歧视和拒绝制度化了。它们导致了一种不利的模式,进而在某些群体中造成了剥夺和贫困。拒绝在文化上已被制度化;它具有了正当性,并对一些种姓群体和社群的社会与经济地位产生了长期影响。例如,前贱民社群不被允许拥有和耕种土地或成为农民。简单地提及洁净与不洁的对立并无法为这种习惯做法辩解。它界定并限制了不同群体的权利。更重要的是，大多数达利特人即使在今天也能感受到这种习惯做法的影响。农田等资产的匮乏使得他们在经济上和社会上异常脆弱。

此刻，种姓制度再次被置于比较的视角之下。在种姓制度内被边缘化群体的代表开始要求得到国际机构的承认，要求这种情况与其他形式的基于出身的歧视（例如种族歧视）受到同样程度的重视。一个很好的例子是，一些代表印度达利特人的活动家和社会组织于2001年联合国在德班举行的反对种族主义、种族歧视、仇外心理和相关不容忍行为世界会议上陈述他们情况的方式。他们认为，种姓和种族相似，因为种姓歧视和种族歧视的性质几乎相同。这引发了一场辩论，其中一些学者基于字面上的理由质疑他们的主张，即"种姓是种族"从人类学的角度来说是否正确。事实上，这与这些活动家所谈论的东西风马牛不相及。他们使用"权利"这一框架，在全球性论坛上要求他们遭受歧视的经历得到承认。正如马丁·玛克旺所说："对于数百万达利特人和他们的同情者来说……这个活动是一个机会……向一个寻求相互支持的世界表达现实中存在的歧视，这些歧视源自他们自己的生活经历。"[1]另一位达利特权利的拥护者阿南德·泰尔塔姆伯德也同样强调，"种姓制度和种族主义的本质都在于基于出身的歧视"（2009: 18）。

这种转变不仅仅是概念上的和政治上的。第三个时刻还要求

---

[1] http://www.india-seminar.com/2001/58/508%20martin%20macwan.htm (accessed on 21 February 2013).

通过国家政策以及那些为人类权利和福祉而奋斗的人采取的全球行动来更加切实地介入种姓制度。它在论述种姓制度和构建其概念模型时，将歧视的现实或过程置于中心地位。如果种姓制度是歧视，那么介入种姓制度会引发关于其受害者的道德和政治问题，并将提出与之抗争的可能方式。

如前所述，这本书是我在过去十多年里在印度西北部的农村和城市地区进行的几项实证研究的结果，尤其是旁遮普邦、哈里亚纳邦和德里国家首都辖区。本书介绍的研究中还有部分是在北方邦西部的一个城市开展的。所有这些地区在独立后的时期里经历了重大的经济和社会变革，属于当代印度相对发达和繁荣的地区。

本书各章节介绍的研究开展了大约10年，是基于定性研究和通过初级调查收集的定量数据的整合。对方法的选择主要由研究问题的性质决定，不具有任何学科上的偏好。例如，虽然第1章讨论的主题本质上是定性的，但其范围需要一定程度的量化。如果不做表格就想展现从该地区51个村庄获得的不可接触制的变化趋势，特别是试图充分体现各种不同社群的看法，几乎是不可能的。第2章完全是定性的，主要基于案例研究方法。同样，第3章、第5章和第6章也主要基于深入访谈、观察和历史分析进行的定性研究。但是，第4章和第7章需要先进行基线调查，然后才能通过定性访谈与受访者展开更深入的接触。考虑到其中的一些主题之前几乎没有人研究过，因此只有通过最初的基线调查才能确定潜在的受访者并进行定性访谈。

这些研究报道了当代种姓制度的实践和表现。尽管它们展示感受和表达种姓制度的方式在过去四五十年里发生了很大变化，但种姓制度的现实并没有显示出淡出或消失的迹象。这些研究还质疑了种姓制度是一种文化和意识形态上的事实这一普遍的理解。即使种姓制度在意识形态上已经极大地衰落了，但对于那些传统上处于种姓阶序的下层的人来说，它仍然是一个关键问题。换句话说，我们需要探讨的是，是什么使得种姓制度能够甚至在其"传统"的社会领域——印度农村——之外自我繁殖。基于种姓的暴行甚至发生在那些旧的阶序关系已经失去其关系和"功能"上的框架的地区。要理解种姓制度在日益"现代化"和"城市化"的当代印度的这种存续是一项很有挑战性的任务。

这些实证研究提出了两个方面的理论和政治问题：一是当代印度经历的社会变革的本质，二是在社会科学研究界内部和在大众想象中流行的种姓制度的概念模型。我在本书的最后一章会再次讨论这些问题。

第一部分

阶序与公民政治

第1章

污染和偏见：旁遮普农村不可接触制的残迹

洁净和污染的观念是定义种姓制度的核心特征，这一点几乎得到了普遍公认。不可接触制的做法直接源自这样的观念。它们还使得阶序——一种支持社会等级较高者蔑视社会等级较低者的社会和文化实践——制度化了。洁净和污染的观念因而为种姓制度的权力提供了正当性，其往往被转化为象征性的（Bourdieu 1984）和"有形的"暴力的"自然化"，一种规范的社会不平等体系。

尽管人们普遍认为种姓制度起源于印度教的宗教哲学，但在南亚次大陆的几乎所有地区以及差不多所有的宗教社区中，日常的经济和政治生活也是按阶序组织起来的。人们相信印度农村的情况尤为如此，在那里，种姓分化被认为是农业经济运作，以及通过像贾吉曼尼这样的制度实现村社（village community）社会整合所必需的。

尽管种姓制度以许多不同的化身继续存在，但其运作和被表述的范式多年来经历了许多变化。过去一个世纪左右，种姓制度与不可接触制的相关问题之间发生了三件最重要的事：在法律上撤销对不可接触制惯例的承认；农村社会生活的阶序框架贾吉曼尼制度逐渐瓦解，农村的经济和政治都是在该框架下组织起来的；那些处于阶序体系承受端的人的意识几乎完全改变。那些位于"污染界限"（line of pollution）之下的人——达利特人或不可接触者，不再接受所遭受的一切是他们的命运，也不再接受这是他们无权质疑的既定社会/文化领域的一部分。作为民主国家的公民，他们主张权利，并期望作为人和政治主体得到他人的平等对待（Mendelsohn and Vicziany 1998: 1; Manor 2012）。无论过去的情况如何，当今，之前的贱民几乎没有人会将自己视为不洁的，或接受以自己前世行为不端为理由证明自己地位低下是合理的，这是"自然的事实"（Charsley and Karanth 1998）。今天，他们"都渴望更舒适的物质环境，都要求更有尊严"（Deliège 1999）。

然而，这并不一定意味着他们的社会状况在所有地方都得到了改善。他们中的绝大多数人继续生活在贫困之中，而且伴随传统的庇护结构的衰落和他们日益增强的自信而来的总是越来越多的针对他们的暴力和暴行。

本章介绍了2000—2001年在一组研究人员的帮助下进行的一项广泛调查的结果。该研究覆盖51个村落，选自西北部旁遮普邦的不同专区。该研究使用了三套方法。首先，我们对683名受访者进行了调查，他们均来自农村地区。我们还从这51个开展研究的村落采集了定性数据，并在各村落中选择受访者（约75人）进行深入访谈。关键问题在于：旁遮普等地区的土地农业社会结构在绿色革命成功后发生了重大变化，考察这类地区种姓制度变化的本质；了解旁遮普农村地区的种姓制度发生了什么变化，残留了什么；研究达利特人在社会上、文化上和经济上用以摆脱种姓制度的社会领域的策略。

不可接触制和"污染界限"

如前所述，"污染界限"的概念一直是有关种姓制度的学术文献讨论的一个重要范畴。它也一直是关于种姓制度的政策和官方论述中进行区分的临界点。例如，"表列种姓"——国家实行平权行动或预留政策的种姓社群的清单——的确认主要就是基于这一概念。这种将种姓社群划分成表列种姓和"其他种姓"、"普通种姓"的行政分组，或许已经成为现今印度大众心目中最公认的区分。

在阶序队列中，污染界限附近种姓制度的僵化程度最为尖锐。例如，对于那些位于污染界限以上的人，包括那些被命名为首陀罗但是可接触的人，在传统的依据圣典的阶序体系中，不洁是相对的。那些位于这条界限之上的人可以通过使用武力和权力，或者通过逐渐采取"高种姓"的生活方式——一种被斯里尼瓦描述为梵化的过程（Srinivas 1966）——来争取他们在等级排比次序中的位置。然而，对于那些位于污染界限以下的人，即所谓的不可接触者社群，不洁几乎是绝对的。极少有人能在传统的框架内战胜它。

然而，尽管"污染界限"的概念至关重要，但我们今天所理解的"污染界限"一直到在19世纪末才形成了鲜明的特征，并且到20世纪早期才变得更为清晰。印度教圣典想必编纂的是种姓阶序体系最纯粹的形式，但它对此讲述得相当含糊。《摩奴法典》经文英译本中某一段写道："婆罗门、刹帝利和吠舍种姓（瓦尔纳）是再生族，但是第四等，首陀罗仅出生一次，没有第五（种姓）。"（引自 Charsley 1996: 3）

"污染界限"这一概念是19世纪末20世纪初由殖民政府官员和社会、宗教改革者历时数年商议制定出来的，主要是为了采取积极的国家行动改革该体系，提高那些处于种姓阶序底层的人的地位。早期的殖民统治者对印度社会及其种姓制度的理解源自印度教圣典，他们发现在面对不可接触制的实践，特别是在列举种姓的时候，很难理解不可接触制。即使他们认识到区分首陀罗和不可接触者以经验为主是关键，但在瓦尔纳模型内很难在概念上进行区分。尽管瓦尔纳阶序模型对于在日常生活中处理种姓制度问题没有多大帮助，但这些人仍然专注于瓦尔纳阶序体系。

查斯利（1996）认为，正是在1901年人口普查专员赫伯特·里斯利（Herbert Risley）的不懈努力下，我们今天所理解的"不可接触制"才在殖民政府的话语中得到正式承认。但是，"不可接触制"的概念本身源于当地改革者的著述。1903年在达尔瓦尔召开的社会改革者会议上，G. K. 戈克雷（G. K. Gokhale）在其推动的一项决议中首次阐述了不可接触制这个问题：

> 我们可以触碰猫，我们可以触碰狗……但是这些人的触碰是污染。现在，这些人的精神退化如此彻底，以至于他们自己也不认为受到这样的对待有什么值得怨恨的（引自 Charsley 1996: 6）。

第一个出现的将不可接触者社群划归在一起加以分类的类别是"被压迫阶级"（Depressed Classes），其在19世纪70年代一度流行。到20世纪初，出现了数个以关注他们的福利为主旨的社会组织。然而，有一部分改革者开始感到"被压迫"一词并没有传达出被污染"强加于身的"人们所遭受的特定形式的不利状况。巴罗达的王公萨义基·拉奥·盖克瓦德三世（Sayaji Rao Gaekwad III）在1909年所著的《印度评论》中写道，"不可触碰"是"除贫困和文盲等更普遍存在的困难之外的另一重困难"。他批评"被压迫阶级"一词"太有弹性"，甚至可以包括那些没有遭受"污染"的出身婆罗门种姓的人。因此，他建议将"社会地位特别低下者"称为"不可接触者"（Charsley 1996: 7）。渐渐地，这一称谓流传开来，到20世纪20年代，殖民统治者也在其政府报告中使用这一称谓了。

不可接触制的体验或现实在过去的确是生活中的一个事实。然而，殖民国家和民族独立主义政治对不可接触制的构建和接受彻底改变了关于种姓制度的话语，对人们理解种姓制度的方式，以及对国家介入种姓制度的方式，都产生了深远的影响。众所周知，这种概念上的区分在当代印度继续发挥着关键作用。不可接触制在1935年《印度政府法案》中得到正式承认，殖民国家初步列出表列种姓的清单，以及后来在印度独立之后，不可接触制得到《印度宪法》的承认并加以扩大以实行国家预留政策，这些从根本上改变了关于种姓制度的话语（Galanter 1984: 121-130）。

《印度宪法》第17条在1950年生效之时就正式废除了不可接触的做法。多年来，印度政府颁布了一些法律，以保护表列种姓免遭各种暴力侵害。其中包括1955年的《不可接触制犯罪法》、

1976年的《民权保护法》，以及1989年的《保护表列种姓和表列部落免遭暴行法》。然而，官方或在法律上废除不可接触制并不意味着其做法就终止了。研究印度不同地区的现有文献表明，虽然旧的社会结构和经济生活结构已经在衰退，但是针对不可接触者的偏见并没有消失，而且在某些地区仍然根深蒂固（Navsarjan and RFK Center 2009; Shah et al. 2006）。

当代旁遮普邦的种姓制度和不可接触制

一直以来，大量讨论种姓制度的文献主要倾向于以统一的措辞描述种姓制度：一种在印度各地随处可见的体系，它们或多或少以相似的形式出现。而不同地区背景的历史特殊性和物质条件却并未获得太多关注。例如，主流的种姓制度理论几乎一致采用了瓦尔纳阶序模型，如前所述，将婆罗门置于顶层，将不可接触者置于底层。

然而，现实情况是，不同种姓群体之间的社会关系在历史上的演变方式存在相当大的区域差异。研究该课题的社会学家反复指出一个事实：不同地区存在着种姓群体的不同集合，"该国各地对洁净和污染的关注并不是同样显著的"（Béteille 2000a: 172）。特定的历史轨迹、独立后政治经济变革的模式、不同种族社群的构成决定了特定地区种姓关系的实际运作。

即使认识到区域差异这一事实，社会学家和社会人类学家也一直没有通过研究和记录这些差异及其可能的影响来认真地进行实证研究。奇怪的是，尽管旁遮普邦是印度联邦中表列种姓人口占比最大的邦，但人们一直没有为理解种姓制度这一目的而对其进行广泛的研究。虽然我们可以找到一些文献讨论过去四五十年来旁遮普邦种姓关系变化的本质，或者最近的达利特社会运动（参见 Jodhka 2000, Judge and Bal 2008; Juergensmeyer 1988; Puri 2004; Ram 2008; Sabenwal 1973, 1976），但是迄今为止，人们从未认为旁遮普的经验与构建种姓制度的概念模型以及其中发生的变化有任何关联。至今几乎没有任何关于旁遮普农村地区不可接触制做法的详细实证资料。

从人口统计学角度来看，旁遮普的表列种姓划分成39个不同的社群，在2011年占到旁遮普邦总人口数的31.9%，在比例上高于印度联邦的其他任何邦，并远远高于印度全国16.6%左右的平均水平。由于与其他种姓群体相比，表列种姓的城市化程度相对较低，因此他们在旁遮普的大多数农村地区的比例甚至更高。旁遮普邦有许多村落的表列种姓的人口占比超过40%，在某些情况下甚至超过50%。

旁遮普也是印度少数几个印度教徒在人口上占少数的邦之一：印度总人口的80%以上为印度教徒，而旁遮普邦的印度教徒只占总人口的不到40%。自1966年重组以后，旁遮普邦的主要宗教一直是锡克教，其教徒人口超过了60%。旁遮普还有一小部分人口是穆斯林和基督教徒。关于旁遮普邦各宗教社群的人口结构的另一个重要方面是在城乡分布的不均衡。尽管印度教徒在邦层面上只占少数，但在旁遮普邦的城市中却占到了压倒性多数，而锡克教徒更多地集中在农村地区，他们在一些地区构成了农村总人口的近90%。

更有趣的是，尽管"低种姓"锡克教徒是非印度教徒，但他们却被列入了表列种姓的名单，而他们的其他少数族群同类，即穆斯林和基督教徒，却没有被给予这一身份。即使是新佛教皈依者也只是从1991年才被列入该名单。有趣的是，尽管来自社会学家的证据表明，"不可接触者"改信伊斯兰教或基督教并未对他们在当地的地位产生任何影响，因为处于宰制地位的高种姓印度教徒继续像以前一样对待他们（参见Desai 1976）。然而，就旁遮普的情况而言，不仅有一部分达利特人信奉锡克教，而且旁遮普农村地区的绝大多数宰制群体也都是锡克教徒，但对他们来说，实行种姓制度不需要宗教证明其正当性。

与印度教不同，锡克教谴责种姓制度。锡克教的倡导者常常声称，其创始人的基本使命之一就是消除基于种姓的分化，给每个人以尊严。然而，锡克教精神导师们只是在意识形态上反对种姓制度，并不能从当地社会中根除种姓制度。种姓制度在地方上的强大物质基础仍保持相对不变，这一物质基础即土地关系结构，这样的分化已经成为农业经济运行的重要的功能先决条件。

在过去的一个世纪左右的时间里，该地区还见证了达利特社群为争取独立自主而进行的一些强有力的运动，这些运动取得了一定程度的成功，至少在该邦的某些地方是如此（参见本书第6章）。继绿色革命、技术改革在该地区取得成功，以及城市经济增长之后，土地变革也为社会变革奠定了基础。本研究正是在这种变化的背景下构思成形的。

旁遮普农村的不可接触制

不可接触制的实行借助的是大量详细的以及不那么详细的规则，这些规则规定了不同类别的人在不同的社会情境下"应该做什么"和"不应该做什么"。有惯例规定一个人可以接受何种食物或饮料以及可以从什么种姓那里接受。将不同的种姓群体隔离到不同的聚落区也是公民特权和障碍的一个标志。每个种姓都被期望以某一特定的职业为其正统职业。种姓制度的主流意识形态阻碍了个人对职业的选择，甚至在必要时采用强制手段以使职业阶序维持下去。

这些传统习俗确实很久以前就开始发生变化了。I. P. 德赛（I. P. Desai）在对古吉拉特邦村落的经典研究中观察到了20世纪70年代的现代化和发展进程，并认为，一个新的社会互动的"公共领域"已经出现，在该领域，不可接触制的做法相当少。在经济和职业领域，人们开始不遵守种姓制度和不可接触制的规范。这大大影响了学校的座位安排、乘坐公共汽车和邮政服务。然而，当涉及包括人们的家庭和宗教生活在内的传统关系时，不可接触制的做法仍然继续存在（Desai 1976）。

约25年后，当甘地亚姆·沙阿带着一组类似的问题再次访问古吉拉特邦的村落时，他发现已经发生了更进一步的改变。除了禁止"不可接触者"进入寺庙、高种姓的房屋，以及使用理发服务，不可接触制的做法已经显著减少了。然而，德赛也强调，这种变化主要局限于"公共领域"。在生活的其他领域，人们继续实行不可接触制，但没有那么激烈了。这些领域包括使用共同的水源（20%）、进入商店（20%）、与高种姓工人一起在农场工作

（25%），以及在潘查雅特中占有席位（26%）（Shah 2000）。

本文将德赛和沙阿使用的分类方法做了进一步扩展，将田野数据分成三个子类别。第一部分介绍了在可以笼统地称为"私人领域"以及传统上受"贾吉曼尼"制度框架支配的那些关系的领域中，与不可接触制/歧视的做法有关的案例研究和看法。第二部分聚焦于旁遮普农村日常社会生活和经济生活中的变化与延续的性质，包括那些不一定受种姓制度支配但却受不可接触制和阶序的价值观影响的关系领域。第三部分涉及现代机构，它们在传统上不是农村生活的一部分，并且至少在原则上不属于种姓制度的领域。

村落的社会生态

按照旁遮普农村的传统生活规范，达利特聚落区应当位于太阳落下的一侧（它在旁遮普被称为lahindey-passe）。这一规范可能从未被严格遵守。有几个村落的达利特人的房屋传统上就不在西边。然而，在大多数村落，达利特人的房屋确实建在主村聚落区的外围地带。

旁遮普农村地区的住房格局经历了一些有趣而重要的变化，特别是自20世纪80年代以来。人口的不断增长和居民区的不断扩大在一定程度上削弱了村落旧有的聚落结构。随着新近富起来的高种姓在村落的周边建造更新更大的房子，达利特聚落区不再像以前那样孤立了。实际上，各类村民都在村落的周边建造新房子，有些非常靠近达利特人的房屋。

还有一些有趣的例子，向上流动的达利特人从那些已经离开村落到城市或移民到西部县的人手里购买位于高种姓聚居区的房屋。这种情况在旁遮普的多巴（Doaba）专区尤为多见。在我们研究的51个村落中的4个，具有某种形式的"混合住房"（其中3个位于多巴专区，1个位于马尔瓦专区）。有趣的是，达利特人在高种姓聚居区购买房屋很少遭到邻近高种姓居民的反对。

奇怪的是，在旁遮普农村地区，一方面，当地的变革进程似乎正在减弱对达利特人在居住格局中的孤立；另一方面，国家政策却似乎正在加强这种隔离。为达利特人提供住房一直是旨在提升达利特人福利的发展计划的重要组成部分。旁遮普有许多村落实行了这种计划，根据该计划为达利特人建造居住区。这种计划的受惠者是那些原本苦于无法建造房屋的人，对此他们显然非常欢迎。然而，这些住房计划的选址大多远离村落，且专门为达利特人而建，这加强了达利特人与主村的隔离。这些居住区由于距离村落较远，因此也缺乏生活在村落里的人能轻易享受到的某些便利设施。有些聚落区甚至没有可用的电力。又或者，有时候即使提供了此类生活便利设施，配套服务也不令人满意。

住房结构直接影响着村落里不同社群的日常生活。隔离的聚落区给社交互动造成了限制。例如，在这样的居住区长大的达利特儿童就没有机会和其他种姓的孩子一起玩耍。有趣的是，在旁遮普农村地区，对不同种姓社群的孩子一起玩耍的限制却有所放宽。在所研究的51个村落中，有半数以上村落的达利特儿童相当自由地与高种姓的孩子一起玩耍。然而，有多达15个村庄仍然"严格遵守"这种限制。

不洁职业

关于种姓制度最流行的一个观点是将其与某种劳动分工联系起来,即"地位低下"和"不洁职业"被认为等同于特定种姓社群,并专门由传统上被认为等同于该职业的群体的成员从事。这些职业"污染了"从事者,而他们别无选择。诸如处理死牛或清污等苦差将由特定群体执行,作为他们种姓的职业。考虑到旁遮普农村地区达利特人的数量,实际上一直以来并非所有人都会完全按照传统的职业阶序被雇用,尽管"污染性职业"确实是专门由被认为等同于该职业的种姓社群的成员从事的。他们中的绝大多数人受雇于农村农业经济,并与宰制种姓的耕种者一起工作。

旁遮普农村的种姓-职业矩阵已经发生了许多根本性变化。首先,绝大多数达利特人已经有意识地脱离他们的传统职业。在旁遮普邦的不同专区,只有少数达利特人(从不到5%到最高的10%)仍然愿意从事这样的职业。不同种姓之间也存在着差异。查玛尔人[1][包括达摩人[2]、拉维达西人[3]和拉姆达斯人(Ramdasis)]几乎完全摆脱了他们传统上的清污和处理死牛的职业。他们甚至已经开始远离农业经济,在其之外寻找不会与当地宰制种姓有任何关系的就业机会。

那么由谁来完成这种传统上由达利特人做的工作,即清污或处理死牛的工作呢?

---

[1] 查玛尔人(Chamars),制革人,印度从事制革业的贱民阶层。——译者注
[2] 达摩人(Ad-Dharmis),一个根据信仰组建的新达利特群体,起源于达摩运动,详见后文。——译者注
[3] 拉维达西人(Ravidasis),拉维·达斯古鲁的追随者。——译者注

有趣的是，在旁遮普的农村地区，这些职业中的部分不再被认为等同于特定的种姓群体。例如，处理死牛已经成为一种完全商业化的工作。村落潘查雅特通常会将这项工作委托给个人承包商，承包商甚至可能来自另一村落或附近的城市。承包商通常会雇用一些工人（不一定是当地的达利特人）在村落屠宰场里处理死牛。大部分的牛肉给鸟和狗吃掉。牛皮和牛骨则拥有利润丰厚的市场。大多数从事这一"生意"的人都相当富有，往往是他人羡慕的对象。

与贾吉曼尼制度相关联的其他一些职业也已经变得商业化和正规化。例如，理发师、木匠、铁匠和陶工现在都在村里开了商店，且商店的选址无一例外都在当地汽车站附近。我们还观察到一个清晰且有意识的进程：种姓群体"脱离"被认为"有污染性"和不体面的职业。职业转换也在一定程度上被更大的社群接受。例如，几名达利特人，包括当地的巴尔米基人（Balmikis），开设了理发店，并且服务的对象来自大范围的种姓群体。同样，当传统的木匠搬去城里或国外时，一些本地的达利特人接手了该职业。所有这些工作都是在传统的基于种姓的互报关系（意即旧的贾吉曼尼式关系）的框架之外开展的。

种姓与职业之间仍存在相当坚固联系的唯一一种"不洁职业"是清污工作。几乎所有从事清污工作的人都来自过去传统上从事该工作的种姓——巴尔米基人和马扎比人（Mazhabis）。然而，他们中只有少数人全职从事这一工作，通常是妇女。此外，或许更重要的是，其关系框架不再是旧的贾吉曼尼制度。清洁排水沟和厕所或清扫房屋和街道的工作主要是基于纯商业和正式的方式。

在大多数村落，居民会正式雇用一名清污工（scavenger）来清扫他们各自门前的街道。清污工每月从他/她清扫的街道上的每家每户收到一笔固定的钱。有趣的是，我们还遇到过这样的情况：清污工更喜欢在邻村工作，而不愿在他/她居住的村落工作。因为其服务的家庭会使人想起传统关系中因亲密而产生的嫌隙和庇护，这样做显然是为了避免任何这类态度。

如前所述，旁遮普农村地区的绝大多数达利特人原本会一直从事农业工作，大多是作为劳工。他们中的一些人还成为长工（attached labourer，当地称为sajhis或siris）和与控制大量土地的耕种者分成收益的佃农。大地主都是当地的宰制种姓。随着绿色革命之后资本主义农业的发展，传统的依附关系正式化为按年度领取现金工资的合约关系。但达利特人从来就不喜欢以长工的身份工作，因为这种协定使得他们对宰制种姓耕种者的依附制度化，这意味着丧失了自由（Brass 1990; Jodhka 1994）。

多巴专区达利特人的流动性一直比旁遮普邦其他地方更明显，当地只有极少数达利特人作为长工与宰制种姓农场主一起工作。我们对该专区的13个村落进行了调查，其中8个村落没有本地达利特人做长工。然而，在马尔瓦专区，一些没有土地的达利特人继续做长工。在所研究的26个村落中，21个村落有达利特人做长工。然而，该专区的达利特人对长工这一身份也有明显的厌恶，其衰落的趋势清晰可辨。凡是有条件、有能力的达利特人都已经不再定期在宰制种姓农民手下干农活，而是试图转行，从事其他职业。例如，在多巴的村落，我们经常被告知，大部分农活都是移民来干，本地达利特人不再干农活了，他们只从事季节性劳动。在一年中其余的时间里，他们更喜欢去城镇工作或者把工作带回家。多巴的达利特人在农村生活期间最常做的工作是编织绳带。编织的这些绳带将通过中间商销往城市市场。一些达利特妇女还缝制足球出售到邻近的贾朗达尔市的体育用品市场。

进入高种姓的房屋

实行不可接触制除了将各社会群体与某些职业等同在一起之外，也对社会交往施加了限制。那些属于"不可接触的"种姓的人被限制进入村落的某些区域以及"高"种姓的房屋。这一情况在旁遮普的农村地区也发生了巨大变化。该地区几乎没有公然的歧视／不可接触制的案例，对达利特人进入村里的公共空间不存在任何种类的限制。没有一个受访者说对达利特人经过村里的街道施加任何形式的限制。达利特人还可以在结婚或其他节日场合成群结队、敲锣打鼓地穿过村落的街道。同样，对他们戴护目镜或穿新衣新鞋也没有限制。他们可以撑伞走过街道，也可以骑自行车。实际上，他们中的一些人还拥有摩托车和小轮摩托车，他们使用这些车辆不受任何限制。

在旁遮普农村地区，达利特人出入街道不受任何限制，而且大多数达利特受访者都表示，如果需要的话，他们还可以进入当地高种姓的房屋。仅1%的"高"种姓受访者认为，在达利特人进入他们的房屋方面，不可接触制得到了有力遵守（见表1.1）。

绿色革命技术的成功所带来的经济繁荣也改变了宰制种姓大农场主的生活方式。即使他们中的大多数人继续住在乡村里，他们家中的现代化设施也一应俱全。他们的孩子在城里上学，妇女渴望过上城市的奢华生活。这些家庭中有许多已经开始雇用本地达利特妇女来帮忙做家务。在我们调查的旁遮普村落中，几乎每一个村落都至少有10~12名达利特妇女从事家政工作。这些妇女做各种各样的家务，从扫地、擦拭到洗衣服，有时候甚至清洗厨具。她们与城镇中从事家政工作的妇女一样，总是在好几户人家里干活，通常由每家支付固定的工资，偶尔还会收到一些"礼物"。

表1.1 关于达利特人进入高种姓的房屋的看法

类别	没有实行不可接触制	实行不可接触制	没有公然实行不可接触制	总计
表列种姓	426（87.5）	4（0.8）	57（11.7）	487（100）
落后种姓	91（96.8）	2（2.1）	1（1.0）	94（100）
高种姓	98（96.2）	1（1.0）	3（2.9）	102（100）
总计	615（90.04）	7（1.02）	61（8.9）[1]	683（100）

资料来源：本章的所有表格均基于作者所做的原始研究。
备注：本章所有表格括号中的数字表示百分比。出于四舍五入等原因，单项百分比总和可能不是100%。

然而，尽管发生了上述种种变化，污染和不可接触制的观念并没有完全消失。例如，虽然高种姓农场主或他们的妇女不再介意达利特妇女进入他们的房屋甚至是厨房，但只有一些达利特妇女被认为适合从事这样的工作。那些清理过牛棚或干过清污工作的人基本上被认为不"适合"做家政服务。同样，在有些人家，高种姓妇女不允许打扫房屋和清洁厕所的达利特妇女进入厨房。

---

[1] 原书数据为58（8.49），疑有误。——译者注

还有一些案例，其中给达利特妇女提供食物的餐具和高种姓家庭自己使用的餐具是分开的。

不可接触制和饮用水源

拒绝与不可接触者社群"共用"饮用水源一直是有关不可接触制的经典范例。大多数地方都对各种姓社群的饮用水源做了严格划分。虽然所有的非达利特种姓可以使用"共同"的水源，但不可接触者只能从他们自己的水井和池塘取水。

旁遮普农村地区在使用饮用水方面也发生了很大的变化。在旁遮普农村地区的任何地方，旧式水井都不再是主要的饮用水源。许多村落在政府项目的资助下安装了水龙头。在其他村落，手动泵也已经取代了开口井。这一变化似乎彻底改变了农村居民对饮用水的态度，他们不再将其视为潜在的种姓歧视领域。虽然不同社群仍然使用各自的水龙头和手动泵，但限制已经大大放宽了。例如，虽然超过60%的受访者表示，这两个类别的种姓仍然有各自的饮用水源，但近84%的受访者同意并不禁止达利特人从高种姓使用的水源取水（83.2%的达利特人和89%的落后种姓受访者如此声称）。

然而，在此补充如下这点或许是有用的：尽管达利特人可以而且确实经常从高种姓的水源取水，但高种姓从达利特人使用的水源取水的频率要低得多，尽管并非完全没有。仅48%的受访者表示可以在他们的村落中观察到这样的行为。

宗教场所和种姓制度

相比饮用水，对达利特社群进入印度教礼拜场所的限制则更为严苛。婆罗门印度教对达利特人参与印度教的宗教生活施加了严格的限制。达利特人也被剥夺了能够阅读印度教经文的受教育机会。旁遮普农村显然并不符合这个框架。如前所述，锡克教徒在农村地区占到了人口的80%~90%。在旁遮普农村地区，甚至那些自称是印度教徒的人也无一例外地举行锡克教仪式并参拜锡克教谒师所。例如，多巴专区的达摩人大多被计为印度教徒，而实际上，在2001年，他们中的绝大多数人敬奉锡克教圣书《古鲁·格兰特·沙哈卜》。

历史上，信仰锡克教的达利特人也一直在锡克教谒师所积极地担任宗教神职人员，即格兰缇[1]。他们中的一些人已经上升到有权力和影响力的位置，并且已经在锡克教最重要的两个职位——金庙[2]的首席格兰缇和阿卡尔寺[3]的贾瑟达尔（jathedar）[4]任职。

尽管锡克教给旁遮普邦农村地区的宗教习俗带来了如此显著的改变，但种姓偏见并没有从其人民的日常宗教生活中完全消失。有充分的证据表明，当地宰制种姓的一些成员对达利特人抱有强烈偏见。尽管在旁遮普邦，对达利特人进入锡克教圣祠本身没有任何限制，但在几个案例中，达利特人感到自己受到掌管村落的谒师所的"高种姓"锡克教徒的阻拦和歧视。

---

[1] 格兰缇，诵读《古鲁·格兰特·沙哈卜》的教徒，是锡克教圣殿的管理者。格兰缇没有特权，不世袭，非专职人员，凡经过洗礼、能诵读圣典的锡克教徒都可以成为格兰缇。——译者注
[2] 金庙，印度锡克教最大的寺庙，因寺顶和门户镏金而得名，位于今天旁遮普邦的阿姆利则。——译者注
[3] 阿卡尔寺，意为"无时宝座"。——译者注
[4] 贾瑟达尔，意为"领导"，一个神圣而权威的职位。——译者注

从表1.2可以明显看出，在旁遮普农村地区，近80%的受访者觉得对达利特人进入由高种姓建造和管理的宗教场所不存在任何限制。但不同种姓的受访者对该问题的回答存在一些有趣的差异。虽然约89%的高种姓受访者声称达利特人可以自由进入村落里的所有谒师所，但有同样感受的达利特受访者则要少一些（76%）。然而，显而易见的是，绝大多数达利特受访者也感到他们在参拜宰制种姓掌管的谒师所时并没有遭受任何拒绝。

表1.2 关于达利特人进入高种姓的谒师所的看法

类别	没有实行不可接触制	部分实行不可接触制	按惯例经常实行不可接触制	没有公然实行不可接触制	总计
表列种姓	370（76.0）	19（3.9）	81（16.6）	17（3.5）	487（100）
落后种姓	78（83.0）	3（3.2）	7（7.4）	6（6.4）	94（100）
高种姓	91（89.2）	1（1.0）	8（7.8）	2（2.0）	102（100）
总计	539（78.9）	23（3.4）	96（14.1）	25（3.7）	683（100）

然而，进一步的考察揭示，现状要比从表中所列数字显而易见的情况复杂些。与个别达利特人的讨论以及在不同村落进行的小组访谈显示，尽管他们从未在身体上被阻止进入由当地高/宰制种姓建造和管理的谒师所，但歧视较为普遍和严重。

在与菲罗兹布尔县一个村落的达利特人进行的小组讨论中，我们被告知，高种姓锡克教徒并不真正欢迎达利特人参与当地谒师所的日常宗教活动。他们通过隐晦和不那么隐晦的信息告诉达利特人离远一点。达利特人的孩子被要求在其他人吃完之后再来取琅加（langar，谒师所提供的食物）。在穆卡萨县的一个村落，达利特人说他们经常被要求单独排队取琅加。在特殊场合和宗教节日时，谒师所的管理者会正式邀请所有其他村民参加，却不会通知达利特人有这些活动。达利特人最常见的抱怨是他们不被允许参与烹饪和分发琅加。

在同一县的另一村落，来自马扎比和米格（Megh）社群（当地的达利特种姓）的人说，他们经常被告知要坐在谒师所的主门外面，并且只有在高种姓贾特人吃完琅加之后才会提供给他们吃。为此，该村的达利特人不再去当地的谒师所。即使在特殊场合，如宗教节日时，他们也宁愿待在家里举行他们私人的庆祝活动。在另一个案例中，一些达利特妇女说，在分发琅加时，她们没有得到高种姓男孩的善待。例如，这些男孩在给食物时避免触碰她们的盘子。

表1.3　各专区拥有单独的达利特人谒师所的村落数

专区	无	1座	2座	总计
马贾哈	1	11	-	12
多巴	3	9	1	13
马尔瓦	6	17	2	25
总计	10	37	3	50

达利特人通常建造单独的谒师所来维护他们的自治，避免他们在参拜高/宰制种姓掌管的谒师所时感受到羞辱（见表1.3）。例

如，古达斯普尔县（Gurdaspur）一个村落的马扎比人告诉我们：

> 我们中许多人都是虔诚的锡克教徒。我们经常参拜村里的谒师所，却永远不可能坐在高/宰制种姓贾特人旁边。他们很少会允许我们分发琅加或普拉萨德[1]。我们一旦筹集到了一些资金就建造了我们自己的谒师所。

在卡普尔塔拉县（Kapurthala）靠近帕格瓦拉市（Phagwara）的一个村落，一名达利特受访者告诉我们：

> 我们村里只有一座谒师所。当地的贾特人一直认为这座庙是他们的私人财产，因为是他们出资建造了这座庙。我们也参拜这座谒师所，但他们一直都很反感。他们不允许我们煮琅加。所以我们一旦有足够的钱就立即建造了我们自己小聚落区（basti）的谒师所。

在那万沙尔县（Nawanshahr）的另一个村落，达利特受访者告诉我们，当宰制种姓的一些成员阻止达利特妇女在村里的谒师所烹饪琅加时，这些达利特妇女感觉被冒犯和被侮辱。他们的第一反应是绝对不再去这个谒师所了。最终他们想办法建造了自己的谒师所。

有趣的是，达利特人的谒师所的内在结构也反映了他们试图

---

[1] 普拉萨德（Prasad），宗教仪式结束后分发给信徒的用于供奉神灵的食物等，被认为是洁净的象征，具有净化作用。——译者注

维护自己的宗教自主。除了锡克教圣书之外，达利特人的谒师所，特别是由达摩人和其他类别的查玛尔人建造的那些谒师所，总是会供奉拉维·达斯古鲁的画像，还有越来越多供奉B.R.安贝德卡尔画像的。在多巴的一个村落里，达摩人的谒师所还陈列了圣跋弥（Sant Valmiki，蚁垤仙人）的画像，这很可能是为了鼓励当地的马扎比人和巴尔米基人也认同该谒师所，将各达利特社群团结在一起。这些谒师所的管理者常常在政治上活跃于一些达利特团体或政党中。

不过，达利特人建造单独的谒师所这一举动很少遭到村里宰制种姓或锡克教社群的宗教权势集团任何形式的反对。可是达利特受访者抱怨说，宰制种姓和高种姓的成员毫不尊重他们的谒师所。高/宰制种姓的成员总是会去参拜由宰制种姓建造的谒师所，即使达利特人的谒师所距离她/他的住所更近。同样，当村里的高种姓家庭在某些特殊场合需要把锡克教圣书带回家时，他们很少会从达利特人的谒师所那里去取，即使这样做很方便。

然而，并非所有地方的情况都是如此。一些村落的达利特受访者告诉我们，虽然他们已经建造了单独的谒师所来维护自主，但许多高种姓最近也开始参拜这些谒师所了。因此，他们现在也去参拜高种姓的谒师所，不再有任何受歧视或被羞辱的感觉了。

印度教宗教机构中的不可接触制

尽管旁遮普的村落中神庙数量极少，但达利特人与这些神庙的关系和他们与谒师所的关系大不相同。与谒师所不同，神庙通常是当地高种姓的专属场所。达利特人在神庙似乎相当公开地受到歧视。当我们询问帕蒂亚拉（Patiala）附近村落里的一名达利特妇女是否参拜过村子里的湿婆庙时，她几乎被激怒了："他们甚至不想让我们接近他们神庙的围墙。我们为什么要去那里？"

另一名达利特受访者向我们讲述了一些不小心进入神庙院子的达利特小孩是如何被虐待和驱逐的。

在同一县的另一村落，我们听说了一位名为莫尼巴巴（Moni Baba）的圣人，他在每年的12月都会举行雅吉纳（yajna）活动[1]。雅吉纳活动本该是向所有村民开放的。活动期间，这位巴巴还组织了一个为期几天的分发班达拉（bhandara，一种琅加，向信徒免费提供的食物）的仪式。他发放的食物显然来自当地村民给他的供奉。然而，当一名马扎比种姓的当地达利特人带着10升牛奶希望捐赠给这一仪式时，圣人却因为他的种姓背景而拒绝接受并要求他拿回去。此外，我们还被告知，在仪式期间，可以观察到相当公开的区分种姓的做法。分发食物的房屋被一面隔墙一分为二，一边给高种姓，另一边给达利特人。

然而，在旁遮普的大部分地区，达利特人已经疏远了婆罗门印度教，他们要么改信锡克教，要么开始崇拜各自不同达利特社群自己的圣人和古鲁。

另一个体现高种姓与达利特人之间对立的领域与火葬场有关。按照惯例，大多数村落的高种姓和达利特人都有各自的火葬场。在我们研究的村落中，有三分之二的村落也是如此。即使村里只有一个火葬场供所有人火化死者，高种姓通常也不喜欢达利

---

[1] 雅吉纳，印度教的一种祭祀仪式，通常在圣火前举行，人们念诵/高呼经文，向神奉献祭品，有时还有盛宴或社区活动。——编者注

特人使用该火葬场。有趣的是，达利特人也更喜欢有自己单独的火葬场。事实上，在几个案例中，达利特人抱怨没有自己的火葬场，因为他们用来火化死者的村落土地被一些宰制种姓的地主侵占了。

日常社会和经济生活中的种姓制度

发展和繁荣已经显著扩大了旁遮普农村地区的本地市场。该地区一个典型的村落拥有大量的商店，根据村落的规模，商店数量从20家到50家不等，甚至更多。这些农村市场大多没有种姓偏见，虽然并非总是如此。达利特人可以轻松进入"高"种姓经营的商店购买他们想要的任何东西。一些达利特人也在村里开了商店，但这些商店要么位于达利特聚居区，要么建在主干道上，靠近村里的公共汽车候车亭，在那里可以在一定程度上隐匿自己的身份。然而达利特人商店的位置明显影响了顾客的惠顾，只有他们自己种姓的成员光顾他们的商店。那些高/宰制种姓的成员偶尔也光顾这些商店。可是，一些达利特店主抱怨，高/宰制种姓只有在别无选择时才会到他们的商店买东西。例如，在马尔瓦专区，我们研究的一个村落只有唯一一个由达利特人经营的面粉厂（atta chakki）。虽然该村的大多数村民都把小麦拿到这个面粉厂碾磨，但还是有一些人因为种姓偏见而去了邻村的面粉厂。

当地劳动力市场几乎不存在强烈的种姓偏见。所有人都雇用当地的达利特人在他们的农场从事体力劳动和建造房屋。只有当一名高种姓的人不得不与达利特人并肩从事体力劳动时，尤其当他们在一起工作时还需要密切的互动和身体接触时，种姓偏见才成为问题。有趣的是，相比达利特受访者（15%），更多的高种姓受访者（26%）在报告中肯定在这种情况下存在种姓偏见和不可接触制。

种姓偏见和不可接触制在村落一级的节日和宴会上表现得最为显著。这类歧视呈现为各种形式。也许最为明显的是在提供食物的时候。就像在宰制种姓的谒师所中提供琅加一样，达利特人常常被要求一直等到其他人都吃完并离开才能分得琅加。也有报告说，在村里的宴会上会为达利特人提供单独的餐具，尽管这类情况并不是那么显眼。有人告诉我们，在阿姆利则县的维尔卡街区（Verk block），一名宰制种姓村民在自己家里举办了一场婚礼，虽然邀请了达利特人参加，但这些达利特人要在专门为他们准备的单独的桌子上接受招待。人们普遍承认在这样的情况下存在种姓偏见（见表1.4）。达利特人很少能以平等的地位参加乡村的节庆活动，除非他们自己是这类活动的组织者。

表1.4 关于乡村节庆活动期间实行不可接触制的看法

类别	没有实行不可接触制	实行不可接触制	部分实行不可接触制	没有公然实行不可接触制	总计
表列种姓	238（48.9）	91（18.7）	108（22.2）	50（10.2）	487（100）
落后种姓	51（54.3）	7（7.4）	26（27.6）	10（10.6）	94（100）
高种姓	38（37.3）	38（37.3）	12（11.8）	14（13.7）	102（100）
总计	327（47.88）	136（19.91）	146（21.38）	74（10.83）	683（100）

甚至在其他方面，尽管对达利特人进入高种姓房屋的限制已经大大放宽了，但对与他们一起吃饭的限制仍存在。无论如何，达利特人和高种姓村民之间的交往并没有密切到他们会不定期到彼此的家中吃午餐或晚餐的程度。

现代/世俗机构中的不可接触制

虽然种姓偏见在私人领域和传统的社会/经济生活中可能更为显著，但所谓的现代机构也并非没有这种偏见。现代教育体系就是一个很好的例子。

也许这些机构中最关键的是地方一级的学校。

农村学校似乎并没有直接歧视达利特儿童。在大多数地方，达利特儿童并没有被要求分开坐，他们可以从共同水源饮水。然而，这些机构并非一切都很好。如表1.5所示，观察到公然的或隐晦的种姓区分的例子超过了20%。学校里的达利特老师也感到他们并没有为高种姓同事完全接受，他们因而倾向于与其他达利特教师进行更多的互动。

表1.5　关于高种姓学生和达利特学生坐在一起吃饭，在学校喝共同水源的水的看法

类别	没有实行不可接触制	实行不可接触制	部分实行不可接触制	没有公然实行不可接触制	总计
表列种姓	389（79.9）	61（12.5）	30（6.1）	7（1.4）	487（100）
落后种姓	58（61.7）	16（17.0）	15（16.0）	5（5.3）	94（100）

续表

类别	没有实行不可接触制	实行不可接触制	部分实行不可接触制	没有公然实行不可接触制	总计
高种姓	67（65.7）	33（32.4）	2（2.0）	—	102（100）
总计	514（75.26）	110（16.1）	47（6.88）	12（1.76）	683（100）

除了不可接触制之外，问题还在于政府开办的乡村学校的教育质量，绝大多数达利特儿童上的都是这些公立学校。这些学校的在职教师数量几乎总是低于所需人数。甚至那些受雇的教师也没有严肃地对待他们的工作。农村的学校很少拥有足够的基础设施，如学校正常运作所需的教室、实验室和课桌椅。结果是，更有抱负且经济富裕的父母开始把孩子送到城市的学校。我们还注意到，乡村里的私立学校迅速增加，这些学校主要集中在托儿所（anganwadi）和小学阶段。这些私立学校声称以"英语为授课语言"进行教学，而且学费昂贵得多，只有相对富裕的父母才负担得起。这无疑意味着只有高种姓才有财力把孩子送到这些学校。

有权势的高种姓摒弃公立学校，对这些学校的教育质量产生了进一步的负面影响。由于高种姓不送他们的孩子上公立学校，因此他们对公立学校的教学标准和基础设施已无多少兴趣。在一些村落，这些政府开办的学校开始被称为"达利特"学校或"哈里真"学校。在阿姆利则县的一个村落，一名八年级的达利特学生告诉我们，班上37名孩子只有4名来自贾特社群。其余的孩子都是达利特人或其他"落后种姓"。在邻近的古达斯普尔县，一所公立小学的女校长向我们讲述了类似的情况。在该学校的108

名学生中，只有大约15名学生出身大地主阶层的贾特社群；其余的大部分学生都是达利特人。该村还有一个托儿所，里面有大约70名幼儿。这些孩子都来自达利特和落后种姓的家庭。

旁遮普农村地区的达利特人在使用邮局和地方合作社的服务方面没有遭遇到任何不可接触制。然而，他们抱怨公共分配体系和卫生保健中心的运作。在帕蒂亚拉的一个村落，几名达利特受访者告诉我们，高种姓拉其普特人操纵了补贴金的发放，因为他们比贫穷的达利特人拥有更多的"黄牌"来证明自己的身份是"低于贫困线家庭"。其中一些达利特人还感到他们因为自己的种姓而受到当地卫生保健中心工作人员的虐待。甚至一些高种姓受访者也告诉我们，卫生保健人员对待达利特人的态度"很恶劣"。

达利特人和潘查雅特

基于成年人普选权和代议制民主的原则引入地方层面的政治机构，对农村地区的权力结构产生了深远的影响。就像印度其他的政治民主机构一样，潘查雅特也有为表列种姓预留席位，无论是在普通成员一级还是作为村长（sarpanches，在地方机构掌握最高权力者）。考虑到达利特人在旁遮普农村地区的人口数量，一些达利特人甚至在"开放"的席位上也能够当选村长。在我们调查的51个村落中，17个村落的村长是达利特人，另有6个村落曾经有达利特人当选村长。目前在任的17名达利特村长中，近一半是女性。她们能够成为村长的主要原因是，这些席位是专门为达利特妇女预留的。在其余的28个村落中，从未有达利特人成为村长。每个潘查雅特中达利特潘查（panches，普通成员）

的数量从1名到5名不等。

地方政治机构的这种民主化给达利特人带来了很大的改变。它给予他们尊严感和讨价还价的能力。成年人普选权迫使高/宰制种姓意识到达利特人选票的价值。达利特人能够成功当选村长也迫使高种姓成员重新协调与他们的关系。达利特人已经成为每一个参与村里派系政治的人的重要盟友。

然而，尽管农村权力结构发生了这些根本性的变化，与种姓相关联的宰制结构并没有完全从旁遮普乡村的日常生活中消失。达利特人也没有变得处处都能够掌握主动权。例如，一些达利特人仍然感到被迫在年长的高种姓者面前站起来。表1.6所示数据中，最有趣的方面或许是不同种姓对该问题的回答存在的差异。虽然14%的达利特人和13.8%的落后种姓受访者认为存在这样的做法，但多达29.4%的高/宰制种姓受访者对这个问题的回答是肯定的。很明显，虽然宰制种姓仍然希望这种惯例延续下去，但是在达利特人和落后种姓的头脑中，庇护和忠诚这种旧的意识形态已经在很大程度上消失了。

表1.6 关于达利特人在高种姓者面前被迫站起来的看法

类别	没有强制	感到强制	只有偶尔	总计
表列种姓	408（83.8）	68（14.0）	11（2.3）	487（100）
落后种姓	77（81.9）	13（13.8）	4（4.3）	94（100）
高种姓	72（70.6）	30（29.4）	—	102（100）
总计	557（81.55）	111（16.25）	15（2.20）	683（100）

达利特人在潘查雅特的办公楼里也没有得到平等对待。近43%的达利特受访者感到宰制种姓视这些办公楼为高种姓的社区中心，并不欢迎他们去那里。在许多村落里，达利特人建造了他们自己的单独的社区中心。在潘查雅特开会期间的座位安排也存在一些歧视，虽然程度明显轻得多。在一些村落，据报告，达利特成员被要求和高种姓会员分开坐，远离高种姓会员。然而，在选举过程中，几乎没有不可接触制的做法。例如，任何选举的投票站处都不存在单独的达利特人的队列。

与达利特人的小组讨论以及对达利特村长进行的一些个人访谈进一步强化了如下观点，即种姓制度在农村权力结构中仍然扮演着重要角色。尽管达利特人可以成为村长，但村里的权力仍掌握在宰制种姓手中。在大多数情况下，达利特人能够参加竞争并赢得村落潘查雅特的选举，仅仅是因为他们得到了当地宰制种姓一些成员的支持和庇护。甚至在预留给表列种姓的职位上，宰制种姓也对挑选可行的候选人参与竞选表现出极大的兴趣。其中一名达利特受访者告诉我们，在他所在的村落，"贾特人决定达利特人中谁应当竞选。其他人则不允许竞选"。

在阿姆利则县的另一个村落，村长的位置是预留给表列种姓的，一名达利特男子之所以成为村长，是因为当地的贾特人不允许任何其他达利特人参加竞选。据报道，贾特社群的一些有权势的成员在官员的默许下，驳回了其他达利特人的提名表格。他们想让这名达利特人当村长是因为能够控制他。这样的村长显然无法做任何能增加他们自己社群福利的事情。等到他们的任期结束时，他们不会再受自己种姓成员的欢迎，以至于如果他们希望继续自己的政治生涯，他们就不得不几乎完全依附他们的庇护者贾特人。在古达斯普尔县的另一个村落，一名达利特女村长因为一些反对她的贾特人和达利特人对她展开恶毒诽谤而被停职。他们声称她为私利挪用了潘查雅特的钱。潘查雅特的一名普通成员（一名贾特人）取而代之被任命为村长，即使村里的这一位置是为表列种姓妇女预留的。

达利特受访者还说，从他们的社群中选出的村长很少被给予应有的尊重。一些达利特人告诉我们，在那万沙尔县的一个村落，该村的村长甚至没有得到联邦体育部长参观在其村中举行的运动会的通知，仅仅因为这位村长是达利特人，而该活动是由贾特人组织的。在村落潘查雅特会议上，达利特村长的意见也没有什么分量；宰制种姓普通会员的意见往往比达利特村长的意见更加重要。与此相反，如果村长选自宰制社群，那么来自达利特社群的普通会员甚至不被允许发言。当地的贾特人也不喜欢到达利特村长的家去拜访，除非他们自己有一些非常迫切的需求。在大多数村落，高种姓受访者对给达利特人的预留名额公开表示了批判和厌恶。

结　论

种姓制度往往被视为一个统一的体系，在印度各地或多或少以类似的方式运作。流行话语往往强调不同种姓关于种姓制度支配规范秩序的潜在的文化/意识形态共识，"主流"社会学著作也不例外（Dumont 1998; Moffatt 1979）。尽管这些理论受到了许多批评，而且现有的经验证据与这样的断言相矛盾，但在关于种姓制度的话语中，路易·杜蒙这样的理论继续处于支配地位。

无论过去的情况或南亚次大陆其他地区的情况如何，其肯定不适用于当代旁遮普的农村地区。旁遮普的达利特人看不到种姓制度的阶序结构有任何优点。他们和其他所有人一样，都渴望更好的物质条件、基本权利和有尊严的生活。和其他地方一样，对旁遮普农村地区的大多数达利特人来说，种姓制度仅仅是一个给他们造成种种障碍的结构。他们不仅被当成不可接触者对待，被迫生活在条件恶劣的单独的聚落区里，而且他们还不被允许拥有农地——殖民统治时期当局甚至还立法禁止他们购买农地。

由于达利特人的政治和社会动员以及经济变革的进程，旧的依附关系在过去一个世纪左右已经大大削弱了。他们在日常生活中遭遇到的不可接触制也大大减少了。在旁遮普邦的一些地区，达利特人为争取独立自主和有尊严的生活而在象征性资源上的投入已经极大地改变了各种姓间的关系。正如我在前面的讨论中所提到的，种姓制度和不可接触制的做法发生的这些变化，也许可以通过"脱离"、"疏远"和"自治"这些范畴来描述。它们也被旁遮普农村地区的达利特人用作社会和文化上的主张的策略。随着贾吉曼尼制度几乎完全衰落，种姓与某些特定职业的传统联系似乎不再适用于旁遮普的农村地区。一些传统的"不洁"职业已经商业化。即使一些达利特人仍然从事他们的传统职业，他们也不再在贾吉曼尼制度的框架下工作。

使旁遮普农村地区达利特人的从属地位制度化的，或许不只是污染的观念，还有普遍的农业关系结构。由于没有土地，他们不得不几乎完全依附拥有土地的种姓来获得就业和其他经济需求。虽然务农仍然是他们中绝大多数人最重要的就业来源，但他们也有意识地开始远离农业劳动。他们试图与当地的农业经济划清界限，可能更多的是因为他们对与农场主的依附关系极度厌恶，而不是因为工作本身的性质。

但是，只有在有机会从事其他行业的情况下，达利特人才有可能远离农业经济。乡村经济的开放及其与城镇之间日益紧密的联系，使得他们有可能寻找其他就业来源，而他们中的许多人一直在这样做。然而，这并非对所有人来说都是可轻易获得的选择。正如林奇（Lynch）观察到的，在变化的环境下，种姓并不一定会瓦解成一些其他类型的社会群体（Lynch 1969: 203）。

像全人类一样，旁遮普的达利特人也希望过上一种有尊严和自尊的生活。在种姓分化的社会中，能够做到这点的一种方法是脱离当地的村社，发展自己的自主文化资源。传统的印度教社会等级禁止他们获取这样的资源。他们不被允许进入神庙和学习中心。锡克教不提倡歧视任何种姓或信仰。然而，实际上，属于拥有土地的宰制种姓的锡克教徒并没有摆脱他们对达利特人的所有偏见。因此，旁遮普的达利特人但凡有可能都试图建造他们自己的谒师所和其他地方一级的机构，以便摆脱宰制种姓，从而获得一定程度的文化自主。

然而，尽管旁遮普农村地区的日常生活发生了重大变化，但种姓制度既没有消失，也没有被遗忘。这些变化在旁遮普各地的剧烈程度也并不相同。即使旧形式的不可接触制和污染的观念变得越来越淡薄，针对达利特人的基于种姓的偏见仍继续存在，而且在某些情况下甚至可能变得更强烈，并且在针对达利特人的暴行中显露无遗。下一章我将研究关于达利特人的主张和种姓暴行的一些案例。

第 2 章

暴行和反抗：达利特人对公民身份的主张

旧的基于种姓的农村阶序模式在过去四五十年间已大大削弱了。虽然印度不同地区的变化程度不尽相同，但各地确实都发生了变化。现今种姓制度给人的感受及其在日常生活中的表现形式与三四十年前相比已明显不同。尽管经历了显著的变化，但种姓制度并没有式微或消亡。现今种姓制度最重要的方面或许是它在经济不平等和社会排斥的繁殖中扮演的角色。阶序观念的衰落以及持续存在的物质上和象征上的不平等，加剧了不同种姓群体之间社会关系的摩擦。那些处于传统阶序边缘的人已经开始期望并要求过上有尊严的生活，并且在国家的社会和政治生活中享有平等，但那些传统上占据宰制地位的人抗拒放弃他们的特权，并对来自下层日益强烈的要求平等参与的主张心怀怨恨。结果是，传统的宰制种姓和新宰制种姓对达利特人犯下的暴力和暴行案件不断增加（Béteille 2000b; Mendelsohn and Vicziany 1998; Shah 2000, 2001）。

正如第 1 章所讨论的，前贱民社群之中的许多成员要么已经有意识地脱离基于种姓的经济，要么基于种姓的职业只是因为资本主义和市场的发展而变得多余。然而，在许多情况下，当地的宰制种姓仍然坚持要求前贱民遵守种姓界限。历史上处于边缘地位的种姓的主张常常被视为对传统文化的逾越，有时候还导致了针对这些群体的暴力攻击。农村宰制群体用来对付达利特人的主张的"旧"策略之一是在社会上联合抵制达利特种姓群体，有时甚至针对村里的全体前贱民。在印度的大多数地区，前贱民几乎完全没有土地，他们在经济上的生计几乎完全依赖宰制种姓社群。社会抵制（social boycott）意味着在村里找不到工作。他们还被禁止使用村里的公地，传统上穷人在这些公地上收集饲料和木柴。他们甚至在送孩子去当地学校方面也可能遭遇困难。如果联合抵制持续很长时间，将给处于从属地位的社群带来深远的负面影响。达利特人还会遭遇残忍的暴力袭击，这些攻击通常针对整个社群，包括那些没有主张权利的人。自20世纪80年代以来，有关此类"过分报复"行为的报道日益增加（Gorringe 2005; Mendelsohn and Vicziany 1998）。

据报道，针对达利特人的首批暴力事件之一发生在1968年。当时在泰米尔纳德邦坦贾维尔县一个叫基尔文马尼（Kilvenmani）的地方，42名达利特人被烧死，原因仅仅是他们敢于组织起来要求提高工资。他们被关在一间小屋里并被纵火焚烧。在1977年报道的另一起事件中，比哈尔邦达普兰普拉村（Dharampura）的4名达利特佃农因为不愿意放弃他们对已经耕种了几十年的土地的合法所有权而被地主杀死。类似的残忍暴力事件的报道一直不断：安得拉邦的卡拉姆切杜（Karamchedu，1985年）和达申杜尔（Tsunduru，1991年），以及马哈拉施特拉邦的海兰吉（Khairlanji，2006年）（参见 Mohanty 2007;

Teltumbde 2007, 2010）。除了这些"令人侧目"的案件之外，达利特人还会遇到各种各样的日常暴力：从肉体上的殴打到强奸、谋杀和各种精神折磨。年轻的达利特男子如果娶了宰制种姓的妇女，也会成为"荣誉谋杀"（honour-killings）的对象。

本章介绍了5个与种姓相关的暴力事件和达利特人主张权利的案例。这些事件和案例来自西北部的旁遮普邦和哈里亚纳邦，基于我从2001年到2006年在上述两个邦陆续进行的数次实地调查。

有关这些事件和案例的所有报道都是在最近的过去，也就是21世纪的第一个十年，从某种意义上讲，它们揭示了当代印度种姓制度出现的新情况。正如案例研究所显示的，尽管种姓制度一直与权力和宰制有关，但快速变化的经济和民主政治进程的逐渐制度化正在启动一个自下而上的过程——要求公民权利和质疑传统的权力阶序模式。这些质疑常常导致暴力，偶尔也会导致对旧的权力关系结构的重新谈判。

然而，针对达利特人的暴力并不总是因为他们日益强势的主张。正如第1个案例显示的，它也可能是"来自上层的主张"的案例，重申旧的权力关系。

案例研究1　哈里亚纳邦杜利纳村5名达利特人惨遭谋杀案

2002年10月15日晚上，在距哈里亚纳邦哈格尔市（Jhajjar）约5千米的一个叫杜利纳（Dulina）的村落附近，发生了一起古怪的集体暴力事件,5名达利特男子被残忍地杀害。哈格尔距新德里仅约60千米。由于该事件发生在离德里国家首都辖区如此近的地方,因此很快就被全国媒体报道,并引起了各政治组织和人权组织的广泛关注。即使它看起来像是一起明显的无辜达利特男子被谋杀的案件,但其中各方参与者却给出了完全不同的描述。

由于该事件迅速发酵成大范围的政治问题,甚至由印度人民党领导的全国民主联盟(NDA)执政的中央政府也被迫在印度议会上就这个问题发表声明。正如《印度教徒报》(*The Hindu*)一名记者报道的,官方版本将该事件描述为自发性的暴力案件,是"无辜群众"对一个"敏感"问题所做的"错误"反应。当时的联邦内政国务部长I. D. 斯瓦米(I. D. Swamy)在印度议会上回应关于该话题的提问时说,这五名达利特男子被杀害是"因为给他人造成正在公然犯下屠杀牛的大罪的错误印象"。[1]据推测,受害者们从附近一个叫法鲁克·纳加尔(Farroukh Nagar)的村子买了一头死牛,并决定在杜利纳派出所附近的路边给它剥皮。当天是印度教节日十胜节,而事件发生在晚上。一群男人在哈格尔庆祝节日之后,在返回的路上看到他们在处理那头死牛,就以为他们从路边抓了一头放牧的牛宰杀以得到牛皮。对印度教徒来说,牛是神圣的动物,所以这群人无法忍受看见牛被宰杀。这一场面触怒了他们,激起了他们的宗教狂热,于是他们将这5名达利特人痛打了一顿,并交给了附近的派出所。

然而,按照官方版本的陈述,宰杀牛的消息如野火般在该地

---

[1] "Killing of Dalits at Jhajjar Not Deliberate", *The Hindu*, 10 December 2002.

区传播开来。众多愤怒的印度教徒聚集在这5名男子被拘留的派出所附近。这些不受控的暴民强行进入看守所，把那5人带了出来并以私刑处死了他们。虽然此时警方和民政部门的高层官员已经到达现场，但面对激动的群众，他们感到无能为力，于是决定不使用任何武力来解救这5名无辜的达利特人。

由当地警方炮制的这个官方版本不仅被中央政府和邦政府接受，甚至还得到了当时全国表列种姓和表列部落委员会主席比杰·松卡尔·沙斯特里（Bijay Sonkar Shastri）的认可。尽管沙斯特里批评警方未能保护受害者，但他也坚称，这5名男子确实是被一群愤怒的暴民杀害的。然而，沙斯特里受到了社群思维模式的影响，在他看来，不论这头牛是已经死了然后正在被这5名达利特人剥皮，还是它正在被他们宰杀，被"错认身份"的不是那头牛，而是那些不幸的受害者。据报道，他说暴民（据他说其中也包括了几名达利特人）误以为这5名达利特人是穆斯林。[1] 这似乎暗指，如果他们真的是穆斯林屠夫的话，那将是另一回事了。

然而，当地的达利特人不同意这个说法，并言辞激烈地质疑这个官方版本。对他们来说，有人编造了这个版本的故事，目的是包庇真正的罪犯——当地的警察。

根据当地达利特人的说法，整件事根本没有牛什么事，不论是死牛还是活牛，这5名达利特男子被杀害的原因并不是他们在剥牛皮。当地达利特人指出，10月15日被杀害的这5名男子包括一名达利特商人、一名司机和随同车辆的清洁工，以及2名当

---

[1] "Jhajjar Lynching was 'Mistaken Identity'", *The Times of India*, 28 November 2002.

地达利特劳工。这位商人是从哈里亚纳邦的另一个城市卡尔纳尔（Karnal，当地的制革工业集中地）来的，去哈格尔取一批牛皮。这位商人经常来哈格尔购买经过处理的皮革。当地的达利特人说，警察经常拦截通过该地区的这类车辆并索取贿赂。通常情况下，这些商人会准备好"合理金额"的贿赂给警察以让他们放行。

然而，在10月15日，警察向这名商人索要比平时更多的钱。当商人拒绝拿出更高额的贿赂时，警察就把他们带到当地派出所并残忍地殴打了他们。这5人当中有1人承受不住毒打，死在了派出所。由于其他4人目睹了这起"谋杀"，警察大为恐慌。就在那时，当地警察编造了宰杀牛的故事，并动员了暴民。另外4人被交给暴民，最终5人全都被杀害。

达利特人还提供了证据来支持他们这一版本的故事。当地的一名达利特活动人士声称自己在该事件发生之后立即去看了谋杀现场，虽然派出所里那间据报道关押了那5名男子的房子的窗户杆已经被折断了，但没有任何其他迹象显示暴民袭击了该派出所。甚至派出所外的花坛也完好无损。只是到后来，为了销毁所有证据，警察自己洗劫了整座大楼。令人惊讶的是，没有证据表明警方曾试图从"疯狂的暴民"手中救出这5名男子。一些当地的达利特人声称，警方不仅在散布谣言方面推波助澜，甚至参与了动员暴民。据报道，他们安排了一辆汽车去接邻近城镇的群众，并向附近的牛庇护所（gaushalas，由当地印度教组织经营的流浪牛、残障牛牛舍）和古鲁库尔（gurukuls，传统寄宿学校）通知了所谓的宰杀牛事件。

有趣的是，这两个版本的故事都证实当地警方没有采取任何行动解救受害者,即使他们就在事发现场。该事件发生的地点离县行政中心哈格尔仅约5千米,增派警察部队到达那里对付"疯狂的暴民"并不困难。这两个版本的故事也证实了5名达利特人确实是被残暴地杀害的,其他社群成员——大多来自当地的宰制种姓和高种姓——积极参与了杀害达利特人的暴行。

世界印度教徒大会(VHP)在当地的分部迅速发表声明为这次谋杀行为辩护。世界印度教徒大会并不是唯一为之辩护的组织,当地的牛庇护所和古鲁库尔的代表也发表声明,总结起来是,牛的生命比人类的生命更有价值。他们都要求警方不要惩治参与这次谋杀行动的人。当警方逮捕了一些村民时,高种姓,特别是当地宰制种姓贾特人,举行了数次抗议集会,并在集会中反复强调牛在感情上的意义。这次谋杀行为再次被归咎为"错误身份"。他们不断地争辩,"印度教徒"群众完全是无辜的,不仅因为他们相信一头牛确实被宰杀了,而且他们不知道用私刑处死的不是穆斯林屠夫(kasais),而是达利特人。对杀害5名无辜男子来说,错认身份是足够好的托词了。

当地处于宰制地位的贾特人社群中的一部分人遵循种姓界限自发动员起来挽救参与暴行者。他们召集了传统机构贾特氏族长老会("Khap"潘查雅特),向邦政府施压,阻止其在此案中提起任何刑事诉讼。该事件莫名其妙地变成了挽救贾特人尊严的问题。

尽管许多全国性的达利特组织抗议杀害5名达利特人的行径,但这一事件并没有激起当地达利特人的任何回应。当我访问哈格尔市时,当地的达利特人并不是特别热衷于讨论此事。他们担心自己的安全,因为在该地区,宰制种姓的势力尚未受到削弱。

在全国性媒体的压力下，旁遮普邦首席部长别无选择，只能下令对该事件进行官方调查。虽然调查报告没有质疑"官方说法"的可信性，但确实发现当地警察负有"玩忽职守，任由事态失控"的过错。[1]与此同时，据报道，在邦首席部长的坚持下，邦立法议会（MLA）的一名来自邻近选区的议员也一直在致力于争取"妥协"；令人惊讶的是，商议妥协的对象并不是达利特人，而是处于宰制地位的贾特人，贾特人以"保护牛"的名义组织抗议活动，并要求释放事件发生后被捕的26名村民。他们还坚持要求不对任何一名"暴民"采取任何法律行动。由于调查报告把全部责任都推给了警方，他们无须太过担心。最终，一项妥协协议达成了。该协议议定一些村民将受到各种指控，但没有人会受到任何严厉的法律制裁。这也是一种规避援引《保护表列种姓和表列部落免遭暴行法》的方式，该法规定的惩罚可能要严厉得多。由于此案件已被广泛政治化，邦政府要完全避免采取任何法律行动并非易事。

案例研究2　旁遮普邦塔汉村达利特人主张权利

2003年6月的第一个星期，地方和全国性媒体均在显著位置报道了一起与种姓相关的冲突案件，该案件发生在距离旁遮普邦多巴的贾朗达尔市约10千米的一个叫塔汉（Talhan）的村落。一

---

[1] Shubhadeep Choudhury, "Dulina Guilty may Escape Major Penalty", *The Tribune*, 10 December 2002.

段时间以来，该村的地主阶层贾特人和达摩人之间的关系一直相当紧张。然而，直到一群达利特人在贾朗达尔组织了一次抗议集会，反对当地处于宰制地位的贾特人对他们社群在塔汉的同胞所犯下的暴行，这一冲突才成为新闻焦点。据报道，抗议者们失去了控制，警察开枪并造成一人死亡。杀害达利特抗议者的行为使得气氛进一步紧张，导致该地区不得不实行为期数天的宵禁。

这场骚乱的导火索是塔汉村的达摩人要求派出代表参与村里尼哈尔·辛格巴巴（Baba Nihal Singh）的圣祠的管理。据传说，尼哈尔·辛格巴巴是一位出身工匠种姓拉姆格利（Ramgarhia）的锡克教徒，住在邻近的达科哈村（Dakoha）。他在世时既非圣人也非圣徒（fakir）。他制造了类似轮子的物件（当地称为 gandh）并固定在新挖的饮用水井中。这些轮子放置在井底，以使水稳定地从地下泉水流入井底。该地区的村民对尼哈尔·辛格的技能有着深厚的信仰。当地流传着这样一句话："如果他在井里放一个轮子，这个井就永远不会干涸，它的水永远是甜的。"

然而，有一天，尼哈尔·辛格在塔汉附近一口新挖的井里固定轮子时去世了。对于普通村民来说，这是一种为村落而牺牲的行为，因此他被宣告为殉道者（shahid）并成为巴巴。尼哈尔·辛格巴巴的遗体在塔汉附近村落的土地上被火化，出于对他的尊重，并且为了供人追忆他，村民决定在火化的地点建造一座纪念性建筑（smadh）。这座建筑附近还放置了燃烧的圣火。哈纳姆·辛格（Harnam Singh）曾是尼哈尔·辛格的助手，其后一生他都在照管这座建筑，并保持圣火燃烧不熄。在哈纳姆·辛格去世后，人们在前一个建筑附近建造了另一座建筑。多年来，这两座建筑开始吸引虔诚的信徒，他们还带来了供品，大多是现金。

这两座小的建筑慢慢地被改建成一所圣祠。没过多久,另一座建筑在这两座建筑之间出现,人们在那里放置了锡克教圣书《古鲁·格兰特》,并开始依照锡克教仪式进行诵读。为了纪念尼哈尔·辛格巴巴的忌日,来自塔汉及其附近村落的他的信徒开始每年在这所圣祠组织集会(mela)。

随着该地区日益繁荣,以及巴巴的信徒日益富裕,供品也越来越多。根据现有的估计,在2003年冲突发生时,该圣祠每年供品的金额为3 000万~5 000万卢比。随着该圣祠的名望日益显赫,由塔汉村及其邻近村落"有权势"的人士组成的一个委员会接管了管理工作。他们还控制了所有的钱并决定该如何使用这些钱。由13人组成的委员会的选举在每年的桑格拉提节(Makara Sankranti,或Maghi)[1]晚上举行。然而,并非村里的每个人都能参加这些选举。

这个委员会管理该圣祠并处理其财务,主要由地主阶层贾特人把持。2003年,塔汉村拥有约5 000人,其中只有25%是贾特人,近65%属于达摩种姓。其余的人出身其他"服务种姓"(servicing castes),如拉姆格利人、洛哈(Lohar)人和吉希尔(Jheer)人。村里没有除了达摩人以外的其他表列种姓。有趣的是,尽管这个地区各村落一些其他种姓社群获得过代表权,但从来没有达摩人当选该管理委员会的成员。

该村落的达摩人不仅在人口数量上占据优势,而且在过去的几十年里,他们经历了相当大的社会流动,并获得了很大程度的

---

[1] 桑格拉提节,又名风筝节,印度古吉拉特邦和拉贾斯坦邦的传统节日,节日时间在每年1月中旬。——译者注

自主。尽管他们最初像大多数其他表列种姓一样贫穷，但长期的动员运动和文化觉醒已经让他们成为一个相当富裕的社群。旁遮普邦多巴专区的达摩人与印度其他地区的达摩人几乎没有什么相似之处。尽管他们不介意被标识为表列种姓，但他们中的一些人不喜欢被称为达利特人。虽然没有土地，但他们中的大部分人都住在精心建造的砖房（pucca house）里，而且几乎所有达摩人的孩子都被送去上学。许多达摩人都在城市工作，几乎每两户家庭中就有一人在国外工作，要么在西方国家，要么在海湾地区。他们繁荣的起源可以追溯到19世纪下半叶英国殖民统治者在贾朗达尔确立了自己的统治后，在该地区建造驻地（更详细的讨论见第6章）。

社会流动和不断增长的抱负使达摩人从一个处于从属地位的种姓群体变成一个自信且独立的社群。他们在地方政治中的影响力也增强了。然而，地方一级的权力格局并没有发生太大变化。约5年前，当达摩人要求在管理委员会中获得代表席位时，传统上处于宰制地位的贾特人根本无意考虑他们的要求。由于没有得到贾特人的任何积极回应，达摩人在1999年决定向法院提起诉讼，质疑管理委员会的选举方式。虽然法院没有做出明确的裁定，但判决允许一些达摩人观察员出席年度选举。

然而，当达摩人于2003年1月14日根据法院的判决前去圣祠出席选举时，贾特人并未出现。选举最终在2003年1月19日晚举行。但是，对于达摩人对在委员会中拥有代表的要求，贾特人拒绝让步。达摩人称，贾特人不仅没有遵守法院判决，反而叫来了警察，这些警察在达摩人坚持要求公平代表时驱赶并殴打达摩人。贾特人还向村里的非达摩居民发出指示，要求他们"在社会上联合抵制"达摩人。贾特人不再去村里达摩人经营的商店，并且禁止贫穷的达摩人从他们的农场收集饲料。达摩人不得不去城镇或去附近的村庄收集饲料。那些家里没有厕所的人被禁止使用村里的农田排便。

虽然多巴的达摩人在就业方面并不太依赖当地的农业经济，但他人的"社会抵制"对他们中大多数人来说是一个相当大的冲击。正如一名住在塔汉并领导了达摩人动员活动的旁遮普政府的退休雇员所描述的："这样的社会抵制对我们来说并没有多大关系，但极大地伤害了我们的自尊心。"

同样，贾朗达尔的一名达利特高层领导深感惊讶和不安，因为这样的事情在多巴已经很久没有发生了。"如果我们的人民还不得不面对社会抵制的耻辱，那么我们所有的斗争、教育和流动还有什么用呢？"

正是在这种绝望和愤怒之下，这名达利特高层领导决定亲自参与塔汉村表列种姓的斗争。他与当地的社群成员一起成立了一个达利特行动委员会（DAC），带头开展了这场运动。他们向表列种姓/表列部落委员会派出代表，并在该市组织了静坐绝食（抗议）活动。该委员会的一个小组于2月5日来到该村，发现确实存在"社会抵制"。尽管该小组要求当地政府立即出面介入，但什么也没发生。与此同时，该达利特行动委员会继续在贾朗达尔市和该村举行抗议活动。

管理委员会的贾特委员声称达摩人的要求是不公平的，认为委员会很好地维护了圣祠并合理使用其资金。他们声称，在过去5年左右的时间里，圣祠的预算中有一大笔钱用于修建医院和村里的电话交换台。还有一部分资金花在了学校和道路上。甚至连达摩人也获赠了25万卢比来建造他们的谒师所/拉维·达斯庙。至于代表的问题,贾特委员认为,由于该smadh是锡克教的谒师所,达摩人不能出现在其管理委员会中,因为"他们无论如何都不是正统的锡克教徒",他们中大多数被列为印度教徒。

另一方面,达摩人对这样的理由提出疑问。尼哈尔·辛格巴巴的smadh从来都不是严格意义上的谒师所。此外,他们争论:如果剃光了胡子的贾特人可以成为委员会委员,为什么他们就不能呢?他们也像其他锡克教徒一样敬奉《古鲁·格兰特》并举行宗教仪式。

达利特行动委员会继续其抵抗运动,直到该县政府的一些官员将双方召集在一起,并在6月的第一个星期达成和解。贾特人同意在委员会增加2个达摩人名额,前提是这两人要成为"正统的锡克教徒"并且佩戴头巾。该协议的其他条款包括各方当事人公开道歉,解除社会抵制。然而,在达成该协议两天后,在当地圣墓(Mazhar)举行的年度集会期间,两大种姓的成员再次发生冲突。正是在这场冲突之后,贾朗达尔爆发了暴力事件,导致警察开枪并造成一人死亡。在紧张局势持续了近两周之后,行政当局再次将这两个团体带回到谈判桌前,双方再次达成同样的和解协议。在当地贾特人坚持要求只有达摩人愿意成为"正统的锡克教徒"才可以加入管理委员会时,达利特人让步了。委员会接受了两名达摩代表,其中一人最终同意接受洗礼成为阿姆达西锡克教徒。

在冲突各方解决了争端并且2名达利特男子被纳入管理委员会大约三周后,我再次走访了塔汉。当我询问其中一名新加入委员会的达摩人成员他可能发挥的作用时,他的话听起来更像是冷嘲热讽。"在一个贾特成员多达10人的委员会里，我们两人能做些什么呢？"

虽然已经与贾特人一起出席过两次会议，但他们并不觉得加入该委员会将从根本上改变当地的权力结构。当涉及权力时，问题就并不只是种姓制度的问题了。塔汉和旁遮普其他农村地区的贾特人不会轻易放弃他们"旧的"地位。然而，他们的宰制或领导权（sardari）将不再是无可争议的了。

案例研究3 种姓制度与排水权

吉图马吉拉（Jethumajra）村坐落在距离那万沙尔县大约4千米的地方，是多巴专区的一个典型的村落。和旁遮普邦其他地方一样，这里的大部分农地都由贾特人所有和经营。与旁遮普邦的其他地区，如马尔瓦专区相比，多巴专区的土地拥有量要小一些。2003年，当我们在吉图马吉拉村的田野工作完成时，该村共有约200户家庭，人口约1 000人。当地的两大种姓是拥有土地的贾特人（66户）和达摩人（80户）。其余的家庭属于所谓的"落后种姓"和其他表列种姓。

尽管达摩人是村里最大的种姓社群，但该村五老会（潘查雅特）的主席（sarpanch）几乎一直出身贾特种姓。除了现任村长之外，之前的三任村长都是贾特人。村落潘查雅特中确实有达摩人的代表，但只是作为普通成员。与多巴大部分地区的情况一样，吉图马吉拉村的达利特人也已经脱离了他们传统上与种姓相关的职业，并逐渐远离了该村由贾特人控制的农业经济。他们中的大多数人从事非农职业。一些人编织绳带出售到城市市场，另一些人离开村落在砖窑工作，还有一些人在邻近城镇经营小企业。

他们转行从事各种非农活动也为他们带来了一定程度的繁荣和经济独立。更大程度的经济独立意味着有更多盈余的钱，这些盈余的钱被用于建造装有手动泵和现代厕所的砖房，这在从前是梦想中的奢侈品。在过去，达利特人生活在主村之外几乎类似于贫民窟的环境中。那里没有排水设施，脏水和其他污水只能淤塞在他们房屋旁边的沟渠中。

多年来，旁遮普邦和哈里亚纳邦各村落的规模都扩大了，达利特人的聚居区也已经由可通行汽车的沥青马路与村落连通。在20世纪90年代中期，吉图马吉拉的达摩人成功说服邦政府的一位部长给他们拨了一笔款，并将其用于建立他们自己的社区中心。鉴于这些年来村里的大部分公共用地都没有了，他们决定用这笔钱填平他们聚居区附近的一个池塘，把它变成平地。没过多久，一个小型的社区中心和一个拉维达西神庙在这块土地上拔地而起。

池塘填平导致他们没有地方排放从他们房屋流出的污水了。然而，村里在靠近宰制种姓贾特人的房屋所在地处还有另一个大池塘。他们再次找到当地的国会议员——按照种姓划分，他也是一名达摩人，请求其拨款把他们的下水道连通到另一个池塘。这名国会议员批准从专用的地区发展基金中拨款4万卢比，用于修建一条从达利特聚居区到池塘的下水道。施工工作很快就开始了。

然而，当地贾特人不同意将达摩人聚居区的下水道连通到池塘，因为贾特人一直认为这个池塘是他们的"财产"。而当达摩人不顾贾特人的反对坚持修建时，贾特人聚集起来毁坏了新修的下水道。不过，他们遭遇到了当地达利特人的反抗。达摩人向警方投诉贾特人，并试图重修下水道。这一次的事件导致两个种姓社群爆发了公开的肢体冲突，一些人受了重伤。贾特人也控诉达摩人参与暴力活动。当地警方逮捕了达摩人的领导人并将其拘留了一个多月。

尽管如此，考虑到当今新的民主政治现状，达利特人仍然能够争取到官僚体制内以及一些达利特议员的支持。一名当地的达利特活动人士在接受采访时告诉我："那万沙尔县的县辖区长（SDM，sub-divisional Magistrate）本人是表列种姓，他给了我他的私人电话号码，并告诉我，如果村里的形势恶化的话就和他联系。"

达利特活动人士还成功地使此案在一定程度上政治化，以便他们从当地法院弄到"暂缓令"（stay order）。法院指示当地政府允许达摩人使用池塘直到案件最终解决。为了确保下水道不再被破坏，法院还命令当地政府在村里部署警察。

案例研究 4 旁遮普邦的土地和种姓制度

与吉图马吉拉和塔汉不同，哈桑普尔［Hassanpur，位于桑鲁尔县（Sangrur）］位于旁遮普邦城市化程度和多样化程度均较低的马尔瓦专区。该村拥有约350户家庭，人口约1 700人。贾特人是人数最多的群体，有约170户家庭。达利特人也占了很大比例，约有125户家庭，人口约600人。哈桑普尔村的达利特人大多是拉姆达斯锡克教徒（有约120户家庭）。

不同于塔汉和吉图马吉拉村的达利特人，在2004年开展田野工作的时候，哈桑普尔村的达利特人在就业方面依附当地的农业经济和宰制种姓贾特地主。他们中也有一些人拥有小块土地。只有少数人能够转行从事非农行业，例如皮革鞣制加工或在附近的砖窑工作。尽管达利特人没有太多其他的就业来源，但资本主义农业的发展和他们日益增强的自信已经大大削弱了地主和劳动阶层的传统联系。

与旁遮普邦和哈里亚纳邦的其他地方一样，哈桑普尔村的达利特人也很少有人愿意与农场签订任何一年期合同作为固定的农场佣工与农场主一起工作。即使他们同意这么做，也并非所有人都工作满一整年。这样的长工无一例外欠了农场主的债，而且当他们无法履行这一年期的合同时，他们就会背负着未偿债务"逃跑"（参见Jodhka 1994, 2012a）。农场主通常很难讨回这些债务。

由于这些阶层关系冲突，当地的达利特人与地主贾特人之间的紧张局势一直在不断发酵升级。哈桑普尔村像塔汉和吉图马吉拉村一样也在2003年因种姓冲突而成为新闻焦点。当达利特人反对贾特人修建一条下水道穿过村里的巴尔米基神庙（Balmiki temple）的入口处时，紧张局势一触即发。虽然村里只有零散的5户巴尔米基人家庭，但他们得到了拉姆达斯人的支持。拉姆达斯人还在村里拥有单独的谒师所。身为贾特锡克教徒并且时任该村村长的古尔迪普·辛格（Gurdeep Singh）被他们的抗议激怒了，2003年4月的一天，他召集了一次贾特兄弟会（Jat Bhaichara，贾特人的种姓潘查雅特）的会议，讨论当地达利特人日益强势的主张。贾特人决定采用"社会抵制"对付当地的达利特人。这位村长通过村里谒师所的喇叭广播了这个决定，宣布村里所有的非达利特人都应该停止与达利特人的一切交往。他下令，禁止在村里雇用本地达利特人，也不允许他们进入田地收集饲料或排便。

几个星期后，由贾特人宰制的村落潘查雅特决定收回一块土地（约4英亩[1]），这块土地此前一直被达利特人用来放养牲畜和存放厨余垃圾（arroori）作为堆肥。2003年5月14日，村落潘查雅特以极低的租金（年租金为每英亩2150卢比，而当时的市价是每英亩8 000～10 000卢比）将这块土地拍卖给了当地的婆罗门，租期为7年，买地的婆罗门想在村里建一个牛舍。拉姆达斯人向桑鲁尔县的副专员兼地区最高行政长官（deputy commissioner-cum-collector）投诉这份租约。这位行政长官在查清事实后于2003年6月11日发布行政命令，取消该租约。

这更加惹恼了当地的贾特人。他们袭击了村里达利特人的房屋，造成数人受伤。达利特人向桑鲁尔县行政中心的警方和其他官员投诉。该地方行政当局再次积极行动，并最终成功地将双方带到谈判桌前；双方达成协议，贾特人同意结束他们对达利特人的"社会抵制"。

虽然达利特人对政府采取的行动感到满意，但贾特人并不喜欢被迫妥协。虽然"社会抵制"在形式上结束了，但实际上它仍在继续。2004年6月，当我最后一次访问该村落时，达利特人仍然抱怨无法在当地找到工作。贾特人更愿意从外地雇用劳工。如果本地的达利特人前来工作，提供给他们的工资就会较低：与旁

---

[1]　1英亩约合4 047平方米。——译者注

遮普邦其他地方70~100卢比的现行日工资相比，支付给本地达利特人的日工资只有50~60卢比。他们称，这比两年前支付给他们的工资还要低。

案例研究5　个人犯罪和种姓暴力

　　昌迪加尔出版的日报《论坛报》(The Tribune)在一条简短的新闻中报道：前日，一名出身巴尔米基种姓，名叫拉克什（Rakesh，别名Lara）的达利特男子在戈哈纳（Gohana）的"一所学校附近被三名身份不明的年轻人枪杀"。[1]戈哈纳是一个拥有约5万人口的小城市，位于哈里亚纳邦的索内帕特（Sonepat），距离首都约70千米。受害者是"巴尔吉特·西瓦赫（Baljeet Siwach）谋杀案的主要嫌犯之一"，但他已经因缺乏证据而"被中央调查局（CBI）法院宣告无罪"。这条新闻还提到，该邦政府已经调配了"三个营的警力"以"避免任何意外事件……数百名达利特人围堵了萨马塔集市（Samata Chowk）以抗议这起谋杀"。

　　正好是两年前的同一日期，即2005年8月27日，贾特人巴尔吉特·西瓦赫在戈哈纳市被"谋杀"。根据报纸和各种独立调查的报道，巴尔吉特·西瓦赫在市里经营一家摄影店，他在与几名达利特男子发生争执时死亡。事情据说是这样的：一个来自巴尔米基社群的达利特男子，名叫希夫帕尔（Shivpal）。他去巴尔吉特的店里拍照。然而，希夫帕尔和巴尔吉特因为一些问题发生

---

[1]　"Siwach Murder Accused Shot", *The Tribune*, 28 August 2007.

了争吵，很快，希夫帕尔的巴尔米基同胞拉克什（Lara）以及其他一些朋友加入了进来。这场争执升级为严重的打架斗殴，巴尔吉特因此受了重伤死亡。

这件事在当时引起了轰动，随后还发生了一系列事件。该事件占据全国性日报的头版长达两个多星期。

尽管当地警方很快逮捕了被指控谋杀摄影店店主的7名达利特男子中的4名，并且在警方提交的初步调查报告中公布了他们的名字，但当地贾特社群对警方的行动并不满意。他们公开威胁要在他们的种姓集会大潘查雅特（村庄委员会，maha panchayat）中对当地所有的巴尔米基人进行"报复"。看到贾特人的动员，巴尔米基人感到害怕；当地警方还建议他们要小心，如果可能的话，暂时搬离该市。一两天内，绝大多数巴尔米基人确实照做了，他们搬到住在附近城镇的亲戚家或哈里亚纳邦的其他村庄。

2005年8月31日，贾特大会（Jat Mahasabha）组织召开了另一次会议，贾特种姓社群的数百名成员聚集在一起。上午11点半左右，他们一齐前往巴尔米基人的房屋所在街道的"巴尔米基聚落区"，去"教训教训他们"。他们随身携带了数桶汽油、煤油，还有武器。打砸抢烧持续了5个多小时，超过60栋巴尔米基人的砖房被完全摧毁。为了避免大火可能蔓延到邻近的房屋，他们小心地避开了靠近高种姓的房子。尽管如此，一些邻近的高种姓的房屋也遭到了"洗劫和掠夺"。正如人权组织进行的独立调查所述：

当我们步行穿过巴尔米基聚落区时，我们看到一栋又一栋房子的屋顶塌陷，墙壁上有巨大的裂缝，摩托车和小轮摩托车被烧毁。电视机被摔得粉碎,碗橱和衣橱四分五裂,一年储存的谷物被烧成灰烬,通常用来存放钢制器皿、珠宝、被褥等所有东西的铁皮箱的盖子都被竹竿支撑开以确保所有贵重物品都在大火中烧毁。[1]

印度全国达利特人权运动组织进行了一项调查,评估个体家庭所受的损失。根据该调查,在这100多栋巴尔米基房屋中,每户家庭被洗劫和损毁的物品价值达到了2万~7万卢比,甚至更多。这还不算建筑物遭受的损失。[2]

尽管在像哈里亚纳邦和旁遮普邦等邦的城市中生活的巴尔米基人继续经历着与种姓相关的不利状况,但他们并非所有人都很贫穷。即使他们从事的是清污工作,他们也是当地市政当局雇用的正式员工。家庭里如果不止一人在市政当局拥有正式工作,那么每月都会有相当不错的收入。戈哈纳的一些巴尔米基家庭也从事其他行业,例如教育、银行和保险。其他一些家庭经营小型企业,如家具店和养猪场。达利特人的这种向上层的流动也引起了宰制种姓的某种"嫉妒"。例如,人权小组的调查指出:

> 消费品,如电视、冰箱、燃气炉,偶尔有洗衣机,以及双人床、沙发等家具的存在,都表明经济上的向上流动。这种……封建种姓等级的弱化导致高种姓越来越愤恨。电视机

---

[1] Forum for Democratic Initiatives, "Gohana Atrocity: Caste Terror in Haryana", 5 October 2005. http://roundtableindia.co.in/index.php?option=com_content&view=article&id=4720:gohana-atrocity-caste-terror-in-haryana&catid=122:atrocities&Itemid=138 (accessed on 7 December 2012).

[2] "Dalit Houses Burnt Down at Gohana in Haryana: A Preliminary Fact Finding Report", National Campaign on Dalit Human Rights, New Delhi, Undated.

既没有被暴民带走，也没有被烧掉，而是每一台都被砸得粉碎，仿佛是出于一种仇恨和挫败感。人们仔细地搜查全屋，确保房子里的每一件物品都被毁掉。[1]

有趣的是，与2005年摄影店店主被谋杀之后发生的情况不同，达利特人拉克什被指控杀害巴尔吉特·西瓦赫的谋杀案并没有在该市引发太大危机。巴尔米基活动人士于8月29日号召在该邦进行大罢工，随后又举行了几次抗议集会。然而，该邦警方声称已经逮捕了杀害这名达利特男子的凶手，他的被害与两年前发生的事情毫无关系。根据一名高级警官的说法，这似乎是一起因勒索钱财而起的"帮派斗争"案件。[2]

结　论

与前一章非常相似，本章介绍的5个关于冲突和暴行的案例研究展现了当代种姓制度的动态图景。它们反映了该地区各种与种姓相关的暴力模式。然而，这些研究也显示，即使种姓制度发生了变化，它也不会消失。

第一起5名无辜达利特男子惨遭谋杀的案件清晰地揭示了宰制种姓社群对"被认为的他者"——穆斯林或达利特人——的焦虑，以及这种焦虑如何使他们团结在一起以保护"圣牛"的名义

---

[1] Forum for Democratic Initiatives, "Gohana Atrocity: Caste Terror in Haryana", 5 October 2005. http://roundtableindia.co.in/indcx.php?opiton=com_content&view=article&id=4720:gohana-atrocity-caste-terror-in-haryana&catid=l22:atrocities&Itemid=l38 (accessed on 7 December 2012).
[2] "Dalit's Murder: Police Claims to Identify Accused", *The Tribune*, 30 August 2007.

杀害人类同胞。旁遮普邦的塔汉村和吉图马吉拉村的案例显示了旁遮普邦多巴专区的当地达利特人在过去的一个世纪里所取得的历史性成就。绿色革命的成功带来的经济变革无意中将他们从旧的对地主家族的依附关系之中解放出来，同时他们政治动员和经济多样化的历程打开了新的自我认同的途径。

前一章中讨论的脱离、疏远和自治的进程使得旁遮普的达利特人逃脱了种姓制度的系统性的面相。他们试图摆脱贾吉曼尼关系的庇护结构。旧的种姓与职业的联系几乎消失了。他们也一直试图远离农业方面的工作。为了维护他们个人和亲属社群的尊严，旁遮普的达利特人一直致力于发展他们自己的社会和文化生活的自治结构。一旦从旧的结构中解放出来，他们还会对村里的公共资源提出要求，并开始要求与其他种姓社群享有平等的权利。然而，尽管发生了这些"翻天覆地"的变化，他们薄弱的经济地位、缺少对农地的所有权，以及在历史上逐渐形成的聚落区模式，使得他们依然很容易受到攻击。正是在这个框架下，我们或许可以理解塔汉的案例。

另外2个分别发生在哈桑普尔和戈哈纳的案例更一针见血地强调了这一事实，并提醒我们，即使贾吉曼尼体系瓦解了，"洁净"和"污染"的意识形态表象衰落了，种姓制度的现实依然存在。对大多数达利特人来说，即使是在今天，种姓制度也意味着暴力、没有土地和缺乏相关的社交网络，而所有这些再次使他们坠入无能为力的境地。

第3章

种姓制度和民主政治：一种不同的观点

在印度的现代公共生活中，种姓问题在民主政治领域的讨论最为热烈。有些人甚至认为，种姓制度今天仍然存在于印度是因为它在政治选举中所发挥的作用。从公众到大众媒体的选举学专家和严肃的学术分析家，几乎所有人都将种姓制度视为影响印度政治进程运作的一个重要变量。种姓社群被描述为决定了选举的结果；他们作为压力集团发挥作用，在当地、地区和国家层面影响印度政府的管理议程。对种姓制度的考虑也往往组织构建了各政党及其领导层和纲领。

关于种姓制度与民主政治的关系的流行的社会科学表述，出现于20世纪60年代和70年代。然而，这些表述方式通常源于对拥有土地的宰制种姓社群及其参与民主政治的经历所做的研究。如前一章介绍的达利特人身份的崛起、达利特人与宰制种姓社群之间的冲突案件日益增多，并无法轻易地归入这种表述方式。本章的第一部分探讨了其中的一些问题，对关于该主题的社会科学表述方式进行了综述；第二部分批判地考察了达利特人身份认同政治兴起对这些流行表述方式提出的挑战；第三部分着眼于旁遮普邦将配额划分给两个类别的表列种姓的经验，围绕表列种姓的再分类问题探讨了达利特身份认同政治兴起的内部政治动态。我将通过对旁遮普邦巴尔米基人[1]的身份认同的兴起及其围绕再分类这个有争议的问题所做的动员运动进行实证分析，来讨论这个问题。

种姓制度与民主

《印度宪法》以及那些在构建印度独立后的民主政治参数方面发挥主导作用的人都相当明确地指出：种姓制度在"现代"印度不应当，也不会有合法地位。尽管在争取自由期间，早期的民族独立领导人对种姓制度这个问题持暧昧态度，围绕种姓制度对于印度人民的社会和文化生活的"真正"价值这个问题引发了频繁的争论，但独立后的政治领导人立场明确：反对在这个崭新的民主国家的政治组织中给予种姓制度任何合法地位（Kaviraj 1997; Mehta 2003: 58-59）。这种"主流"且"进步"的对待种姓制度的立场或许能在印度首任总理贾瓦哈拉尔·尼赫鲁的著作《印度的发现》(The Discovery of India) 中找到最好的表述。他在1946年写道：

> 在今天的社会背景下，种姓制度及其伴随而来的许多事

---

[1] "巴尔米基"（Balmiki）是通用表述方式，不过旁遮普的达利特人选择用"跋弥"（Valmiki）来发表政治声明。本书全书都使用"巴尔米基"。

物与进步是完全不相容的,是反动的,是对进步的限制和阻碍。在其框架内,不可能存在地位和机会的平等,也不可能存在政治民主……这两个概念之间的冲突是与生俱来的,它们中只有一个能够生存(Nehru 1946: 257)。

印度制宪会议起草委员会主席兼独立印度的首任司法部长B. R. 安贝德卡尔对此更为坚决。他认为:"在种姓制度的地基上无法建造任何东西。无法建立一个国家,无法树立道德规范。在种姓制度的地基上建造的任何东西都会破裂,永远都不会成为一个整体。"(Ambedkar 2002: 102)

《印度宪法》的开篇,其序言设想了一个平等、自由和博爱的价值观至高无上的国家。这些观念主要取自西方的历史经验和文化传统,反映了对自由民主的向往和现代社会的愿景,确保每一个人能有尊严地生存,并赋予他们一定的关于国家和公民同胞的基本权利。它们与作为社会组织原则的种姓制度和阶序的精神存在着根本矛盾。《印度宪法》的国家政策之指导原则(第38条)进一步明确声明:"国家应尽力有效地保障和维护社会秩序,将社会、经济与政治正义贯穿国民生活的全部,努力为人民谋福利。"(引自Shah 2002: 2)

任何形式的基于宗教、种族、种姓、性别或出生地的歧视都应受到法律的惩罚。

《印度宪法》遵循西方世界民主政体的做法,将所有的立法权都赋予由印度人民选举产生的代表组成的某些统治机构。这些代表将严格遵循成年人普选权的原则选出。

尽管独立印度的中产阶级领袖强烈谴责种姓制度,但他们并不是简单地站在道德的立场上反对这一"传统"制度。印度的"主流"政治领导层认识到，种姓制度几个世纪以来的运作对印度居于从属地位的阶层产生了"极其有害"的影响，这一"古老的"体系会对建立真正的民主和个人公民身份产生影响。正是为了解决这些令人担忧的问题，《印度宪法》制定了一些法律和制度措施，虽然只是暂时的，但会让历史上在特定社会体系中一直处于劣势的群体和社群能够平等地参与民主政治的游戏（Galanter 1984）。

毋庸置疑，印度平权运动的政策和计划发挥了积极影响，使得印度历史上处于被剥夺权利的人能够参与国家的经济和政治生活。印度还极为成功地使健全的民主治理体系在其政治体系的各层面制度化。

这些成就的确值得称赞，但这并不意味着种姓制度在印度的社会或政治生活中不复存在。事实上，许多人会说，政治上的种姓制度在今天要比以往任何时候都更为活跃，并且这在很大程度上是选举程序和竞争性政治导致的。从民主和选举的经验来看，尽管这个现代国家的缔造者的希望似乎已经落空了，但种姓制度的存续，或其对政治参与程度的增加，并不反映民主在印度的运作情况，也不能证明民主的失败。现有的关于选举制度和政治生活其他方面的文献清晰地指向了印度政治科学家所描述的民主深化的进程（参见 Palshikar 2004; Yadav, 1999），并且这一进程正变得越来越具包容性，囊括了印度人口的各个社会群体和类别（Jayal 2001）。

这显然是矛盾的。如何理解这个现实？当代印度的政治经验也对社会学家和社会人类学家一直以来想象"种姓"制度及其与现代性和民主的关系并对其进行理论化的方式提出了疑问,这种想象已经成为中产阶级关于种姓制度及其在当今印度的地位这个问题的常识的重要部分。换言之,种姓制度的这种"存续"清楚地表明,人们对种姓制度的现实和民主政治社会学的认识存在误解。因此,在本章的开头,批判性地概述大众和社会学/人类学对种姓制度的理解或许是值得的。

种姓制度的政治社会学:印度民主的运作

尽管社会人类学家个人倾向于自由主义的民主政治观,信仰社会变革的进化论观念、西方现代化方式的必然性,或者他们专注于研究殖民统治时期的和东方学者的关于印度的著作中延续下来的分类范畴,但他们也承认,种姓制度在当地显示出的巨大的复原力。他们在很早以前就已经开始报道种姓制度对"现代"制度的运作可能产生的影响,以及反过来一种新的政治形式对种姓阶序体系的影响。例如,他们中的一些人很快认识到如下事实,新的治理模式和对现代技术使用的日益增加虽然削弱了种姓社会的结构逻辑,但反而可能在某种程度上强化了种姓制度,因为并没有一个以基于个人选择和成就的开放的社会阶层分化体系完全取代种姓社会传统的先赋性结构。

G. S. 古尔耶(G. S. Ghurye)于1932年在评论随着南方邦的非婆罗门运动的兴起,种姓制度正在经历的变革的本质时认为,这种动员运动针对阶序的攻击并不一定意味着种姓制度的终结。这些动员产生了一种新的集体情绪,即"种姓团结的感觉",其可以"被确切地说成种姓爱国主义"(Ghurye 1932: 192)。

M. N. 斯里尼瓦在20世纪50年代后期的作品中进一步阐述了这一观点。他聚焦于由殖民统治者引入印度的现代技术和代表制政治可能产生的后果，认为种姓制度远未随着现代化的进程而消失，反而正在经历着"横向合并"(horizontal consolidation)。在评论现代技术对种姓制度的影响时，他写道：

> 印刷术、普通邮政服务、方言报纸和书籍、电报、铁路和公共汽车的出现，使得某一种姓的生活在不同地区的代表能够会面并讨论他们的共同问题和利益。西方教育提供了新的政治价值观，例如自由和平等。受过良好教育的领袖们创办种姓刊物并召开种姓会议。人们筹集资金用以将其种姓社群组织起来，并帮助较贫穷的成员。种姓招待所、医院、合作社等，成为城市社会生活的共同特征。总之，可以肯定地说，过去一百年来，种姓团结的程度大大提高了，随之而来的是生活在一个地区的不同种姓之间的相互依赖感降低了(Srinivas 1962: 74–75)。

同样，英国人引入的某些种类的代表制政治也促进了这一种姓横向合并的进程。

> 英国人采取的给予地方自治机构一定的权力、为落后种姓提供优待和特许的政策为各种姓提供了新的机会。为了能够利用这些机会，传统上所理解的种姓群体彼此结成联盟以形成更大的实体(Srinivas 1962: 5)。

然而，这并不是一个单向的过程。种姓制度也正在经历变革。种姓的横向团结，也意味着不同种姓在政治经济平面上的某种"竞争"，最终削弱了种姓的纵向团结（Srinivas 1962: 74; Bailey 1963）。印度独立后民主政治的引入进一步推动了这一进程。

面对种姓等级的变化这一问题，路易·杜蒙也追随斯里尼瓦，做了类似推断。他认为，种姓制度没有随着经济和政治变革的进程而消失，但它的逻辑发生了改变。他形容该过程是从"结构"到"实质"的转变。种姓制度的这种实质化显示了如下转变：

> 从一个流动的、结构性的世界——该世界强调相互依赖，没有特权等级，没有稳固的组成群体——转变为一个由许多奇特的群体组成的世界。这些群体自给自足、本质上相同且彼此竞争，在这个世界中，种姓表现为一种集体性的个人（collective individual，以我们前文赋予该词的意义来理解），表现为一种实体（Dumont 1998: 222；在原文中这部分是重点）。

这些试图将种姓制度不断变化的现实理论化的努力为探讨种姓制度与民主政治进程的动态关系开辟了许多新的可能。因此，到20世纪60年代，社会学家和政治学家开始以不同的话语方式来讨论种姓制度和政治。讨论从主要集中于从道德或规范上关注种姓制度给民主政治进程带来的腐败，转向更多地关注种姓制度与政治的经验互动过程。民主政治逐渐制度化改变了种姓相互制衡的局面。权力从一类种姓群体——所谓的仪式上更洁净的高种姓——转移到中层的"宰制种姓"。民主政治还导致地方层面的权力结构出现分化。正如贝泰耶在20世纪60年代后期对泰米尔纳德邦一个村落的研究中所报道的：

> 自独立以来，印度出现了大量新的权力结构。今天，像种姓长老会（groups of caste elders，在职能上是分散的）这样的传统团体不得不越来越多地与职能特定的权力结构（例如政党和法定的潘查雅特）竞争（Béteille 1970: 246-247）。

然而，这种分化并不意味着这些新的结构摆脱了种姓制度。种姓制度很快就参与了它们的运作，而这些机构的权威不得不以不同的方式再现。虽然传统的权力来源仍然意义重大，但成年人普选权的引入也使得各种姓群体的"人数"在特定的当地环境中变得至关重要。只有通过纵向的和横向的动员才能重获权力。这也产生了一个新的政治企业家阶层。多年来，他们中的一些人已经开始成功地运作，没有将自己的政治选民阵营局限于单一的种姓群体，从而逐渐动摇了种姓政治的逻辑（Krishna 2001）。

种姓协会

在社会学家和社会人类学家讨论种姓的横向整合或其实体化为"种族社群"时，政治社会学家则致力于研究种姓协会在民主政治中的现象和可能发挥的作用。从19世纪末开始，南亚次大陆的不同地区出现了"种姓协会"。从表面上看，虽然种姓协会像是印度传统试图维护自身反抗殖民统治所引发的现代化趋势的典型案例,但它们实际上代表着一种不同的进程。劳埃德·鲁道夫和苏珊·鲁道夫(Lloyd and Susan Rudolph)是第一批研究民主印度中种姓协会现象的学者。他们将这些社团视为印度这样的传统社会中现代性的推动者。他们认为种姓协会:

> 不再是先赋性协会,在这个意义上,种姓过去和现在被视为阇提。它具有自愿性社团的特征。种姓协会的成员资格并不纯粹是先赋性的;出身于该种姓是成为会员的必要条件,但不是充分条件。一个人还必须通过一些有意识的行为,包括各种不同程度的认同才能"加入"(Rudolph and Rudolph 1967: 33;在原文中这部分是重点)。

罗伯特·哈德格雷夫(Robert Hardgrave, 1969)通过他的研究《泰米尔纳德的纳达尔人》(*The Nadars of Tamilnad*)进一步强化了他们的论点。他认为,纳达尔人的种姓协会就像压力集团一样运作,在该社群向社会上层流动方面发挥了重要作用。M. N. 斯里尼瓦也同样认为,在英国统治者引入对种姓进行的枚举的时代,种姓协会成为种姓社群争取社会流动性的推动者(Srinivas 1966)。

不久之后,拉吉尼·科塔里(Rajni Kothari)在撰写有关印度种姓制度和民主政治进程的文章时,也或多或少地论述了类似观点。科塔里在他编辑的著作《印度政治中的种姓制度》(*Caste in Indian Politics*, 1970年)的导论中,反对了流行的观点,即民主政治正在帮助像种姓这样的传统制度"复兴并重建其合法

性"，这可能导致"分裂的趋势"和潜在地"破坏印度政体的民主和世俗框架"。然而，实际上，

> 种姓-政治相互作用的结果与通常所说的恰恰相反。不是政治被种姓制度绑架，而是种姓制度被政治化了。这听起来可能是辩证的，正是因为竞争性政治的运作将种姓制度抽离出其无政治意义的背景并赋予了它一种新的地位，使得迄今所知的"种姓制度"逐渐衰落并开始瓦解（Rudolph and Rudolph 1967: 20-21）。

他认为，种姓协会

> 曾经在种姓身份认同的基础上形成，现在继续取得了非种姓的功能，在组织上变得更加灵活，甚至开始接受创建者的种姓之外其他种姓的成员和领导人，它延伸到了新的地区，还与志愿组织、利益集团和政治党派携手合作。随着时间的推移，这种联盟成了一种引人注目的政治团体（Kothari 1970: 21-22）。

甘地亚姆·沙阿也表达了类似的观点，但言语没有那么热情。他认为，虽然从长远来看，种姓协会确实促进了竞争性政治和参与，但也加剧了狭隘主义（Shah 1975）。尽管种姓协会使民主政治进程偏离了西方经典民主教科书所理解的过程，但确实推动了民主政治文化在迄今为止完全由传统统治的地区的传播。正如 D. 阿诺德（D. Arnold）、罗宾·杰弗里（Robin Jeffrey）和詹姆斯·马

诺尔所说，

> 种姓协会是社会适配器，临时拼凑起来连接两套社会和政治形式。它继续利用种姓制度作为社会组织的基础，但同时引入新的目标——教育和超地方性的政治权力，帮助调和了传统社会的价值观与新秩序的价值观（1976: 372）。

他们在对印度南部不同地区的种姓协会所做的比较研究中发现，有趣的是，这些协会的领导人并不是

> 传统的种姓权威，而是最富有进取心的异类——受过西方教育的人、律师、城市的商人、退休的政府公务员。这些人数量很少，但他们努力和社群其他成员打成一片，希望其他成员支持他们，并愿意帮助他们在社群的非传统职业中更加稳固地立足（1976: 372）。

尽管种姓协会在印度公民的政治和社区生活中继续扮演着重要角色，但在随后的几十年里，社会科学对这个问题的研究兴趣有所下降。在20世纪80年代和90年代，印度政治中出现了更为重要和有趣的趋势，其改变了种姓-政治关系矩阵，我在后文会讨论。然而，在我们谈该问题之前，再指出一些其他影响种姓-政治关系的因素或进程或许会有所帮助。其中最重要的也许当数印度政府在独立后启动的发展规划进程。虽然国家在构思、设计或管理这一时期启动的各种发展计划和方案时很少将"种姓"看作相关变量，但它确实对当地和地区的社会与政治安排产生了深

远影响。

印度政府在独立后不久采取的最重要的发展举措之一是引入土地改革立法。这些立法旨在通过将土地所有权转让给耕种者以削弱不从事耕种的中间人的控制。尽管土地改革立法无一例外都被当地宰制利益集团暗中破坏，但它们最终还是削弱了传统上有权势人数相对较少的高种姓群体的控制（Frankel and Rao 1989; Jaffrelot 2000; Moore 1966; Stem 2001）。例如，在拉贾斯坦邦的一个村落，尽管"废除札吉尔[1]（中间人的权力）"远不能令人满意，但它对整个土地所有权模式，以及对当地和地区的权力结构产生了相当大的影响。传统上的高种姓、昔日的地主拉其普特人在土地改革之后拥有的土地较从前大大减少了。村落的大部分土地都已移交至那些土地耕种者的手中，这些耕种者是首陀罗（Chakravarti 1975: 97-98）。

印度政府为进行农村社会变革采取其他类似举措，如社区发展计划（CDP）、潘查雅特制度和绿色革命，直接帮助了村里的富人和有权势者——他们大多属于当地的宰制种姓群体——进一步巩固了他们对当地和地区政治的控制。

民主政治中的达利特身份和种姓制度

正如我在前一节中试图表明的，自由运动的领导者和殖民统治者的权力继承者绝大多数出身于城市的高种姓家庭。20世

---

[1] 札吉尔（jagirs），莫卧儿帝国实行的军事采邑性质的封建土地所有制。——译者注

纪60年代，中层种姓（middle-level castes）的崛起也意味着印度政治图景的变化。虽然在一些地区，国大党能够迎合这些中层种姓群体日益增长的愿望（例如，参见 Lele 1990; Manor 1989; Weiner 1967），但它无法在所有地方都做到这一点（Jaffrelot 2003）。正是在这一背景下，区域政治开始变得越来越重要。各社会主义党派也在与"霸权"国大党斗争中发挥了作用，推动种姓制度成为重要议题（Vora 2004）。

1967年的普选被认为是印度政治的转折点。在印度独立后的时期，国大党第一次在多达8个邦的选举中被击败。从那以后，区域政治的氛围发生了重大转变。虽然在某些情况下，这些农民种姓成立了他们自己的政党，但在其他地方，他们在国大党内部兴起，成为强大的派系，且无一例外都围绕着种姓身份认同。多年来，他们成功地几乎将仪式上的高种姓赶下国家/地区政治的舞台。研究印度政治的学者很好地记载了这段历史（例如，参见 Brass 1990; Frankel and Rao 1989; Hasan 1998; Kohli 2001; Kothari 1970; Nayar 1966; Vora and Palshikar 2004）。

然而，到了20世纪80年代，印度的种姓政治领域开始出现新的趋势。1990年，时任总理 V. P. 辛格（V. P. Singh）在曼达尔委员会的建议下实行为其他落后阶层提供单独的配额，该举措使得"种姓制度与政治"这一问题重回大众视野，并赋予了种姓制度以新的政治合法性，使其正常化为一种政治运作模式。然而，正如斯里尼瓦的著名论断（1996），这次种姓制度以新的化身复活，不仅仅是狡猾政客们所做行为的后果——他们在一个晴朗的早晨决定实施曼达尔委员会关于为"其他落后阶层"提供预留名额的报告以巩固他们的选票。这也不仅仅是由于常被引用的印度现代性的弱点而导致的一个传统重现的例子。种姓制度在20世纪90年代表现为一种截然不同的模式。事实上，这一时期开始逐渐展开的一些重要进程扩展了印度的民主政治的意义。

如前所述，所有这些关于种姓制度和民主的问题的公式化表述主要是基于中层种姓群体的经历。正是这些种姓群体被斯里尼瓦称为"宰制种姓"（1959）。虽然他们中的一些人曾在当地的权力结构中处于相当边缘的位置，但他们大多位于污染界限以上，而且更重要的是，他们传统上一直是耕种者和土地所有者。当基于成年人普选权原则的选举政治为他们提供新的机会时，他们能够相当容易地唤起自己的政治意识。

尽管存在相当大的地区差异，但在印度独立后的头30年里，中层种姓群体在当地和地区政治中日益团结。虽然那些在传统种姓阶序中处于中层的人受益于发展进程和民主政治，但那些位于底层的人继续遭受社会和政治上的排斥。实际上，在一些地区，中层种姓群体在国家政治中的崛起意味着达利特人在地方上要对付更强大的掌控者。

印度社会和政治在20世纪80年代和90年代经历了几次转变。这些转变也改变了对种姓-政治关系范式的理解。基层民主政治的日益巩固使描述印度政治的语法发生了一些重大变化。政治学家将此描述为从"意识形态政治"向"代表制政治"的转变（Palshikar 2004; Yadav 1999）。

这种转变清楚地反映在20世纪80年代出现的社会和政治动员的性质上。这些"新的社会运动"质疑，在后殖民时期，印度国家报以极大热情追求的发展议程是否明智。在接下来的十年中，开始实施自由化政策，国家逐渐退出经济领域，并且最终人们对尼赫鲁的发展和社会变革的框架不再抱有幻想（参见Jodhka 2001）。

这一时期伴随着世界地缘政治的变化，之前发生了苏联解体、冷战结束和电信新技术的大爆发，还见证了全球资本扩张新阶段的开始。这个后来为人们熟知的"全球化"进程并不仅仅局限于经济，它还影响了各地的文化和政治，并为社会行动和建立关系网络开辟了新的可能性。大约同时，环境、性别和人权等"新的"政治问题几乎同时在世界各地被提出来。跨国的网络交流给它们提供了一种不同的合法性和力量。例如，反对在讷尔默达河上修建大坝的运动，投入了大量精力动员国内舆论和全球资助机构反对该项目。同样，侵犯人权问题也受到全球机构的关注和评论。人们在全球范围内以或多或少同样的方式表达性别权利问题，在印度开展工作的妇女组织积极与世界其他地区的妇女组织交流联络。

正是在这一新的背景下，印度不同地区的达利特群体开始以身份认同政治的语言表述种姓制度和政治问题。表列种姓或前贱民社群的共同身份是"一种建构性的、现代的身份"（Kaviraj 1997: 9），它是被达利特群体内部兴起的新领导阶层使用平等和民主代表制的语言鼓吹起来的。

正如引论中讨论的，种姓压迫和不可接触制的问题首先是在自由运动期间由像焦提巴·普乐和B. R. 安贝德卡尔这样的下层人提出来的。达利特群体还在20世纪上半叶发起了要求尊严和发展的运动（Juergensmeyer 1988; Omvedt 1994）。英国殖民统治者还推行了一些特殊条款以增进"被压迫阶级"的福祉。遵循殖民统治者的举措，独立后的印度也将为表列种姓制定一些特殊条款制度化，使得他们能够参与民主政治进程，并通过在就业和教育机构中获得预留名额或配额分享发展的福利。

如前所述，达利特政治在20世纪90年代经历了重大转变。促成这一转变的原因，一方面是种姓关系结构的现实不断发生变化，另一方面则是由于预留名额政策而在达利特人中兴起的新中产阶级日益壮大。随着人数的增多，他们也获得了信心，并以不同的方式表达种姓制度问题。大约同时，他们将安贝德卡尔重塑为全国性的达利特身份认同的偶像。

更大的意识形态和社会环境的这些新变化出现之时，印度农村正在经历其传统社会和权力安排的解体。在印度独立后的头30年，仪式上"洁净的"宰制种姓从民主政治的制度化和印度政府启动的农村发展计划中收益颇丰，此时他们也开始经历内部的分化。那些处于农村经济上层的人开始转向城市寻求进一步的流动性（Uodhka 2006），而那些位于底层的人则开始质疑自己的从属地位。三四十年来持续参与民主政治进程的经验也给予这些底层人民一种自我价值感。

如前所述，尽管传统上的高种姓在印度独立之后随着成年人普选权的采用而在政治上被边缘化，但这并没有导致农村社会的民主化。从种姓的角度来看，农村的权力围绕拥有土地的宰制种姓；从阶级的角度来看，富裕的地主和放债者继续控制着农村经济。学者对不同地区进行的独立研究常常表明，潘查雅特也已经成为印度农村地区中占据宰制地位的群体争夺影响力和权力的舞台（Frankel and Rao 1990）。

然而，新近研究指向了传统的权力/宰制结构出现松动的过程。如第1章所述，宰制种姓对农村社会秩序的控制开始减弱，特别是在20世纪80年代。土地－权威之间的关联已经出现了一定程度的松动（Mendelsohn 1993: 808），种姓与职业在传统上的联系随着贾吉曼尼制度的瓦解而弱化（Karanth 1996; Sahay 2004）。家庭成员在内部也已经分化，越来越多的家庭变成林德伯格所谓的"多从业型"（Lindberg 2010）。

这些变化促进了一个新的达利特代言阶层的崛起，将其转变为提出更多的主张和更大程度参与选举政治的阶层。然而，即使在现代民主政治中，各个种姓群体也不是以平等的地位参与的。历史经验显示，不同种姓的群体在参与民主政治时拥有的资源是不同的。虽然地方上占据宰制地位的群体要禁止传统上被边缘化的种姓群体参与政治进程已经变得相当困难，但这并不意味着社会不平等或种姓和等级的终结。身为达利特人或者其他落后阶层，仍然意味着居于劣势和受到社会排斥。

尽管达利特自治政治崛起，达利特人在某些场合/国家的某些地区被赋予了大量权利，但从权力和宰制方面看，种姓制度的现实并没有消失。即使种姓制度在意识形态上已经被大大削弱，不可接触制的旧形式正在消退，当地占据宰制地位的种姓对达利特人犯下的暴行实际上却在增加（Béteille 2000b; Shah 2000）。种姓暴力几乎总是一个单向的过程，达利特人最终总是受害的一方，这个事实也充分说明了各种姓群体仍然存在不平等。因此，任何针对种姓制度和政治的分析都应该从如下问题开始：我们在谈论谁的种姓和政治？

内部动力学：达利特身份

与拥有丰富资源且在地域上集中的宰制种姓不同，达利特人广泛分散，内部以地区分裂成不同社群。实际上，达利特人这一身份直接出自统计学者的分类，他们被并入表列种姓这一类别下。他们的大部分政治活动本质上也一直是渐进的，针对的是政府。不同类别的表列种姓之间就有可能对立和竞争。这正是印度一些地区正在发生的事情，特别是自20世纪90年代后期以来，当时安得拉邦政府在拉马钱德拉·拉奥委员会的建议下，在1997年决定将该邦的表列种姓人口划分成四个类别，并为每个种姓类别安排了具体的席位配额，大致与他们在总人口数中所占比例匹配。这一举动是对麦底加人（Madigas）声势浩大的丹多勒运动（Dandora movement）对配额制度进行合理化改革的要求做出的回应。然而，安得拉邦政府的这一指令在1998年遭到该邦高等法院的独任庭（single-judge bench）的否决。安得拉邦政府坚持决定，并打算将其变成一项法律，这项法律于2000年由邦议会正式通过。该法也被高等法院质疑，但这一次，由5名法官组成的合议庭判决，安得拉邦对表列种姓进行再分类没有违反宪法，并驳回了针对该法的上诉。然而，当此法被提交至最高法院时，最高法院对该法持否定态度，并于2005年将其否决。不过，该判决产生的影响并不仅仅局限于安得拉邦。

早在安得拉邦给表列种姓的"配额内进行配额"这一问题成为有争议的话题之前，旁遮普邦政府就已经对本邦的表列种姓人口实行了双重分类。1975年5月5日，旁遮普邦政府致函各部门办公室，指示"将为表列种姓预留的配额的所有空缺职位的50%

提供给巴尔米基和马扎比锡克教徒（如果有的话），作为表列种姓候选人中的首选"。随后的官方指令进一步澄清所建议的对配额的分类"仅"适用于"直接招聘，而不适用于晋升的情况"。哈里亚纳邦政府借鉴了旁遮普邦的经验，于1994年也决定将该邦的表列种姓人口划分成两组（A组和B组），将预留给查玛尔人（B组）的席位限制为所有席位的50%，基于优待将剩余的50%的席位提供给非查玛尔人（A组）。

这一安排一直运作良好，直到2005年旁遮普邦和哈里亚纳邦的高等法院回应该地区的一名查玛尔人加杰·辛格（Gaje Singh）的书面诉状，向这两个邦的政府下达了关于该条款"违法"的判决。这名上诉人援引最高法院在安得拉邦案件中否定对表列种姓进行再分类的判决。旁遮普邦政府很快找到了解决办法，它将1975年的官方命令变成一项法律，并继续在招聘邦政府部门的职位时对表列种姓进行双重分类。

与其他地方一样，旁遮普邦的表列种姓分成不同的社群，各自有着截然不同的社会身份和经济发展经历。根据官方名单，旁遮普邦共有39个表列种姓社群。然而，该邦绝大多数表列种姓可以划归为两个或三个集群。第一个集群是马扎比锡克教徒和巴尔米基人/邦基人（Bhangis），他们在1991年共占到表列种姓人口总数的41.9%（分别为30.75%和11.15%）。第二个种姓集群构成了另外41.59%的表列种姓人口，由达摩人（15.74%）和查玛尔人/拉维达西人/拉姆达斯锡克教徒（25.85%）组成。剩下33

个种姓集群仅占旁遮普邦表列种姓人口总数的16.51%。[1]

出于各种各样的历史原因,旁遮普邦第二个表列种姓集群的人口流动性和政治积极性要比其余表列种姓的人大得多。20世纪20年代著名的达摩运动就是源自多巴的查玛尔人。这一运动不仅使该社群受到关注,还强调了儿童教育的必要性,并且鼓励其追随者——几乎完全是由当地的查玛尔人组成的——投身创业(参见Juergensmeyer 1988)。因此,尽管最初源自同一社群,但拉维达西人和拉姆达斯人在教育领域和在配额制度下获得高质量工作方面要比巴尔米基和马扎比锡克教徒做得更好。尽管各种姓社群在自我描述时日益青睐"达利特"一词,国家机构和大众媒体也继续使用着"表列种姓"一词,但不同社群之间的内部差异仍然和以往任何时候一样重要。

配额与政治进程

当代的旁遮普邦是1966年在阿卡利党人的坚持下从印巴分治后统一的旁遮普划分出来的[2]。中央政府此前已经逐步发展形成对印度其他各邦进行语言上的重组框架,宣称代表锡克教徒政治诉求的阿卡利党人发起了一场运动,要求在该框架内重组旁遮普邦。然而,鉴于旁遮普的语言问题已经被社群化的方式,要

---

[1] 所有这些数据均基于1991年的人口普查,是由作者本人从旁遮普邦政府社会福利部办公室(位于昌迪加尔)收集到的。
[2] 1947年印巴分治后,原旁遮普地区被一分为二,东部属印度,西部归巴基斯坦。印度旁遮普邦在1966年继续一分为二,以锡克教徒为主的那一半保留了旁遮普邦的名称,另一半以印度教徒为主,改名为哈里亚纳邦。——译者注

求成立一个独立的讲旁遮普语的邦——旁遮普邦,事实上也是社群要求建立一个锡克教徒占多数的邦(详见 Jodhka 2006; Nayar 1966)。印度首任总理贾瓦哈拉尔·尼赫鲁强烈反对阿卡利党人的要求。然而,中央政府最终屈服,于1966年重组该邦,将那些大多数人口自称说印地语的地区划分出去。尽管1966年后的旁遮普邦面积大大减小了,但锡克教徒在人口中占到了近60%。

虽然阿卡利党人声称代表了所有锡克教徒,但锡克教社群内部一直存在着尖锐的政治分歧。种姓制度仍然是塑造锡克教社群内部权力结构的一个重要因素。阿卡利党主席团一直都由高种姓的锡克教徒——哈提利人(Khatris)和贾特人——把持。另一方面,在他们当中,达利特人(他们在各处都占到了锡克教徒总数的25%~30%)仍然处于"社群事务"的边缘。事实上,锡克教徒中的达利特人对成立独立的旁遮普邦并没有表现出多少热情,他们担心在当地农村环境下高种姓贾特人的宰制地位会进一步增强。

早前在国大党内工作的锡克教阿卡利党领导层也在印度独立后开始推动自治的政治议程。他们成功地选举出了西罗米尼·古鲁瓦拉·普拉班哈克委员会(SGPC),并有志于统治旁遮普邦。然而,国大党仍然获得了相当大比例的锡克教徒的支持,尤其是那些来自非宰制种姓群体、城市商人、"落后"和"达利特"种姓群体的锡克教徒。正是为了巩固达利特社群内的这个票仓,在首席部长贾尼·扎尔·辛格(Giani Zail Singh)领导下的旁遮普邦政府于1975年决定在招聘根据配额制度预留的工作职位时,对旁遮普邦的表列种姓实行分类。值得一提的是,不论是哪个政党执政,旁遮普邦各任首席部长均为拥有土地的宰制种姓贾特人。唯一的例外是扎尔·辛格,他出身"落后"种姓群体。如前所述,在预留给表列种姓的25%的工作职位中,50%(或总数的12.5%)将优先提供给马扎比锡克教徒和巴尔米基人。

马扎比锡克教徒占旁遮普表列种姓人口的近31%,是该邦达利特人中最大的一个群体。与查玛尔人集群这一达利特种姓群体相比,马扎比人对锡克教宗教和阿卡利党政治的热情一直要高得多。这显然意味着阿卡利党比国大党更具优势。正如旁遮普邦政府社会福利部门的一名高级官员在个人访谈中说的:

> 几乎所有查玛尔人和达摩人都投票给国大党,而同样,马扎比人都投票支持阿卡利党。马扎比锡克教徒普遍是自尊骄傲的锡克教徒,这使得他们成为阿卡利党天然的盟友。贾尼·扎尔·辛格想要打破这种联盟,这或许就是实行配额分类的政治原因。

同样,在旁遮普城市中占有很大比例的巴尔米基人在社群气氛紧张的政治局势中可能会支持"印度教的"人民同盟(Jansangh)。人们应当在这样的背景下理解20世纪70年代国大党的配额政治。即使在今天,巴尔米基人和马扎比人在追忆贾尼·扎尔·辛格时,仍将其视为救世主。正如他们在最近的一份传单中对他的称赞:

> 他是一个非凡的人。作为旁遮普的首席部长,他试图从其内心深处理解和感受巴尔米基人-马扎比人社群的痛苦和抱负。与其他政治领导人不同,他不只是发表演说寻求观众

的掌声，还确实做了一些积极的事情，在1975年将50%的表列种姓配额分配给了我们。[1]

作为一项政治战略，对各社群加以分类来分配配额，确实不会受到旁遮普达利特人中其他主要集群的欢迎。然而，锡克教徒在他们中所占的比例一直相对较小，其与阿卡利党的社群主义政治联合的危险是有限的。

配额与巴尔米基人-马扎比人身份

旁遮普的达利特人积极参与政治活动的历史相当悠久，可以追溯至20世纪初。20世纪20年代，曼古·拉姆（Mangoo Ram）在旁遮普多巴的查玛尔人中发起了达摩运动。这一运动一直是整个南亚次大陆最成功的达利特人动员运动之一。它不仅成功地动员了大量的当地达利特人反抗种姓制度和要求独立的宗教身份认同（例如，参见 Juergensmeyer 1988），而且成功地在他们中传播知识、宣扬教化。今天，达摩人可能是旁遮普各表列种姓中最进步的社群。其他地区的查玛尔人在政治上也一直相当活跃。例如，著名的达利特领袖坎锡·拉姆就是来自罗巴尔（Ropar）的一个拉姆达斯锡克教家庭。

相比之下，一直以来，达利特种姓中的卓拉（Chuhra）集群

---

[1] 正如 Adhikar Yatra（2006）引用的一个旁遮普巴尔米基人的组织 Adi Dharam Samaj 的传单所写。

（巴尔米基人和马扎比人锡克教徒）的流动性要弱得多。在农村中，马扎比锡克教徒一直与农业紧密联系在一起，大多是作为工资劳工或大地主的束缚佣工（tied servants）。然而，在旁遮普，他们中很少有人拥有任何农地，作为佃农耕种土地的也只是少数。如官方数据所显示的，所有达利特人中只有不到5%的人被列为耕种者，而考虑到他们的地位，马扎比锡克教徒在他们中所占的比例甚至更低。

就地理分布而言，他们更多地集中在旁遮普的马尔瓦，相比城市化程度更高的多巴专区（绝大多数达利特人是达摩人或查玛尔人），马尔瓦的大地主历来强势得多，而农业以外的就业机会也少得多。虽然一些向上流动的马扎比锡克教徒也搬到了城市中心，他们在那里被雇用为政府公务员，或已成了城市工人阶级的一员，但绝大多数城市里的卓拉人被称作巴尔米基人。就职业方面而言，他们大多从事他们种姓的传统职业——清污工作。他们搬迁至城市地区一直是为了满足市政当局和中产阶级聚居区对清污工日益增长的需求。虽然相当容易获得就业机会，但他们的都市化并不一定带来任何形式的社会流动性，即使他们中的一些人有不错的收入，并且有固定的薪水和养老金。事实上，城市中从事清污工作的巴尔米基人的人数只会随着来自村落的移民的增加而成比例地增长，而在村落里，他们中只有一小部分人从事清污工作。他们在当地的身份还是kammi或sepi（意即固定农业工人），这是以他们的世俗职业命名的，虽然地位始终是由他们在种姓阶序中所处位置决定的。普拉沙德（Prashad）在书写关于该地区社群的历史时，对殖民时期旁遮普的卓拉人向德里的城市迁移也表达了类似的观点。他写道：

卓拉人被捆绑于一种职业，他们发现很难在其他的讨生活的领域找到工作，尤其是比美其名为技术的垃圾清除报酬更高的工作。在英国人雇用某些受压迫种姓进入铁路行业、建筑行业的时候，卓拉人和相关联的达利特人不得不受雇于市政当局从事清运垃圾的工作……随着时间的推移，该种姓与其职业之间的联系变得比以往任何时候都更加广泛（Prashad 2000: 45）。

考虑到历史上巴尔米基和马扎比锡克教徒的社会流动受到的所有这些限制，他们在教育方面的成绩也是有限的。能受雇于市政当局成为清污工，这种铁饭碗只会阻止巴尔米基人家庭鼓励他们的孩子接受教育。正如巴尔米基群体的一名领导人在卢迪亚纳（Ludhiana）接受采访时告诉我们的："出人意料的是，那些在政府部门获得相对高级别的职位的人总是来自农村地区。城市中的巴尔米基人传统上没有教育。"

巴尔米基社群的重要领导人拉姆·拉坦·拉瓦（Ram Rattan Ravan）在个人访谈中进一步证实了这一点：

《市政法》对我们社群不利。它阻碍了我们的发展，使得我们一直无法摆脱清污这种传统职业。我们的同胞在没受过任何教育的情况下就得到了铁饭碗，因此他们不觉得有必要做任何努力让自己或子女接受教育。在卢迪亚纳市，有几所学院、一所大学和所有可能的设施可供我们接受教育，但30多年来，仅有2名来自巴尔米基社群的学生能够取得医师资格。这种依赖市政当局的心态在我们的社群中蔓延，因此是对我们最大的挑战。我们要抗争的不仅仅是其他社群，还有我们自己的传统。

相比之下，查玛尔人比卓拉人具有内在优势，因为他们传统上从事制革工作，拥有一定程度的自治。这一事实被巴尔米基人反复强调。例如，旁遮普政府的退休官员、巴尔米基运动的理论家R. L. 萨伯瓦尔（R. L. Sabberwal）在接受采访时说：

> 查玛尔人一直比我们有优势。他们从事皮革加工和制鞋，这使得他们自然而然地成为企业家和商人。他们迅速利用了伴随城市化和预留名额而出现的新机遇。我们没有这样的传统。我们的职业使我们落后。

然而，这些年来，巴尔米基人的情况也已开始有所改变。在城市的市政当局获得稳定的清污工的工作日益成为过去式。新出现的清污承包商支付的工资非常低。由于没有受过教育或拥有专业技能，巴尔米基年轻人没有太多的选择。即使是那些受过教育的巴尔米基人也无一例外，他们都是家庭中第一代受过教育的人。要让他们与流动性相对更强的查玛尔人和达摩人竞争政府工作中的预留名额并不容易。

正是在这样的背景下，当旁遮普邦和哈里亚纳邦的高等法院于7月25日下令终止对配额进行分类时，旁遮普邦的巴尔米基人和马扎比人中突然产生了一种愤怒和焦虑不安。他们迅速组织起来，于2006年7月30日在贾朗达尔举行了一次会议，并在会上成立了巴尔米基和马扎比锡克教徒预留名额拯救运动组织。该运动组织号召于2006年8月4日在旁遮普举行大罢工反对高等法院的裁决，要求按照1975年的通告，恢复为巴尔米基和马扎比锡克教徒预留12.5%的政府工作职位。此外，他们还着重强调要扩大他们的要求，在教育机构的招生中给予他们类似的份额。事实上，他们坚持认为，如果在教育机构中没有单独的配额，预留工作名额就毫无意义。他们反复争论："我们根本没有人选可以去争取更好的工作，因为我们的孩子很难被高等教育机构录取。"

据该地区的英文日报报道，这次大罢工相当成功，当天旁遮普主要城市的生活完全瘫痪。[1]该报纸报道：

> 巴尔米基社群的成员在他们领袖的领导下，在各个聚居区举行示威游行，抗议旁遮普邦和哈里亚纳邦的高等法院取消为巴尔米基和马扎比锡克教徒预留12.5%的政府工作职位的裁决。他们指责政府没有灵活地陈述具体情况，导致预留名额被取消。他们要求，不仅要恢复为他们预留12.5%的政府工作职位，还要在教育机构中得到12.5%的名额。

他们敦促邦政府在即将举行的邦议会的会议上立法，在巴尔米基/马扎比锡克教徒和达摩人社群之间平等分配预留名额，以避免今后产生任何冲突。

这次罢工结束之后，紧接着在8月18日发生了挟持（gherao，包围）立法议会委员议员事件。为了联合和动员"社群"，该组织还发起了一场游行，2006年9月10日从桑鲁尔出发。游行队伍

---

[1] "Valmikls, Mazhbi Sikhs Observe Bandh", *The Tribune*, 5 August 2006.

计划9天后到达阿姆利则，途经旁遮普的大部分地区。

鉴于距离邦议会的选举日期如此之近，巴尔米基人-马扎比人的运动显然使议会制政府紧张不安。政府迅速起草了一项将"1975年的指令"转变成"法律"的法案，并于2006年9月17日邦议会会期的最后一天提交给了邦议会。该法律草案获得立法议会的一致通过，于2006年10月5日被总督批准之后成为一项法律。

虽然该法的通过可以暂时规避高等法院对配额分类的判决，但这未使巴尔米基和马扎比锡克教徒满意，因为该法没有条款将配额扩大至教育机构的招生。该组织的领导人将此归咎于查玛尔人在议会制政治和国家官僚机构中持续占据主导地位。拉瓦指出："旁遮普邦约有105名印度行政局（IAS）官员来自表列种姓，其中只有3人属于巴尔米基人-马扎比人社群。"他还提到一个事实，即在起草该法的时候，甚至连社会福利部长也来自查玛尔/拉维达西社群。"虽然10月10日的时候，当时的首席部长阿姆雷德·辛格（Amrinder Singh）在帕蒂亚拉答应我们，他将很快颁布一项法令，将配额扩大到教育机构中，但他后来食言了。"

与此同时，哈迪普·辛（Hardip Sing）于2006年10月10日上诉旁遮普邦和哈里亚纳邦的高等法院，对这部2006年法案的法律效力提出疑问。尽管法院没有对该法下达"暂缓令"，但它接受了举行听证的呼吁，并向旁遮普邦政府各部门发出关于根据该法做出的所有新任命的争议地位的通知，此举让巴尔米基人-马扎比人争取教育机构中配额席位的斗争陷入僵局。

第二部分

新自由主义经济中的种姓制度

第4章

经商的达利特人：印度城市中个体经营的表列种姓

传统阶序的衰落不仅仅是达利特人主张权利和自治的结果。农村地区发生的技术变革也使旧的贾吉曼尼制度和与之相伴的经济关系变得多余，这种经济关系使不可接触者社群依附于他们的地主庇护人，随着拖拉机、手推车和收割机的使用日益增多，许多种姓社群提供的服务不再被需要。发生在印度农村的这些不断变化的现实导致的结果之一是，无论是出于选择还是迫于无奈，达利特人都在远离传统的农业经济。

他们去往哪里？在独立后最初的几十年里，尼赫鲁的计划经济理念在政府部门创造了大量的就业机会。鉴于为表列种姓和表列部落预留名额的政策，许多有动机和技能搬离村落的人都被安置在了国营单位，其中大部分人在邦政府和中央政府各部门中处于最低级别（第四级）。然而，在20世纪90年代初期，印度启动了经济政策的改革，试图应对冷战后世界新兴的挑战。事实证明，这些改革在很多方面都成为印度的重要转折点。在新的体制下，国家开始退出对经济的直接干预。私营企业被允许并鼓励扩张，进入此前一直不对其开放的经济活动领域。尽管一些学者指出如下事实，印度的私人资本在20世纪70年代初就开始加速增长（参见Kohli 2006），但正是在1991年之后，它才经历了空前迅猛的扩张。

这一扩张不仅仅是在增长率和利润方面，印度在20世纪90年代还经历了一次重要的意识形态转变。社会主义曾经在尼赫鲁的计划发展理念中处于核心地位，如今却失去了魅力。市场和中产阶级开始占领印度文化景观的中心舞台。

印度经济私有化程度的日益增加和国营单位就业渠道的减少也意味着，预留名额类别的配额制度下可获得的工作机会减少。民营机构在技术教育和专业教育领域中发挥的作用日益扩大，同样会缩小给予在印度高等教育系统中历来处于边缘化位置的群体的空间。正是为了应对一部分达利特人知识分子对自由化政策造成的这些负面影响日益增长的不满情绪，团结进步联盟（UPA）在2004年上台后立即提议将给表列种姓和表列部落的配额制度扩大到民营机构。[1]

除了建议将配额制度扩大到民营机构以外，还有人提议鼓励和支持历史上处于边缘地位的群体作为企业家和资本持有者直接参与私营经济（参见Jogdand 2000; Nigam 2002; Omvedt 2000）。虽然政府被要求通过贷款提供经济支持和进行市场调节以积极促进该进程，但重点在于发展企业文化，使达利特人能够以平等的地位进入民营机构和非正规经济（informal economy）。然而，正

---

[1] 参见 the National Common Minimum Programme of the UPA government, http://www.pmindia.nic.in/cmp.pdfp.10 (accessed on 16 October 2008).

如这项研究所显示的，达利特人不仅贫穷，还在劳动力市场中受到歧视。城市劳动力市场中的达利特人以何种方式应对偏见和歧视？那些冒险自己创业的人有什么样的经历？现有的关于种姓制度或劳动力市场的社会科学文献对这些事实着墨极少。

正如第1章讨论的，社会人类学家和社会学家的研究主要集中在种姓制度与农村社会秩序、亲属关系网、宗教生活或传统职业的关系。而致力于"高难度的"发展问题的经济学家，很少将种姓制度视为相关的研究领域。在主流的经济学教科书的理解中，发展或市场本质上是世俗的，或在社会方面是中立的、无个性特征的过程。同样，社会科学对企业家精神的理解通常以如下信念为中心，即理性人在假定的自由市场经济里经营。

经商的达利特人

达利特人[1]占印度人口的16%，但他们中近2/3完全或几乎没有土地，事实上他们没有工作或创造收入的资产。随着抱负的改变和政府的支持，越来越多的达利特人接受教育，在他们传统的生计来源之外寻找就业机会。

然而，有组织的部门只能给他们中的少数人提供有意义的就业机会。因此，更大比例的人继续在非正规的或无组织的经济部门中充当临时雇工。他们中的一些人也大胆自主创业。根据国家抽样调查组织（NSSO）第61轮（2004—2005年）的调查数

---

[1] 为了本研究的目的，我们通篇使用"达利特"一词作为表列种姓的同义词。

据，在所有城市表列种姓家庭中，属于个体经营这一类别的占到了29%多一点儿。尽管这个比例在其他落后阶层（近40.3%）和"其他"类别的家庭（近38.6%）中明显更高，但属于该类别的达利特人数也相当可观了。[1]同样，虽然拥有私营企业的表列种姓人口的比例显著低于他们在城市地区的人口比例（前者约为7%，而他们所占人口比例约为12%），但他们的存在也并不是微不足道的（Thorat and Sadana 2009: 14）。

尽管现有数据为我们提供了一些关于不同类别工人就业模式的宽泛指标，但仍然留下了许多问题没有解答，例如：这些个体经营的达利特人是谁；他们的社会流动和经济流动模式是什么；他们在创办自己的企业和经营自己的生意的过程中遇到了哪些障碍；他们如何为投资调动初始资源；他们在争取银行贷款和从市场筹集资金方面遇到了哪些困难；他们在与各种各样的市场打交道的过程中是否遭遇到任何形式的歧视；达利特人创业是否只集中在少数几个利基领域，如果是的话，原因是什么；他们如何在城市环境中生存，他们在如此尽力争取工作和社会/经济流动的过程中能够动员到何种支持；亲属关系和其他社交网络或它们的缺失对达利特企业的成功和失败起到了哪些作用；他们从家庭背景和家庭教养中获得的"软"技能和"硬"技能是有助于还是阻碍了他们的流动？

---

[1] NSSO Report No. 516, "Employment and Unemployment Situation among Social Groups in India", 2004-05 (61st round), different tables.

田野调查选址和资料搜集

在人口统计上,表列种姓往往被看作单个/同种的和泛印度的类别,属于传统上处于边缘地位且被排除在外的人口阶层。然而,在表列种姓内部,他们的发展轨迹因地区和社群的不同而差异显著。哈里亚纳邦和北方邦的情况也是如此,我们进行田野调查的两个城市分别选自这两个邦:哈里亚纳邦的帕尼帕特(Panipat)和北方邦的萨哈兰普尔(Saharanpur)。田野工作于2008年上半年开展。

在表列种姓人口方面,这两个邦非常相似,都有相当大比例的表列种姓人口(哈里亚纳邦:19.3%,北方邦:21.1%)。虽然北方邦比哈里亚纳邦大得多,在发展指标方面也不像哈里亚纳邦那样相当不均衡,但北方邦西部的萨哈兰普尔更像邻近的哈里亚纳邦的帕尼帕特,而不像北方邦的东部地区。这两个地区在地理位置上靠近新德里方面也很相似。

随着绿色革命的成功,这两个地区经历的土地改革对村落的社会结构产生了深远影响。一方面,它导致了村庄的分裂;另一方面,它放松了宰制种姓对达利特人的控制,为后者搬离村落和脱离农业工作提供了机会。尽管存在这一共同的轨迹,但这两个邦的表列种姓人口实地经历的变革的性质并不相似。这一点可从现有的关于这两个邦表列种姓的就业模式数据中看出来。在北方邦,有超过44%的城市达利特人属于个体经营这一类别,但这一类别在哈里亚纳邦则占比较小,与全国平均水平持平(29.4%)。

北方邦的表列种姓在社会和政治上也一直更为活跃。北方邦一些地区的达利特人历来有创业精神。但哈里亚纳邦向来没听说过有任何这样的活力。这两个邦在政治动员和主张方面也呈现出截然不同的图景。北方邦几乎已经成了模范邦，该邦的一名达利特妇女甚至成功地通过种姓动员运动上台执政，并顺利地完成了她作为该邦首席部长的任期，但在哈里亚纳邦，似乎还看不到这种趋势。

正是考虑到其中的一些共性和差异，我们决定考察哈里亚纳邦和北方邦的两个主要城市环境中的达利特企业家。我们选择开展田野工作的城市距离首都不太远，但也不太近。帕尼帕特距首都约95千米，萨哈兰普尔距首都约130千米。

帕尼帕特是哈里亚纳邦重要的城市中心之一。在历史书中，这个城市以在此发生的三场重要战争而闻名。帕尼帕特在1947年还见证了大规模移民，当地大部分穆斯林去了巴基斯坦，而西旁遮普（属巴基斯坦）的旁遮普印度教徒和锡克教徒也离开了他们的家园定居在该市及其邻近的许多村落，取代了穆斯林的位置。虽然当地的班尼亚（Bania）商人在该市仍然是一个强大社群，但真正成为该市宰制社群的是在印度独立后崛起的旁遮普人，他们主要是印度教徒，也有一些出身经商种姓背景的锡克教徒。

1989年，帕尼帕特从卡尔纳尔分离出来，成为一个独立的专区。帕尼帕特市被定为行政中心。根据2001年的人口普查，帕尼帕特专区的总人口略少于100万（967 449），其中近16%出身表列种姓。绝大多数的表列种姓人口居住在农村地区（72%）。2001年，帕尼帕特市的总人口数为268 899，其中近10%为表列种姓；最大的表列种姓社群为查玛尔人，有63 662人，接下来依次为巴尔米基人（39 509人）和达纳克人（12 912人）。

到20世纪90年代初，帕尼帕特通过振兴工业成了该地区充满活力的城市中心。它是大量国营企业的所在地，包括一个火力发电站、一家化肥公司和一个炼油厂。它还是中小型企业的重要中心，已被称为织工之城。它是最大的手工织布机和小地毯行业中心之一，当地企业家通过出口纺织品/纱线赚取了大量外汇。该地区有超过4万台手工织布机在运转，为近5万人提供了就业机会。这些织工大多来自北方邦、比哈尔邦和西孟加拉邦。在手工织布机车间工作的也有一些当地织工，他们来自邻近的村落。

就面积和人口而言，北方邦的萨哈兰普尔县比帕尼帕特大得多。根据2001年的人口普查，萨哈兰普尔县的总人口接近300万（2 896 863人，其中农村人口为2 149 291人，城市人口为747 572人）。萨哈兰普尔市是萨哈兰普尔县的行政中心，也是萨哈兰普尔专区的行政中心。萨哈兰普尔被以盛产谷物和水果而闻名的肥沃农地环绕，是北方邦最繁荣的城市之一。该市一直以来以家庭木雕手工业闻名世界。此地还拥有纺织、制糖、造纸、卷烟工厂等各种各样的立足于农业的工业企业。

萨哈兰普尔市的人口也多于帕尼帕特市的人口。2001年，萨哈兰普尔市共有452 925人。虽然萨哈兰普尔县的表列种姓所占比例为22%，但仅有约11%的人住在该县的城市中心。在萨哈兰普尔市的总人口中，表列种姓只占9%。查玛尔人也是该市占比最大的表列种姓群体（546 674人），他们的人数高于其他任何表列种姓群体的数量（巴尔米基人：46 063；柯里人：20 059）。

在印巴分治时，萨哈兰普尔穆斯林迁出的情况并不显著；尽管不同于帕尼帕特，但在1947年后，大量来自西旁遮普的旁遮普移民在该市定居。他们的社会构成与定居于帕尼帕特的人非常相似，大多来自经商种姓。萨哈兰普尔总人口的39%以上为穆斯林，已被印度政府认定为少数族群聚居县之一。

寻找达利特企业家：绘制全景图

我们的田野工作开始于哈里亚纳邦。2008年5月，我们首次访问了帕尼帕特，试图找到能够为我们提供帮助的人。这些人大多与当地活跃的达利特团体一起工作。虽然找到达利特活动人士很容易，但要找到达利特企业家就不那么容易了。因为当地的达利特企业家并不多。我们有点儿沮丧，不得不考虑采取另一种策略开展田野工作。我们决定雇用一名在当地受过教育的达利特人，请他花几周时间准备一份由达利特人经营的商业机构的名单。由于我们的本地研究者在该地区能够找到的相关企业数量不多，所以我们请他将范围扩大到整个帕尼帕特县，如果需要的话，还可以延伸到邻近的卡尔纳尔。我们继续开展拉清单的工作，在帕尼帕特和卡尔纳尔［包括位于帕尼帕特县的萨马尔卡（Samalkha）］成功地找到了共126家由达利特人经营的企业。

我们决定使用相同的方法了解萨哈兰普尔的总体情况。和预期的一样，在萨哈兰普尔比较容易找到达利特人经营的企业。我们在一个月的时间里在该地找到了共195名达利特企业家。

在这两个地区，我们共找到了321名达利特企业家。正如我们所预期的，他们拥有的企业大多规模相当小，由相对年轻的达利特男子经营，而且成立的时间相当短。这些达利特企业家中除7名女性外（约占2%），其余均为男性。他们大多来自达利特人的两个亚社群——查玛尔人（传统上被认为等同于制革工）和巴尔米基人（传统上被认为等同于清污工）。在这些活跃于城市经济的企业家中，查玛尔人（67.3%）所占比例要比巴尔米基人（25.9%）大得多。[1]名单上也出现了其他的达利特群体，如卡提克人（4%）和达纳克人（0.9%），但只是名义上的。

达利特人具体是什么时候开始创业的？如表4.1所示，他们中在1950年之前创办企业的仅有1人，另有1人在之后的十年里创业。接下来的二十年似乎一直不利于达利特人创业。有3名受访者说，他们的企业是在1961—1970年创办的，另有5人在随后的十年（1971—1980年）创办了企业。换言之，在总共321家企业中，只有10家（略高于3%）是相对较老的企业。

在这两个地方，达利特人的创业活动都是20世纪80年代起步，到20世纪90年代之后才更加充满活力。

表4.1 创办企业的年份

地点	创业时间							
	1950年以前	1951—1960	1961—1970	1971—1980	1981—1990	1991—2000	2000年之后	总计
帕尼帕特	1	1		2	7	39	76	126
萨哈兰普尔			3	3	25	79	85	195
总计	1	1	3	5	32	118	161	321

---

[1] 我们的受访者来自6个种姓群体，分别是查玛尔人（78人）、巴尔米基人（32人）、卡提克人（4人）、达纳克人（2人）、多比人（1人）和奥德人（1人）。

表4.1也让我们对该地区达利特人社会流动的总体模式有所了解。只有当他们成功地在经济上巩固了自己地位的时候——在印度北部的大部分地区,这种情况发生在20世纪80年代——才有能力转行从事其他职业,而不是从事传统上被雇用的职业,当然,政府部门中预留配额的工作除外。

他们经营的是什么类型的企业?我们绘制的数据地图趋于表明,他们中绝大多数人从事的是简单的行业种类,大多位于他们居住的聚居区里。在我们能找到的7名女性达利特企业家中,有6人开的是小杂货店(small grocery)。但是,如表4.2所示,这两个地方的达利特人拥有和经营的企业类型存在相当大的多样性。

表4.2 达利特企业家从事的行业类型

行业	总体情况		样本	
	帕尼帕特/卡尔纳尔	萨哈兰普尔	帕尼帕特/卡尔纳尔	萨哈兰普尔
小店主	67	104	18	25
旅馆	1	0	1	0
作坊	8	11	11*	9
经销商/代理商/承包商	14	19	9	7
工厂	3	1	3	2
教育机构	2	6	2	5
基于技能的服务供应者	19	45	8	6

续表

行业	总体情况		样本	
	帕尼帕特/卡尔纳尔	萨哈兰普尔	帕尼帕特/卡尔纳尔	萨哈兰普尔
医生/诊所	3	9	1	5
独立工作	9	0	4	2
总计	126	195	57	61

* 在田野工作的第二阶段,我们在不同的类别中还找到并采访了一些其他企业,这使得一些类别的样本受访者数量超过了最初列表中确定的数量。

这些企业雇用的员工不太多,通常由企业家自己经营(71%)。总共321名企业家中,只有7名企业家雇用超过10名员工(除了他们自己以外)与他们一起工作。他们与银行系统似乎也没有非常积极或紧密的联系。他们中绝大多数人都是从自己的积蓄中拿钱创办自己的企业。在全部321名企业家中,仅有28人(其中9人在帕尼帕特,19人在萨哈兰普尔),或者说,不到9%的人在创业时从银行获得贷款或从政府机构得到援助。

田野工作

在了解了总体情况之后,我们进一步深入田野调查工作,到达第二阶段,我们从第一阶段找到的达利特企业家这个总体中有目的地挑选了样本进行采访。我们在帕尼帕特和卡尔纳尔共进行了57次采访,另外在萨哈兰普尔进行了61次采访。我们的受访者并不一定按比例代表总体。我们在选择样本时牢记总体的多样性，并试图在这些访谈中覆盖不同类别的企业。我们在第二阶段还发现了一些新的实例，其中的一些在本研究的第一阶段未被列入。我们继续调查，对一些似乎提供了有趣细节的受访者进行了更深入、为时较长的访谈。

达利特企业家的侧写

在第二阶段选择的118名受访者中，有4名为女性，哈里亚纳邦和北方邦各2名。从年龄上来说，他们相对年轻，在20～40岁（占所有受访者的近80%）。他们中只有3人年龄超过60岁。他们中绝大多数人（81.4%）已婚，家庭规模适中，平均有5～6名成员。略低于1/4（23%）的人生活在联合家庭中，其余的人生活在核心家庭中。

当被问及宗教信仰时，绝大多数人表示自己是印度教徒（除了8个人说自己是佛教徒之外）。然而，对他们中的很多人而言，印度教似乎只是人口统计学上的身份，无关乎真正的信仰或情感。在说到自己信奉的宗教是印度教的时候，几乎没有人表现得很兴奋或自豪。一些典型的回答是，"如果你一定要写，你可以写印度教"或"我们是达利特人，但我们被划归成印度教徒"。他们中的一些人甚至直言不讳地表达了对被归类为印度教徒的不满。恰恰像一名帕尼帕特的查玛尔受访者所言：即使在遭受了长达数世纪的如此多的羞辱之后，我们还在肩负着身为印度教徒的负担。

正如所预期的，他们几乎所有人都是第一代企业家。他们中只有1人从他父亲那里继承了某种生意。从表4.3可以明显看出，他们中近3/4的人的父亲是工资劳工或从事他们种姓的传统职业。然而，他们中有相当部分人的父亲是政府的正式员工。

表4.3 受访者的父亲的职业

职业种类	频次	百分比（%）
劳工	46	39.0
传统/种姓职业	32	27.1
拿薪水的工作	37	31.4
不适用	2	1.7
工厂	1	0.8
总计	118	100.0

不出所料，受访者对父亲的教育状况这一问题的回答非常相似。68%的人说他们的父亲是文盲，或最高只受过小学水平的教育。受访企业家的父亲或其出身的家庭与传统职业的密切程度在不同种姓群体之间存在着显著差异。只有巴尔米基人和查玛尔人受访者说他们的家庭从事传统职业，其中2/3是巴尔米基人。在32名巴尔米基受访者中有23人（72%）回答，从某种程度上讲，他们父母的家庭一直从事传统的清污工作。这个比例在查玛尔人受访者中要小得多（78人中只有15人，约19%）。

一些受访者除了他们主营的企业以外，还从事第二职业（约20%）。第二职业不一定是他们传统的职业或过去的职业。由于他们中大多数人经营的生意规模都相当小，因此从事一项以上的经济活动才有可能维持生计，而且往往是必要的。在其他一些情况下，企业家只是简单地广泛地从事各种各样的活动，比如在经营一家餐馆的同时还兼做不动产交易商，或者在经营一家小杂货店的同时还担任学校教师。

他们来自哪里？

这两个邦的绝大多数达利特人生活在农村地区，远超他们在总人口中所占的比例。考虑到我们的工作是在城市环境中开展的，我们的大部分受访者（56%）住在城市/半城市化地区。继续住在农村地区的受访者所占比例较小（30.5%）。因此，随着企业的创办，他们中的一些人也搬到了城市。在我们所有的受访者中，约20%的人是来自邻近村落或印度其他地区的移民。在其中的一些案例中，迁移帮助他们"隐藏"了自己的种姓背景。例如，帕尼帕特一个成功的达利特经商家族原本来自拉贾斯坦邦，在20世纪40年代，他们主要出于建立企业的目的移民到了帕尼帕特。起初该家族只有1人迁移到了该市，但这些年来，随着几个亲戚的加入，他们一起在该市经营着6家商店。该家族的一些人还成功地经营着电子产品批发生意。然而，在当地市场，很少有人知道他们的种姓背景，人们都以当地宰制社群的种姓名字来称呼他们。只有通过当地的联系人，我们才成功地劝动该家族的一个成员与我们谈话。他的其他亲属在获知我们正在研究达利特企业家后，都拒绝与我们交谈。他也反复向我们讲述他们因为当地的一些政治因素而在种姓阶序中被降级的"故事"："我们是拉其普特人，但因为卷入了当地的冲突，被降级到了查玛尔人的地位。这就是我们离开拉贾斯坦邦的原因。一旦失去了我们自己的种姓身份，那里还剩下什么给我们呢？"

根据2001年的人口普查，北方邦的农村人口占79%，与之对照的是近88%的达利特人生活在农村地区；哈里亚纳邦的农村总人口占71%，与之对照的是78.5%的达利特人生活在农村地区。

教育和培训

在受教育方面，一名普通的达利特企业家的家庭背景似乎与他们出身的更大的社群没有太大的不同。约68%的受访者的父亲是文盲或半文盲。他们母亲的受教育程度甚至更低（约90%是文盲）。父亲受过高中及以上教育的受访者的比例约为20%。母亲受过高中及以上教育的受访者的比例则不到2%。

然而，我们的受访者似乎与他们的父母完全不同。只有一名巴尔米基人受访者说自己完全不识字。约30%的受访者在学院或大学攻读学位（学士学位及以上）。另有31%的受访者成功完成了10年级或12年级的学业。有趣的是，在我们的受访者中，不同种姓群体所受教育水平和教育性质没有显著差异。有近1/4（24.6%）的受访者除了受过普通教育之外，还就读过技术学院，并取得了某种文凭或学位。近一半的受访者还说，他们通过与已经在做类似生意的人一起工作，以非正式的方式获得了经商或办企业所需的技术技能。约12%的受访者表示，他们做的生意能够用到他们继承到的技能——与皮革相关的生意。只有约14%的受访者通过大学学位或文凭以正规的方式获得了技能从而经营他们的生意。

在对待孩子的态度方面，受访者表示教育仍然具有价值，能带来积极影响。所有那些有孩子（不论男孩或女孩）的受访者都在送孩子上学，他们敏锐地意识到，教育能够推动他们家庭进一步向上流动。

企业起步

一名典型的达利特商人的形象是第一代企业家、相对年轻且受过教育。然而，并不是所有的受访者的职业生涯一开始就是创业。他们中超过1/3的人先前曾从事过其他各种职业（雇佣劳工：21%；传统种姓职业：3.4%；政府工作：12.7%；一名女性受访者称她在开店之前一直在从事家务劳动）。他们创业所用的启动资金也相当之少。从表4.4可以明显看出，他们中有相当一部分的人（约41%）用以启动的投资额为2.5万卢比或更少。另有22%的人投入的资金超过2.5万卢比，但不到5万卢比。启动资金超过10万卢比的人也有不少（13.5%）。但是，很明显（表4.4），他们中没有一个人在创业时投入了巨额资金。

表4.4 企业的启动资金和当前估值

范围（卢比）	启动资金[1]	当前估值
5 000	20（16.9）	

---

[1] 对有关启动资金的问题没做答复的受访者的比例要小很多（13%，与之对照的是，55%的受访者没有回答有关评估他们企业当前估值的问题）。有关增长模式和当前估值的问题得到的答复率较低的主要原因是他们企业的非正规性。

续表

范围（卢比）	启动资金[1]	当前估值
5 000—1万	17（14.4）	
1万—2.5万	12（10.2）	
2.5万—5万	26（22.0）	14（11.9）
5万—10万	11（9.3）	4（3.4）
10万—50万	13（11.0）	17（14.4）
50万—500万	3（2.5）	14（11.9）
500万以上		4（3.4）
无答复	16（13.6）	65（55.1）
总计	118（100）	118（100）

备注：本章所有表格括号中的数字表示百分比。出于四舍五入等原因，单项百分比总和可能不是100%。

在大多数情况下，启动资金要么来自他们自己的积蓄，要么从非正式渠道筹措到，主要来自家庭的其他成员/近亲（59%）或朋友（约8%）。只有约18%的受访者称在开办企业的时候从正规机构（如商业银行）贷到了款。在企业创立之后，贷款的企业家的数量也不是很多（约21%）。开办独立企业的达利特人可以享受一项特殊的财政计划，有趣的是，知道这一事项的受访者的数量要多得多（50%），而从未听说过此类计划的人也同样多（50%）。他们中有许多人要么出于某种犬儒主义的态度而没有去找银行，要么只是因为没有好的担保人或可供抵押的资产而遭到拒绝。他们的种姓背景在此起到了极大的影响，这一点将在下一节进一步讨论。

是什么促使他们从商的？动机有两种。第一种人只是没有工作，他们将其视为生计来源。他们想方设法筹措到一笔钱，用这笔钱开一个小杂货店（kirana, grocery）或投入其他一些类似的项目。然而，其他一些人在他们的新职业中看到了获得尊严的源泉。新职业帮助他们搬离了村落，摆脱了传统的基于种姓的职业。我们从许多受访者那里收到的典型答复是，自己做生意远好过当别人的奴隶。城市里的生意为做生意的人及其家庭提供了更好的生活质量。对我们的一些受访者来说，经商也是一种自我证明的方式——证明自己也能够做一些有意义的事情，这不仅能给他们带来收入和尊严，还能为其社群的其他成员创造就业机会。

谁为他们的创业提供了帮助？对他们中近2/3的人来说，支持他们的最重要的源泉是自己的家族、母系亲属或延伸的亲属网。近1/4的人说，没有得到任何资助，完全依靠自我激励。他们中的一些人得到过朋友的支持和鼓励。一个人与更大范围的社群以及与其他社群的社会联系在创办企业的过程中起着至关重要的作用。然而，并非每个人都能调动这种人脉关系。虽然绝大多数受访者的确是第一代企业家，但他们中有许多人的大家族中有亲属在经商，虽然时间不长。近40%的受访者称他们有近亲或朋友经营类似的生意。

他们在创业的时候遇到了什么样的问题？新手企业家面临的两个最常见的问题与筹集资金和成功找到可以开办企业的建筑物/商店有关。在这两个方面，种姓变量几乎总给达利特人带来负面影响。帕尼帕特一位知名的达利特商人由于退役军人的身份，发现很难租到一个地方来经营烹饪燃气经销处："因为市里几乎每一个人都认识我们,所以没人愿意出租商铺给我们。最终只是因为我父亲的商业信誉,一名旁遮普人才把他的两个店铺租给了我们。"

其他一些人说,他们不得不把企业开办在对他们的生意类型不利的区域,仅仅是因为他们缺乏资源或种姓偏见而无法找到合适的场所。他们中一些人还称他们在做生意的初期经历过市场上的恶性竞争和冲突。

规模与增长

如前所述,达利特人的企业规模较小,大多是个体户经营(96%),且无一例外都是非正规企业。我们的受访者中只有一人以合伙的方式经营。在近一半的案例中(47%),商铺的产权归企业家自己所有。然而,他们中也有相同数量的人租用店铺。我们有一半的受访者独立经营自己的企业,没有雇用任何人。约20%的受访者有5名或超过5名的员工与他们一起工作。

虽然大部分达利特人经营的企业启动资金都很少,但这些年来,企业已经发展壮大。只有约12%的受访者称他们的企业目前估值不到5万卢比。但也许更重要的是,虽然只有约13%的受访者说自己用以创业的资金超过10万卢比,但企业估值超过10万卢比的受访者在整个样本中占比接近30%,占回答了该问题的受访者总数的约2/3(见表4.4)。由于非正规性,他们中的大多数人没有账簿,也没有提交所得税申报表,因此关于我们的问题他们很难回答。

地点和运作

达利特人的企业位于哪里？这些企业是否集中在特定的商业类型或聚居区？

由于相当多的达利特人的企业都是小杂货店，因此它们中有超过1/3（38%）的企业位于达利特人为主的居民区，而且无一例外都是从他们居住的房屋扩建出去的。然而，有近一半的受访者说他们在混居的聚居区工作，那里的大多数人是非达利特人，主要集中在当地市场。有一小部分受访者（6%）在完全没有达利特人的地区经营企业，主要在该市的主要市场或工业区；在某些情况下，他们在那里是唯一的达利特人，身处高种姓之中。

我们的田野工作报告显示了一些达利特企业家认为易于进入和经营的利基领域。当我们询问他们是否还有其他达利特人经营同样的生意时，他们中的大多数人（52.5%）给出了肯定的回答。查玛尔人一个显而易见的利基领域就是与皮革相关的生意。

还存在一些他们觉得易于进入的"世俗的"空间，其中之一就是开办中小学。北方邦的情况似乎尤其如此，那里有大量达利特人开办的学校。甚至在帕尼帕特的萨马尔卡，我们偶然发现了一所由达利特人开办的规模较大的私立寄宿学校。虽然他们最初从事这个行业可能是出于某种政治动机：为达利特儿童提供教育，使他们在那里不会因为种姓界限而受歧视，但在大多数情况下，这些学校已经获得了自己的生命力。尽管其中的一些学校仍然主要是达利特人经营和就读，但许多学校已经变得对其他种姓相当开放且具有吸引力，并且似乎办得相当好。

经济学之外的范畴：障碍与支持

本研究的主要目的是理解在区域城市背景下日常经济生活的种姓因素，因为那些来自种姓阶序底层的人都遇到过这个问题，他们试图参与某些经济活动，但出于各种社会和历史原因，迄因为止，这些经济活动一直将他们拒之门外。

种姓重要吗？

对这个问题最简答的回答显然就是肯定的。近63%的受访者表示，他们在个人/日常生活中经历过与种姓有关的歧视。在经商过程中明显受到过这种歧视的受访者的人数相对较少，但也不容忽视（42.4%）。那些说在个人生活中遭受到歧视的受访者很快就回想起他们的经历。他们中有许多人是在接受教育期间经历了他们人生第一次重大的种姓歧视。"我第一次遭遇到种姓歧视是在我上学的时候。"帕尼帕特的一名受访者告诉我们。另一名受访者以更为尖锐的措辞表达了这一点：学校教授的第一堂课就是（对达利特人）实行种姓歧视。

他们中的一人称，与其他孩子不同，他被要求清洗自己的餐具，并将它们放在远离其他人餐具的地方。一名医生谈到了他在医学院早期经历的种姓分化和偏见。那些已经从村落搬到城市的人回忆起他们在乡村的生活，认为种姓制度的影响无时无刻不在，他们中的一些人回想起不可接触制的实行，其他人则谈到了宰制种姓贾特人的"压迫"。他们中的一部分人在目前的聚居区也遭受了种姓偏见和歧视。达利特人很难在非达利特人的聚居区找到房子。即使有人设法在非达利特人的居住区域买到或租到了房子，他们也总是被邻居歧视。他们中的一人还提到不被允许在他自己过去常去的神庙里唱颂歌的经历。

种姓制度如何对经商产生影响？

种姓制度似乎以许多不同的方式对经商产生影响，这些方式有的直接，有的则不那么直接。有些人提到经历了一般性的偏见，另一些人则提到了更为具体的问题，这些问题主要源自他们不为更大范围的商业社区所接受这一背景。即使他们中的大多数人没有感觉在经商过程中因为自己的种姓而遭受到主动性的歧视[1]，但他们也无法真正远离它。无论如何，一个不可否认的事实是，种姓对他们的生意有负面影响。认为有负面影响的受访者的数量（57%）远高于感觉种姓制度具有积极价值的受访者的数量（2%）。当地的宰制社群传统上一直统治着商业领域，他们不喜欢达利特人涉足。来自数名受访者的一些普遍反馈是："他们恨我们"，"非达利特人不喜欢我们经商"。

商业的社交世界过去一直以来完全被某些种姓社群控制，以至于当达利特人从商时，他们无一例外均被视为"古怪的行为体"。他们的种姓身份比较明显，人们对种姓身份的关注超越了他们的职业或商人身份。数名受访者以不同的方式表达了这一点。他们中有个人这么说："人们在称呼大多数其他商家或企业

---

[1] 多达58%的受访者对这个问题给出了否定的回答。然而，剩余42%的人确实感觉在经商过程中因为他们的种姓而遭受歧视。

时用的都是它们提供的服务或销售的商品，但称呼我们的商店时却用我们的种姓名字——查玛尔人的商店或卓拉人的工厂。"

达利特人认为，这种身份标识不仅侵犯了他们的尊严，而且损害了他们的生意。"它阻止顾客来我们的商店。"帕尼帕特的一名店主说。另一名经营着一家"染坊"——帕尼帕特给小型纺织厂生产地毯编织用线染色的工厂——的企业家告诉我们：

> 将我的工厂与我的种姓名字联系在一起往往会使我的客户望而却步。即使他们没有种姓偏见，他们也会觉得我们可能无法履行承诺，因为我们传统上不是一直经商的社群，也不是拥有足够资源能够经营好生意的社群。

我们在询问他们是否感觉非达利特人在做生意方面比他们更具有优势时，收到的答案进一步巩固了这一点。绝大部分受访者（78%）对这个问题给出了肯定的答复。[1]对大多数受访者来说，这似乎是显而易见的。正如他们中的一个人总结的："非达利特人在我们涉足之前就已经有了悠久的经商历史，他们爬升得更快，因为他们得到了他们商人同胞的支持。当我们仍在努力奋斗的时候，他们中的许多人就已经成了百万富翁。"

其他一些人对此的看法更为愤世嫉俗。用萨哈兰普尔的一名贾塔夫人受访者的话："他们总是被称作并被标识为商人，而我们仍旧被同行和其他所有人叫作查玛尔人。"

---

[1] 然而，也有一些人（18%）不认为非达利特人仅仅因为他们的种姓背景而在经商方面具有优势。

如前所述，他们中的一些人试图隐藏他们的种姓身份，担忧种姓身份被公开会对他们的生意产生负面影响。48%的受访者都有这种感觉。当他们的生意与提供个人化的服务有关时，影响更大。我们的一名受访者是电工，有一次他正在一名高种姓客户的房子里工作，客户得知他的种姓后要求他立即离开。帕尼帕特一名从事纺织生意的达利特企业家说：他们在听说我们是巴尔米基人的那一刻，震惊得好像被蛇咬了一样。萨哈兰普尔的一名医生也遭遇了类似的情况：达利特人的身份标识几乎总是给我们造成障碍。病人更愿意去找非达利特医生。每次都是只有当他们没有被治好的时候，才会找我。一些在非达利特人居住区域做生意的店主说，由于他们的达利特人背景，他们发现很难从高种姓的顾客那里收到应付款额。在萨哈兰普尔，他们还抱怨当地的穆斯林。"他们也表现得像宰制/高种姓的印度教徒一样，歧视我们。"

然而，尽管我们的受访者讲述了上述各种种姓偏见，也感觉到他们的种姓背景对他们的生意产生的负面影响，但他们也认识到了城市生活的真实情况。即使当地居民常常表现出种姓偏好，但顾客仅限于达利特人的受访者的数量并不多。只有一小部分受访者（5%）说他们的顾客全部是达利特人。另有14%的人表示他们的顾客以达利特人居多。大多数受访者（78%）的顾客要么主要是非达利特人，要么两者皆有。

种姓制度似乎对采购供应的影响最小。在所有受访者中，只有5%的人称他们因为达利特人的身份而在获得物资供应方面遇到困难。对于这个问题最常见的回答是："只要你付得起钱，没有人关心你是谁。"我们的大多数受访者都从当地的贸易商那里采购他们所需的物资。只有约10%的受访者依靠邦内或印度其他邦的外地贸易商。然而，他们在为自己的企业获取物资或原材料时没有受到过与种姓相关的歧视。在所有的案例中，供应商几乎都是非达利特人，主要来自在当地商业中处于宰制地位的社群，班尼亚人、旁遮普的阿罗拉人或穆斯林。虽然受访者没有提及存在直接与种姓相关的偏见或歧视，但与一些达利特企业家的深入访谈揭示，这种偏见以间接的方式产生影响。达利特人发现，他们很难靠赊账获得足够的物资供应，因为供应商怀疑他们没有能力按时还款。他们也发现很难找到担保人。

缺乏社会关系网、亲属里没有其他经商成员也有很大影响。如前所述，受访者中只有一小部分（21%）能够获得银行批准的贷款。正如他们中一人所说："银行要求提供抵押品。我们在城里没有昂贵的房子或地块。我们也没有任何农地。我们的生意规模也很小。银行为什么会愿意贷款给我们呢？"

一些受访者依据特殊计划从银行或其他政府部门那里获取了资金，但它们提供的资金只是杯水车薪，不足以帮助他们创办或经营一家有生存能力的企业。"用这些贷款，你可以买头水牛或奶牛，却不能做生意。"

他们是如何筹集所需的资金的呢？印度城市中大多数从事个体经营的表列种姓都投入了自己少得可怜的资源，而在紧急情况下，一些人转向求助于收取高额利息的专业/私人放债者。只有23%的受访者通过这样的渠道筹措资金。其余的人要么不借钱，要么从朋友和家人那里借钱，无须支付利息。

出路

一名普通的达利特企业家如何解决他/她在城市经济中处于边缘地位和缺乏资源的问题呢?

他们全都谈到了在筹集成功经营一家企业所需的资金方面遇到的困难,以及即使他们转行从事一个完全"世俗的"职业,他们的种姓背景继续产生重大影响的方式,而他们中的一部分人也对关于如何处理种姓偏见以及计划如何前进的问题做出了回答。其中一人的回应是,希望国家给予支持。他们希望政府机构通过提供低息贷款以及减少贷款限制、加强保障措施来帮助他们。然而,还有一部分人强调了对社交网络的需求。正如他们中一个人所说的:

> 我们的主要问题是缺乏资源。我们的同胞很穷,也缺乏信心来到城市并做一些新的尝试。即使有些人拥有勇气,他们也走不远。这是因为我们缺少社会关系网。我们必须与其他社群——宰制社群——建立好关系。除了在商业中处于宰制地位的社群之外,我们还必须与在本国政治中占据宰制地位的社群——贾特人——合作。贾特人比其他任何人都重要得多。要是他们支持我们,不反对我们,我们就能取得进步。

相当数量的受访者,尤其是那些在生意上取得了成功的受访者,都无一例外地也被选举政治所吸引,这一发现令我们大感惊讶。他们发现进入主流政治空间要容易得多,而渗透进入社会和文化空间似乎要困难得多。民主政治进程和为表列种姓预留席位配额的制度似乎向他们敞开了从政的大门。政治上的成功反过来又帮助了他们经商——在这个原本令他们没有安全感和被边缘化的社会环境中为他们提供了某种庇护。

他们似乎也清楚地认识到自己由传统职业转换为新的城市职业，以及这种转变对他们的种姓身份和种姓政治的影响。我们相当惊讶地发现，几乎所有的受访者（94%）都积极认同达利特运动，并且在某种程度上参与了这些运动。他们中有许多人还参与了当地的达利特非政府组织或达利特宗教组织（63%）。

上述种种或许可以被视作他们应对自己在城市市场处于弱势的方法。他们从事世俗的职业并取得了一些成功，这也使得他们更加意识到自己在政治上的权利。

总结评论

最近，一部分大众媒体报道了达利特百万富翁的突然崛起，并将其描述为以市场为基础的新自由主义经济政策的成功案例，以及印度前贱民可能的前景[1]。然而，数名达利特活动人士和知识分子对达利特人在新自由主义市场经济中向上流动这种预测表示并不乐观。这种推断倾向于破坏他们因为偏见和贫穷在日常生活中所做的斗争和遭受的痛苦。例如，泰尔塔姆伯德认为，"尽

---

[1] 例如参见 S. A. Iyer 的文章 "The Unexpected Rise of Dalit Millionaires", *The Times of India*, 1 August 2011。

管达利特人取得的成就也许都是值得称赞的,但如果将这些成就用于预测整个社群而忽视其困境,就会变得极其有问题"(2011:10)。

戈帕尔·古鲁同样将这种对达利特人通过创业实现向上流动的庆祝视为一种"小概率的奇景",旨在证明"新自由主义经济政策"的正确并且"使人们看不见贫困线之下的达利特"(2012:43-49)。

本章介绍的印度西北部两个城市的真实情况基本与泰尔塔姆伯德和戈帕尔·古鲁的论点一致。大多数试图经商的达利特人的经历清楚地表明,向上流动的路相当艰难。他们遭遇到数重障碍,均直接源自种姓等级。大多数受访者到城市经商是因为他们别无选择。他们在农村经济中再也不能维持生计,也无法在城市经济的正规部门找到工作。他们几乎没有任何社交网络或抵押品可以用来从银行获得贷款,只能使用他们筹集到的极少的资金进入城市贸易领域。

尽管他们遭遇到上述种种问题,但没有人真正对他们选择进入新的职业感到遗憾。他们几乎都面临因资源的匮乏和种姓偏见的普遍存在而导致的困难,但他们似乎都为自己在经商、自己是企业家这个事实而感到骄傲。他们不仅经济状况良好,而且感到自己的生活方式相比从前或与其他达利特人相比更有尊严。他们为自己成功摆脱了"被奴役"这个事实而感到自豪。他们中的一些人还能够帮助别人创业或提供就业。他们不约而同地自视为他们社群其他成员的榜样。他们非常重视教育,尽一切努力送他们的孩子上学,不论是儿子还是女儿。然而,他们不希望自己的子女在学校遭受歧视和种姓偏见。为了解决这个问题,他们把子女送到了由达利特人办的学校。他们中的一些人甚至愿意花费所有的积蓄送孩子出国，在那里没有人会信仰种姓制度的社会神圣性。

正如本章反复陈述的，尽管发生了一些积极的变化，但种姓在城市经济中继续扮演着重要的角色，而且对达利特企业家来说，它几乎一直是一个消极因素。

如前所述，达利特人缺乏经济资源，但即使当他们拥有经济资源时，他们也因缺乏社会资源而举步维艰。虽然这个情况在整个达利特人群体中都真实存在，但不同种姓社群的具体情况却差异显著。传统上一直从事某种生意、作为皮革生产商和供应商的查玛尔人相对来说一直比巴尔米基人更成功。哈里亚纳邦和北方邦的情况都是如此。

哈里亚纳邦的达利特人无疑比北方邦的达利特人更加弱势。在北方邦，除了一部分达利特人有更悠久的创业历史之外，还存在一个不同之处，即达利特人的政治力量要强大得多，强大到该邦的前首席部长是一名达利特女性。该邦达利特人的占比也更大。尽管如此，这两个邦的受访者对我们所提问题的回答在总体模式上并没有太大差异。同样，似乎各种姓群体都经历过种姓歧视，尽管这两个邦的巴尔米基人都比查玛尔人感受到更多的歧视。

各行业卡特尔无一例外总是由该地区传统上在商业中处于宰制地位的种姓群体所控制。正如在其他地方进行的研究所显示的，社群和亲属关系网在商业中一直扮演着非常重要的角色（Munshi 2007; Rutten 2003）。这种源自传统的集体偏见不仅阻碍了他们在市场中的发展前景，也塑造了他们的形象。种姓制度并不是一个简单的与当代市场经济不相容的过去的传统或价值体系的问题，而是一种社会和政治现实，继续缠扰着达利特企业家。

然而，我们的研究成功捕捉到的最值得注意的事实是，即使在如此不利的环境下，达利特人的独立创业精神仍在不断高涨。除了努力工作和艰难奋斗之外，他们似乎还在富有想象力地利用制度内可获得的空间，以巩固他们在市场中的地位。为了对抗市场中普遍存在的歧视，为了获得成功，达利特企业家看起来不仅必须是一名优秀的商人，还必须是一名社会和政治企业家。

第 5 章

"忽视种姓"和企业招聘[1]

印度经济在20世纪90年代经历了一些重要的转变。中央政府推行了数项政策措施，放宽了早前的许可证配额政策，并将印度经济向私营企业和全球资本开放。事实证明，这一政策转变在许多方面都成为印度的重要转折点。印度经济的增长速度开始大大加快。在新的体制下，国家开始减少对经济的直接干预。地方和全球的私人资本被允许和鼓励扩张进入此前一直不对其开放的经济活动领域。政策的转变也影响了印度经济的就业结构。尽管民营机构的就业机会增多了，但国营机构中可获得的工作开始减少。对表列种姓和表列部落来说，这意味着配额制度——印度预留名额政策——下的工作机会减少了。

尽管一些达利特知识分子和活动人士很早就开始谈论新的经济政策对他们可能产生的负面影响，但是直到2004年新选举出的团结进步联盟政府向私营企业界提议，考虑也在它们的招聘中

---

[1] 本章取自我与凯瑟琳·纽曼合著的一篇早期论文，发表在《经济与政治周刊》上（参见 Jodhka and Newman 2007）。这篇论文的扩展版还被收入由索拉特和纽曼编辑的一本书中（2010）。该项目研究由普林斯顿大学资助。

推行为表列种姓和表列部落预留配额政策时，这个问题才开始在全印度被讨论。民营企业给出了明确的否定回答。它们言辞激烈地争论，预留名额违背了"能力"和"效率"，而这两者对扩大印度经济的生产基础和创造新的就业机会至关重要。民营企业界宣称，更多的工作机会使所有人受益，包括达利特人；如果印度政府想为历史上处于被剥夺地位的社群做一些特别的事情，那就应该把重点放在通过为他们提供优质的教育来提高他们的禀赋（endowment）。其论点隐含的假设是，基于种姓或社群的歧视不再是印度就业市场的议题，不应该在印度经济试图跟上充满挑战的全球化进程的时候讨论这个问题。[1]

这种争论会持续多久？印度企业界是否完全摆脱了种姓偏见？历史上，印度城市和商业经济一直完全控制在几个传统的经商种姓群体手中，比如班尼亚人和马尔瓦尔人。对这个问题的研究还不太多，无法说明这个情况的变化。现有的文献大部分集中在自由化之前的时代（参见 Banerjee and Night 1985; L. K. Deshpande 1979; Harris et al.1990）。最近，一些学者还研究了那些就业于"新经济"的人——全球软件行业里的印度专业人士——的社会概况（参见 Krishna and Brihmadesam 2006; Rothboeck et al. 2001; Upadhya 2007）。现有的证据倾向于指出，传统上的城市高种姓继续在印度企业界占据主导地位。最近一项针对1 000家公司的研究发现，印度企业集团的董事会成员中有多达92.6%的人来自两个高种姓集群——婆罗门（44.6%）和吠舍（46%），他们传统上一直在城市就业（Daljit et al. 2012）。

---

[1]　S. Thorat, Aryama and P. Negi（2005）主编的书对这些回应做了很好的收集。

而这两个高种姓集群的人数加在一起不会超过印度总人口的10%~20%。

是什么导致了这种情况？在印度经济的私营机构或企业界的新兴劳动力市场的高层招聘过程中，像种姓身份这样的因素是否关系重大？或者说这仅仅是个奇怪的巧合？在招聘过程中是如何解读能力和禀赋的概念的？本章试图通过对德里国家首都辖区25家私营公司的招聘过程进行实证研究来探讨这些问题。我们通过与这些公司的人力资源发展部门的经理及主管进行长时间的现场访谈来开展田野工作，这些工作于2005—2006年完成。

我们选择开展研究的公司涵盖了不同的规模和行业，包括制造业（11）、服务业（10）、媒体（2）和业务处理组织（Business Processing Organizations，BPOs）（2）。尽管公司雇用的人员总数很难计算，但这些公司的工资单上直接列出的员工数从100或200到9万不等）。几乎所有的公司都把某些类别的工作和招聘外包了出去。例如，它们不直接雇用公司日常工作所需的司机，而是无一例外地与代理公司签订合同。从技术上讲，这些司机仍然是承包代理公司的雇员。同样，公司经营场所日常清洁工作所需的人员也来自这样的承包机构。我们受访者的标准回答是："我们通常只雇用核心员工来完成可以增加价值的工作，其余的都外包出去。"然而，这种说法并不完全准确。一些公司还将低端工作外包出去，而这些工作从技术上讲是该公司核心劳动的一部分。单一家公司的这些外包员工的数量可能就会超过5 000。据我们粗略估计，这25家公司总共雇用了20多万人。

外包工作的主要原因是来自管理员工纪律的挑战。公司常常指出印度劳动法存在问题，公司解雇表现不良的员工——如果他是公司的正式员工的话——会给公司带来麻烦。一家五星级酒店的招聘经理告诉我们：

> 我本应该有雇用和解雇的权利。但在印度你做不到。外包是我处理劳工问题的唯一方法。如果我是这家酒店的所有者，我会把每一个工作都外包出去。

受访者主要集中在30~50岁，其中绝大多数是男性（20人）。然而，在印度企业界，由女性担任较高的职务不再罕见，在这些随机挑选的公司中，有5家公司的人力资源部门的负责人是女性。这些受访者出身的文化地域也存在一定程度的多样性。尽管他们中的大部分人来自印度北部（17人），但也有一些人来自南部（5人）、东部（2人）和西部（1人）。然而，在种姓和宗教方面，多样性的程度就要小得多。除了一名受访者说自己出身于表列部落，而且他所服务的公司在过去一直属于国营单位，其余的受访者都出身于高种姓。受访者中有23人称自己信仰印度教，其余2人则是基督徒。他们都具有专业资格，拥有人事管理或社会工作的学位，和/或具有负责招聘和培训的经验。

正如我们所预期的，要让招聘经理接受我们进行这类采访并不容易。每确定一次采访预约之前，我们都需要做大量的说服工作。许多人只是简单地一口回绝。他们都希望我们通过书面信函提出正式请求，并且只有在他们所在公司的高层准许之后才同意与我们谈话。在我们与他们接触时，我们提到了本项研究的目的是探讨雇主对印度劳动力的看法、雇用的基本特征和流程，以及他们对印度在劳工方面面临的挑战的看法。我们通常会在访谈开始的时候询问公司的历史、规模,以及受访者与公司的关系,比如他/她在公司工作的时间和他/她的角色。我们还询问了员工队伍的规模和基本特征、雇员的类别,以及他们如何找寻劳动力。我们询问他们是否期望他们雇用的人的性格里具有特定的社会和文化特征,以及他们如何识别这些特征。这常常引发一场关于他们对应聘者的社会背景的兴趣以及种姓和家庭是否重要的讨论。最后,我们询问了他们对印度政府为表列种姓和表列部落提供"预留名额"这一官方政策,也是世界上历史最悠久的配额制度的看法。鉴于法律要求在公共高等教育、公务人员聘任和政府立法机构中使用该政策,我们尤其想了解他们对是否应当将该政策适用范围扩大到民营机构的观点。大多数受访者(17人)允许我们使用数字录音机记录采访内容,但有一些人表现出迟疑(8人),于是,与他们的讨论内容被记录在笔记本上。

招聘模式和流程

随着我们研究的开展,似乎有一个相当明显的现象,即印度的私营企业在过去的二三十年中经历了一个有趣的转型过程,从家族企业转变为专业化管理公司。虽然我们研究的大多数公司(但并非全部)都为家族所有,但所有者们并没有事无巨细地管理招聘流程和公司的日常运作。如前所述,所有的招聘经理都具备专业资格,并且对他们的工作相当在行。

这些公司具体是如何招聘不同级别的员工(除了外包工作),尤其是中高层员工的呢?有趣的是,最流行的招聘方式不是通过在有影响力的报纸和网站上发布空缺职位广告，也不是通过透明和客观的标准（例如笔试）进行选拔。这些公司在招聘不同级别的员工时普遍使用五种方法。（1）校园招聘。招聘经理走访工科学院和管理研究所，招毕业生。（2）内推。请在职人员从他们的个人关系网、老同学和朋友圈中寻找候选人。（3）使用专业招聘机构。这些机构往往通过各种方式收集了大量具备所需资历的候选人的个人简历，然后为公司提供少数可以面试特定职位的候选人。（4）某些类别的高级职位招聘，则利用"猎头"的服务。猎头专门保管资深和经验丰富的专业人员的个人简历，通过在公司和高管之间进行交涉来获得佣金。（5）其中一些公司还在报纸或网站（它们自己的或专业从事招聘的）上公开发布广告。

能力和现代性

当我们询问受访者具体的招聘做法时，他们几乎一开始都强调公司的人力资源管理的指导原则是"能力"。各级员工都严格根据能力来招聘。"现代的"做法需要抛弃雇用亲戚朋友的做法，转而使用基于必需资历和个人能力的招聘体系。既显而易见又得到普遍认可的是，印度工业领域以前的情况并非如此。

当然，这段历史并非印度独有。西方国家也曾有过家族控制的企业、通过继承得到的特权和有倾向的招聘体系（Rutten 2003）。人们并不认为这样的做法不公平或不可取，这只不过是事情的运作方式。专业职业在西方的兴起，以及它们制定周密的履历至上主义体系（Collins 1979），插进了一个不同的概念框架和与之相对应的实践。如今，资格认证相当重要，获得经理人、律师、医生、教师、会计师等最理想职业的资格证书的竞争越来越激烈。即使倾向选择在知名院校的招生中扮演了重要角色，人们也必须在国家、地方或院校的要求方面公开证明其合理性。公务员的发明是一个重要的转折点，这是一项改革，旨在打破腐败最顽固的部门，以及更公平地分配工作。能力逐渐成为雇用和教育机构招生的唯一正当性依据。能力不仅仅是一种个人选择，更是一种道德或意识形态上的承诺。过去以地方主义和徇私偏袒为主流的组织运行方式，在现代社会必须加以克服。

他们中有许多人还将此描述为自由化之后发生的一个重要的规范上的转变，使他们的公司有别于政府经营的公司，在政府经营的公司里，配额制度和腐败埋没了员工的能力。关于这个观点的一个很好的例子参见我们对 Global Productions[1] 公司的招聘经理的采访。这是一家大型媒体公司，其出版总部位于德里，在印度16个邦设有分社。该公司拥有约80年的历史，有3 000名核心员工和另外800名通过外包合同雇用的员工。公司在招聘新员工时，主要新闻从业人员会在全国层面进行选拔，而发挥辅助作用的分社员工则在当地招聘。它是一家上市公司，虽然其大部分股份属于一个印度家族，这个家族在印度独立之后收购了这家公司。

当被问及公司全体员工是否由特定群体构成时，这个经理回答："我们的员工队伍相当多元化。我们不关注种姓、信仰和肤色……才能和能力并不附属于一个特定的种姓或信仰。"

---

[1] 我们对所有的公司都使用了化名，并对能够辨认出公司的细节稍做修改，以保护公司和受访者的隐私。

当我们进一步追问关于种姓或宗教团体的大众成见是否会影响招聘时，他斩钉截铁地表示，偏见不会造成影响。"不，情况已经改变了。"他解释道：

> 这是20世纪80年代（自由化之前）的观点。今天，你的未来正隐藏在一个未知的市场里，内部的灵活性是非常重要的。我们不会给任何个人套上任何类型的模板……我们完全只注重能力。由于我们的主要目标是标准化……我们也界定了什么是能力……我们需要接触（世界上）更多的人。我们相信更广泛的接触会激发想象力。接触使你观察到某些事物，而这激发了想象力。如果你必须成为全球文化的一部分，那么你的领导力应当……取决于你重新定义公司的能力。而这……只有通过想象力才能实现。

受访者很明显不愿意讨论种姓和宗教在招聘过程中具有什么样的重要性。一些受访者在整个采访过程中有意识地避免使用"种姓"一词，即使我们反复询问有关该话题或预留政策的问题。即使有些受访者回答了有关预留名额的问题，他们的答案也是关于他们的功绩观。正如他们中一人所说的：

> 不应当在工作中预留名额。你可以给他们提供教育，但不可以给他们工作。一旦他们接受了教育，就让他们参与竞争。通过提供预留名额，本来应该得到工作的人就得不到工作了。如果你通过提供工作来帮助他们，他们就会认为你这样做是理所当然的。为什么我们应该在医疗和工程领域提供

预留名额呢？（那样做的话）服务的质量会下降的。

一家食品加工制造公司的经理对公司的招聘流程非常自豪，该流程完全基于现代实践。种姓或宗教背景对他来说无关紧要：

> 我从来没有看出一个人的宗教信仰与他的工作存在任何种类的相关性。在我看来，重要的是他的才干、态度和他对工作的投入。我见过各种不同种姓的人。一些人来自所谓的BIMARU[1]，但他们积极主动，全心全意投入自己的工作……所以我从来没有考虑过种姓和信仰……在招聘过程中，成见已经不再产生影响了。任何人如果不能胜任所要求的工作，那么没有人会基于他的种姓或他来自的区域而聘用他。

但他也承认，并不是所有人都同意他的观点，有些人确实有所偏好：

> 一些印度公司的所有者来自特定种姓，那么属于该种姓社群的人可能会受到某种正面的差别待遇。例如，来自某一种姓或社群的人总是会帮助来自同一种姓的生意兴隆的商人或此类朋友。

但在他看来，这并非一种现代性的态度，而且这种情况正在

---

[1] BIMARU是人口统计学家阿希什·博斯（Ashish Bose）创造的一个首字母缩略词，指印度欠发达的比哈尔邦、中央邦、拉贾斯坦邦和北方邦。"Bimaru"一词在印地语中的意思是常年生病的人。

迅速消失。这种情况更有可能出现在企业界和大城市之外。他解释说："今天这种事情不是很严重了。"全球化进程带来的竞争压力将使这些公司别无选择，如果它们想在新兴经济中生存下去，就必须做出改变。因此，尽管在招聘过程中基于种姓和基于亲属关系的偏好并未完全消失，但它正在迅速衰落。这仅仅是一个进化的问题。更先进的公司遭遇了国际竞争，也接触了现代管理，已经放弃了这些歧视性的传统的残余，而那些迎合市场或继续带着传统家庭取向运行的小公司，它们远离大市场的影响，适应的速度比较慢。正是在那里，而且也只有在那里，这些逆潮流的做法继续存在[1]。

然而，家庭关系依然重要

从上述讨论可以明显看出，受访者几乎毫不含糊地表示，忽视种姓、亲属和社群是公司在新兴的全球经济中运转和进步的重要的必要条件。然而，家庭然关系依然重要，而且其对印度企业的招聘实践有着深远影响。

当一组申请人的资历和能力在伯仲之间时，他们如何从中挑选候选人呢？除了能力之外，他们还期望什么？有趣的是，几乎所有受访者都说："能力很重要，但这肯定还不够。每家公司都有自己的文化。候选人必须适合这种文化。"这是受访者几乎立即给出的答复。雇主们寻找的候选人需要拥有"合适"类型的社

---

[1] 有趣的是，他们甚至在谈论员工队伍中的性别分工时也没有表现得那么不情愿。尽管他们雇用妇女，但不能所有种类的工作都雇用她们。他们中一些人认为，不能让妇女在车间工作。她们更适合"媒体中心、设计部、研究部和计算机部的监督管理岗位"。

会和文化特质，使他们能够融入公司文化。招聘经理如何发现这一点呢？差不多每个招聘经理都强调了未来员工家庭背景的重要性，几乎每个应聘者都会被问到有关他们成长的家庭及其父母和兄弟姐妹的社会与经济状况问题。关于家庭背景，招聘经理会问什么样的问题？对于一些人来说，这个概念比较模糊，会延伸开来涵盖几乎任何与教育背景或工作经验没有直接关系的内容。而其他人对此的想法则相当具体。

一家制鞋跨国公司雇用了近1万名核心员工和2 000名临时工，这家公司的人力资源经理列出了他们寻找的候选人需要具备的一系列素质，为此他们会询问有关家庭背景的问题。他们期望的条件有：具有"良好的"背景、父母受过教育、兄弟姐妹受过教育并且有工作、以及居住在城市。

另一家公司的招聘经理也强调了了解潜在候选人家庭背景的重要性。该公司在印度全国60多个地方雇用了约2万名员工，从事各种消费品的制造已有近百年的历史。家庭背景和/或候选人成长的环境类型标志着求职者能否成功。"我们询问他们的家庭背景，"他指出，"取决于所申请的职位以及分配给该职位的任务种类。"他解释说，需要通过家庭特征来证明自己能够胜任，这对管理人员来说是最重要的。对于级别较低的员工，招聘经理的假设是，他们在这些方面不会符合要求。相反，他们想知道（该公司旗下一家酒店的）未来的门房所具备的素质是否符合该公司想要推广的标准：

> 例如，在客房部，我们通常避免雇用来自贫民区的人，因为他们对清洁的理解与我们不同。对这些人来说，满是灰

尘的房间也是干净的房间。如果其中某个人可塑性强，那么让他加入公司是没有问题的。但在前台，我们要找训练有素的专业人士，他们都属于较高等的种姓。

为什么家庭背景关系如此重要？这一点对于几乎所有的信息提供者来说似乎都是无须解释的；它在招聘体系中是如此重要，以至于受访者惊异于我们为什么会提这个问题。但是当被问及更多细节时，受访者用了一个社会化理论来回答：能力是在家庭这个熔炉里炼成的。Food Futures的人力资源经理最清晰地表述了这一理论：

> 因为个人特质是随着你与社会的互动而发展形成的。你是在哪里长大的，你的家人、家庭、聚居区和村落的环境是什么样的。这些东西塑造了人的个人特质。这决定了他的行为模式，以及在团队中与各种人一起工作的方式。我们有一些国外的项目，如果有人对外方举止不得当，就会给公司造成损失。这里就牵扯了家庭。这个人是否表现良好，是否以专业的方式表达自己，这是长期的，而不是短期的。这是有用的。

人们的外在表现，如获取的证书、表现出的态度等，是在家庭的怀抱中形成的。对招聘经理来说，他们无法更深入地探究求职者的内在品性，而其家庭成员的成功可作为替代证据，证明这个人是可靠的、有上进心且有能力胜任工作。如果反馈的答案不令人满意，那么表面的印象可能是误导性的，这个人的品性就会遭到怀疑。

贾廷（Jatin）是一家大型制造公司的招聘经理，该公司雇用了2 800多名员工，生产印度最好的珠宝。贾廷在解释自己从有关家庭背景问题的答案中了解到了什么时，表达了类似的观点：

> 我们也会询问很多与家庭背景有关的问题，比如家里有多少家庭成员，其中有多少人受过教育等问题。这些问题的背后有一个基本假设：一个优秀的人来自一个良好的且受过教育的家庭。如果父母受过良好的教育，那么孩子接受的也是良好的教育。有一些问题是关于他们的学校教育……和他们成长的地区的。

在这些经理人看来，这类背景特征是"软技能"的源泉，而软技能正是公司的一种资产。一个能够灵活应对公司层级这种组织环境（不论在印度还是在国外）的人，都会促进公司盈利，而在这些交流互动方面有困难的人则会给公司造成损失。但是要在面试中判断一个人具备软技能相当困难，管理者似乎相信，如果招聘经理的判断一开始就有误，那么等到关键时刻就为时已晚了。因此，他们寻找佐证信息来支持他们对求职者个人品质的评估，而他们在有关家庭背景的"数据"中找到了确证。鉴于他们自己在印度文化的熏陶中长大，他们显然期望候选人具备某些主观上的和社会上的素质，使他们能在文化上与同事融洽地共事。

鉴于背景环境，这与他们对种姓、社群和居住地的看法紧密相连，他们坚信这些因素对人的影响。在某些情况下，这差不多直接转化为几乎完全淘汰掉来自预留名额的类别、表列种姓、表列部落的候选人，以及第一代受过教育的候选人（其父母是农村人）。即使这些人非常优秀，他们也不大可能说一口"流利的"英语。虽然没有人承认经理们向候选人询问了他们的种姓背景，但许多招聘经理公开承认了他们"辨认"和猜测求职者种姓的方式。"要推断他们的种姓和社会背景并不难。他们一开口，听听他们讲英语的口音你就知道。"供职于一家钟表制造行业龙头公司的贾因（Jain）先生说。一些招聘经理告诉我们，他们开展校园招聘的过程中总是会收到两份分开的候选人名单，第一份是通过公开竞争录取入学的，第二份是通过为表列种姓和表列部落预留的配额招收的。

与家庭相关的问题不仅淘汰了来自农村的候选人和其他的"有障碍者"，还帮助经理们避免聘用那些背景非常优越的人，因为这些人不大可能努力工作和全心投入工作。

一家汽车制造公司（其一半股份为外资持有）仅在一个工厂就雇用了3 800名工人。这家公司当时正在建造另一个工厂，因此一直在招募新工人。他们寻找的新员工需要具备什么条件？"首先是资历且拥有相关背景，"人力资源经理解释说，"如果这个人经常换工作，他就不受欢迎。"但这还不够。一个人必须愿意努力工作，这是一种品质，而这个经理认为，这种品质是那些处于社会结构顶层的人所缺乏的：

> 我们会判断一个人，且倾向选择谦逊、不争强好斗、乐于接受所有事物的人……我们会看家庭背景。出身显赫家族/社群的人并不受欢迎，因为他们内心的骄傲使得他们傲慢自大。来自中产阶级的人才是首选。

成见和偏好

尽管招聘经理都强调能力是选拔过程中唯一的标准,但是用于判断候选人软技能的标准总是源于他们对候选人所属社群和地区的文化偏见。他们不仅对不同地区文化习俗浸润熏陶出的居民的品质抱有很强的成见,还表达了对员工们基于种姓、社群和地区背景组建工会的担忧。

基里姆化学公司是一家成立于20世纪60年代初的家族企业,为制铝工业提供氢氧化钠(烧碱),其生产工厂均位于印度的偏远地区,工人们在那里对原材料进行提纯和精炼。该公司拥有1 000多名在册的核心员工,另外还雇用了数千名季节工,后者参与制造盐,这是生产烧碱的核心元素。该公司的人力资源经理是一名训练有素的经济学家,在此工作了两年,他向我们讲述了该公司是如何成功管理人际关系的。"我们有非常好的劳资关系,"他解释说,"我们从来没有发生过工人罢工。"这家公司的"慷慨大方是公认的……有些人已经在这里工作了20年、25年,甚至50年"。正如许多典型的家族企业一样,企业主与制造工厂周围的社群建立起了一种家长式的关系。

> 该企业主在工厂所在的乡镇有间小屋。他每两三个月会去那里一次,然后在附近四处走动。所以每个人都知道他是谁。他是一名Mai-Baap(庇护人),但这仅是就福利方面而言的。

尽管被描述为害羞的人,但是这个企业主有出席参加村子里的婚礼并给新娘父亲红包的习惯。就这一点而言，该公司类似于一个大家庭，其义务超出工作领域，延伸到了亲属和家庭这一私人领域。鉴于这种一体化，专业管理人员能够不假思索地说出当地各种族群体的形象或许就不足为奇了，因为这些形象非常明确。

132 "你们对工人有什么刻板印象吗？"我们询问。"我理解你的意思。"这个人事经理回答。

> 现在对着录音机说这个事有点儿不礼貌。人们对北方邦的人有很多成见。经常有人模仿比哈尔邦的工人逗乐。他们是懒惰的家伙，招进来却不干活，你知道的，但是我们别无选择，我们不得不和那种人一起工作，而不是和来自古吉拉特邦和马哈拉施特拉邦的人共事……
>
> 我能应付这些人，但私下聊天我们都认为他们太懒散。我们不得不做出调整。有的工作我本来期望在三分钟内完成，却可能要花一个半小时，不过工作终究会完成的。

另一个受访者是一家私营航空公司人力资源部的中层管理者。该公司雇用了包括正式工和合同工在内的近8 400名员工。他更加毫不避讳地谈到了在评判候选人时所持的成见。几乎所有的低端工作都外包给了其他公司，而在招聘中高层职位、飞行员、男性和女性机组乘务员以及高级地勤人员时，该航空公司才鼓励潜在的候选人通过网站申请。

当被问及他们雇用的工人在家庭背景、地区或宗教方面的类型时，这个人力资源经理毫不隐瞒地说，是根据外表、英语表达的流利程度和文化修养来挑选的。"这是一个提供服务的行业,"贾格迪什(Jagdish)先生解释说,"我们需要优秀的人才,需要一些气质和相貌都不错的人。"

> 我们首选优雅时尚的人,他还要能很好地沟通,说一口流利的英语,还要受过非常好的教育,他的相貌要不错,并且他得来自特定的"阶层"。所以我们不会随随便便就聘用一个人。我们已经确定了一些地区和社群,我们从这些地区和社群中招募我们的员工。比如在印度的北部,旁遮普的文化非常开放,那里的人容光焕发。
>
> 但哈里亚纳邦的文化、北方邦或比哈尔邦的文化情况并非如此。那儿的人不符合我们的标准。他们的文化、他们说话的方式和与他人相处的方式在我们公司或这个行业都行不通。他们不具备那种开放性。
>
> 大多数空姐来自旁遮普的家庭,因为她们见多识广。她们能够很好地表达或沟通。她们中的一些人来自东北地区。

他接着解释说,他们更喜欢招募"sardar"(锡克教徒)女孩,她们的谈吐也很文雅。但他们并非对任何锡克教徒都感兴趣。相反,他们仅限于寻找"那些出身良好家庭的人……如果她们是来自喜马偕尔邦的锡克教徒女孩,就不会得体地说话。她们的教养没那么好"。

他理想中的、适合在他所在航空公司工作的雇员,好的形象和气质是不可或缺的,候选人的"脸要容光焕发"。"坦率地说,来自城市的人比来自农村的人更受这家公司青睐,因为那种农村的心态不适合我们公司，也不适合我们。"他还告诉我们，在航空业的招聘中，父亲是军人的女孩特别受欢迎。"出身这一特定文化背景的人……倾向于团结一心为公司工作。"

我们采访了一家证券公司的人力资源经理，这位经理是一位女士，她的回答清楚地揭示了认为特定地区适合作为招聘员工的来源地这一观点如何带有对种姓的成见。

> 如果我们去南方，比如金奈、班加罗尔……印度这些地区的人拥有不同的态度，他们工作得更好。基本上这是这些地区的文化。客户的反馈意见是那些地区的服务要好得多。
>
> 如果我去诺伊达地区（位于北方邦），那里的社会体系是不平衡的。如果我去古尔冈，那是最可怕的，因为那里聚居了大量的贾特人。他们非常傲慢。在印度，贾特人是最老土的社群。最粗暴野蛮的社群是哈雅维（Haryanvi）社群。他们不懂逻辑，特别容易勃然大怒。就遵守纪律、兑现承诺和服从管理而言，我觉得这些人身上基本没有。

印度汽车公司（India Motors）是一家跨国汽车制造公司，主要的制造工厂设在印度。它在德里国家首都辖区的2家生产公司已经运营了20多年。印度汽车公司的在册职工有近4 500名，但实际的雇员总数几乎是这个数字的2倍，因为合同工被视为临时工。在该公司一直工作了15年的高级人力资源经理威科尔（Vincor）先生解释说，这2家工厂的员工都是从附近地区雇用的，因此绝大多数来自居住在该地区的社群：

这2家工厂员工的社会形象差异很大。第一家工厂的工人绝大多数来自附近村落,这意味着他们大多来自哈里亚纳邦。由于他们是从当地的可用劳动力中招募的,所以他们受教育程度不高。事实上,我们对他们中的大多数人进行了培训。

一些人认为,种姓在农村劳动力的工会化和政治化方面发挥了重要作用。正如威科尔先生所解释的,甚至工会的结构也是由种姓决定的:

> 第一家工厂的近450名工人是当地的宰制种姓贾特人,另有250~300人来自另一个宰制种姓阿西尔人(Ahirs)。100~150人来自不同的落后种姓。我们的工人也是以种姓为界限组织起来的。工会选举大多以种姓为界限……
>
> 贾特人群体傲慢自大。他们不听任何人的。阿西尔人很温顺。婆罗门很有学识,他们能很好地表达自己,而各表列种姓则不敢发声。

这些显然不仅仅是成见。它们也反映了受访者与他们的雇员一起工作的经验。种姓社会组织为集体表达不满提供了一个平台,考虑到劳动力中的种姓界限,员工可以更容易地被组织起来,而公司一直处于被迫接受这些员工行为的境况。"有时他们咄咄逼人,"威科尔抱怨道,"我们经历了很多糟糕的阶段,罢工和停工。"

该公司试着通过两种方式来削弱基于种族或种姓的组织的力

量。第一，公司的所有者维持了一种家长式的关系，他希望这种关系能打破这些工会的团结，从而使他们建立对公司的忠诚。作为市政活动的一部分，印度汽车公司修建了医院、学校，挖掘管井，开设眼科帐篷和医疗帐篷。第二，他们设法避免从单一地区招聘工人。

135　　　　我们有明确的指示，如果我们招聘50个人，那么当地的贾特人不应超过10~12名。其余的人应该来自不同的背景。我们员工队伍的组成需要多元化。我们需要忠诚、顺从的劳动力。我们需要会听我们的且认真工作的人。

印度汽车公司在第二家工厂确保了员工队伍在种族上保持多元化。没有任何一个群体占主导地位，其劳资关系更专业化而不那么私人化。威科尔先生认为第二家工厂更现代化，更接近世界其他经济体，部分原因是它实行更加"没有人情味的"劳工条例。在全球化的语言中，世袭的官僚主义和基于种族或种姓的招聘被等同于明日黄花，招聘时采用正规的招聘机制而非个人关系网，即知人善任原则（尽管是在"家庭出身"的背景下），以及在全国范围内招聘而非仅限于本地，代表了一种自觉的努力，使印度和国际商业文化接轨，而不再是传统的、习惯性的、古老的当地做法。

然而，这种"现代的"理念很少能转化成对求职者不抱偏见的态度。种族、地区和种姓身份也可能成为判断候选人适合某一特定工作的软技能的依据。健身健康公司在印度北部雇用了大约4 000名员工，另有1 800名员工是合同工，包括"病房杂务员、护士、清洁工和接待员"。该公司从事的是一种提供私人医疗服务的新兴行业，面向的是相对富裕的家庭。他们对雇用的人很挑剔，因为他们服务的客户都是上层人士。

  我们的大多数员工是当地人，主要来自印度北部。有的员工是从诺伊达（位于印度新德里地区）和加济阿巴德（北方邦的一个城市，是德里国家首都辖区的一部分）迁移过来的。不过，我们的大部分护士是来自印度南部的女性，尤其是来自喀拉拉邦（印度西南部的一个邦）的女性——马拉亚力-基督徒女孩……她们比其他女孩更有学识，这是因为她们世世代代都从事这一工作，知识也是口耳相传、代代传承。
  高种姓的人不愿意送他们的女儿从事这种护理职业。他们认为这不是什么好工作，这种工作需要照顾病人，清理他们的身体和做其他的事情。我们雇用的护士大多是基督徒，肯定是［从低种姓（印度教徒）］改信的基督徒或生来就是基督徒。他们通常不属于表列种姓。

  尽管这名女性人力资源经理强调了以下观点，即"对表列种姓和穆斯林不抱偏见"。"这是一个思维定式的问题。"她补充说，表列种姓不太可能具备公司期望的那种技能。
  "思维定式"问题不只是某一个招聘经理随意或偶然使用的表达方式。"心理上适合"这一全球性用语在印度各公司的人力资源部门中似乎正变得越来越流行。他们中的一些人给我们看了精心设计的问卷，其中包含多项选择题，他们通过这些问题对筛选后的候选人进行了人格评价。

预留名额或平权行动

我们的访谈大纲中的最后一组问题是关于他们对预留政策的意见，以及他们对将其引入民营机构的好处的看法。从上述讨论中可以明显看出，他们一致反对在民营机构推行该政策，甚至反对在国营机构实行该政策。他们援引了现代性和能力的概念，认为它们对印度的经济发展至关重要。他们认为，印度经济的未来在于提高生产率，这就要求指定工作只能雇用最优秀的人来完成。以社会工程的名义进行干预，最终会令国家经济增长的目标失败，伴随配额制度而导致的国际投资的流失将会使整个国家丧失迫切需要的资本流动。

然而，他们不只是批评了在民营机构实行配额的提议或预留政策本身，他们给出的回答也反映了对印度的种姓制度、目前社会中的机会结构的看法。他们不约而同地否认了印度劳动力市场存在任何种类歧视的可能性。这在过去可能一直是个问题，但现在已不再是了。一家废物处理公司的主管解释说："我在任何地方都没有遇到过有人仅仅因为是表列种姓而求职遭拒的事。"当我们询问他是否有可能在民营企业的招聘中为这样的种姓提供预留名额时，他坚定地告诉我们：

> 没有人能在民营企业做这件事。民营企业更关心利润和产量。如果某个人对公司来说有价值，他或她就会被录用……如果有表列种姓的人到我这里来，而他很优秀，我肯

定会雇用他的。因为这里是私人公司，是我的公司，我没有义务雇用某个人。没人能强迫我这样做。

在我们对佩林（Palin）先生的采访中，他也表达了对招聘体系的基本公平性的类似信心，他是一家大型零售公司的经理，该公司15年前开始为印度不断增长的家用产品市场供应产品。"如果一个人有足够的能力，他就不需要预留名额。市场中有足够的工作机会，一个人可以很容易地实现他想要的目标。"

事实上，我们进行的每一个采访都收录了大意相同的声明。然而，经理们很清楚，不平等仍然存在，低种姓个体在劳动力市场上的机会比其他人少。几乎没人会说这种状况仅仅是因为才能分布有差别而造成的。相反，他们认为，当前的教育体系使达利特人和其他落后阶层处于不利地位，正是该体系引起的人力资本问题造成了这部分人口的人才短缺。Global Productions的招聘经理坚称教育不平等是问题的根源。当被问及为什么几乎从未有达利特人受雇在民营企业担任最高级别的职务时，她回答：

> 我从未这样考虑过。我不认为歧视在起作用是事实。我认为我们的社会要发展还有很长的路要走。我认为可能有很多原因影响了我们社会的发展方式。有可能是因为达利特人的经济实力较弱，所以他们没有上过最好的学校和学院。这可能是一个原因。但如果你有水平和学位，没人可以阻止你。

因此，对低种姓群体的贫穷和劣势所做的解释，从他们在传统上处于不利地位和被强制排除在外，转移到了颁发证书证明才能的院校机构和个人禀赋。几乎所有人都强调了以下观点，即提升低种姓地位的关键是优质教育，而不是平权行动。

一名资深实业家、印度工商联合会的官员在一次非正式互动中也强调了这一点，这场互动的主题是关于私营企业在处理印度社会中基于种姓的障碍可能发挥的作用。他解释道："坦率地说，企业没有解决这个问题的办法。"

> 除非在印度实行种姓或宗教融合的学校教育，否则我们无法在（平等招聘）这方面取得进展。在美国这样的国家，你们在那里接受种族或宗教融合的学校教育，年轻人在一起成长。尽管他们拥有不同的肤色，但他们生命中有15~20年都一起在学校学习……实业公司几乎起不到任何作用。人们不应该对公司抱太大期望。

因此，投资教育和鼓励融合以打破将印度人按种姓划分的障碍，将会取得平等竞争环境的回报。那时，也只有到那时，企业才有望在雇用率方面表现出平等，因为它将从具备同等资历的求职者中进行选择。

预留政策也被认为和与工作相关的现代价值观格格不入。"预留政策摧毁了提高生产力的激励。"一个受访者这么认为。"在企业环境中，"他解释说，"这是灾难性的，因为人们利用它作为一种伎俩。"

> 人们占便宜而不做任何工作……这个家伙，就像他自己

说的,"因为我是表列种姓,我可以逃避做任何无法接受的事情",而这是常有的事。这是第一点。

第二,如果我们有一个预留的职位,但我们因为表列种姓的候选人缺乏所需的资历和技能而没有选择他,那么我们就会面临他们的抱怨和"不满"。这会对我们需要关注的工作造成严重的干扰。这势必会对公司产生负面影响。我们如何能够在全球市场中竞争?生产将受到严重影响。

为他们"预留名额"与在一个充满偏见和不利因素的社会中创造一个公平的竞争环境这一社会议程没有一点儿关系,不过是老谋深算的政客们用来拉票而耍的手段。为了进一步证明预留名额对公司中的竞争性造成的损害,雇主们指向了政府机构所在的领域。正如这家私立医院的人力资源经理告诉我们的:

如果本公司存在预留名额的话,那么护士和病房杂务员就不会工作,就不怎么关心病人了。看看政府部门正在发生的事。没有能力的人被塞了进来,最终损失的是我们所有人。这些人不努力工作。他们以低(分)进入。我们的工作技术含量非常高,不可能信赖无法胜任的人做这样的工作。受教育程度低、技术水平低的人在我们这种机构里没有容身之地。我们公司将抵制任何种类的基于种姓的预留名额。

根据这些雇主的说法,预留政策使表列种姓受益者摆脱了困境,但它同时有可能向其他人传播一种大打折扣的职业道德。正如他们中一人所强调的:"它会在不知不觉中影响那些努力工作的人。它会打击他们的工作积极性。"另一个人力资源经理认为，配额制度使有能力的达利特人没能意识到自己的潜力：

> 他们已经接受了自己比高种姓的人卑微（能力较差）……他们的自信心很低。我有一名出身表列种姓背景的员工，他是个畏首畏尾的家伙，甚至不敢和我说话。他们被欺压得如此厉害，以至于他甚至不会对我提出疑问。

最后，我们还遇到了中产阶级反对预留名额的流行论调：预留名额已经被达利特人中的一小部分精英阶层——"奶油阶层"——所垄断。曾在民营企业和国营企业工作过的钢铁公司的人力资源经理认为，预留政策是一场灾难，因为它已经成为达利特人的独享之物了：

> 是时候摆脱配额制度了。我们必须停止这样做。任何人都不应利用这样的便利。它已经成为他们的特权。父亲拿走了它，然后是他的儿子，现在是他的孙子。然后它就制度化了。政府应该废除配额制度。只有城市的达利特人从中获益，而农村的达利特人始终无法享有利好。

从企业的角度来看，预留政策是一个完全"行不通"的政策。在我们进行的25次采访中，没有一人支持这个政策。招聘经理们至多表示愿意支持教育投资的政策和提供奖学金以奖励值得奖励的学生，将其作为一种手段来鼓励值得称赞的行为，以及被认为伴随高成就而有的未来收益。

总结评论

　　证明种姓制度存在于印度私营企业的招聘实践中并且具有重大意义的最明显、最引人注目的证据或许就在于它的"缺席"。企业依据如下假设行动，即种姓只是一个无关紧要的话题。种姓制度不论以何种形式存在都会对效率和生产力构成威胁，从而影响到企业在新兴全球市场中的竞争力。虽然"忽视种姓"似乎是现代工作实践的一个方面，是招聘经理做出的一种意识形态上的承诺，但它也受到了招聘经理们自己的高种姓教养环境的形塑：他们对那些通过配额制度接受教育的人——来自表列种姓和表列部落的人——抱有强烈偏见。

　　"忽视种姓"并不意味着不存在种姓制度或与种姓相关的偏见。正如他们中的许多人告诉我们的，种姓制度在公司的生产区、食堂（在那里，出身"高"种姓的工人往往避免与"低"种姓的工人坐在一起）、公司内外的社团生活中，随处可见。种姓的观念也存在于招聘过程中，比如在他们询问候选人的家庭背景时。他们对预留政策抱有的强烈意见也反映了他们激烈反对任何有助于创造平等竞争环境的政策。即使他们主张有必要付出额外努力来为历史上处于不利地位的人提供教育，但他们对软技能的关注也使得第一代受教育者不可能被列入合适的候选人名单中，特别是那些受重视的/高端的职位。

　　"能力"这个词似乎掩盖了招聘过程的许多方面。尽管从表面上看，才能是唯一重要的，但实际上，许多人似乎更关注只雇用那些具备必需的软技能的人，正如我们所看到的，这些软技能是一个人在特定的家庭和社会环境——城市的、无一例外是高种姓、需要受过教育的父母——中长大时，或通过适应社会的过程获得的文化习得。他们在叙述现代性时将能力与种姓对立了起来，其中"能力"暗指那些"没有种姓的"人、"一般"类别和来自"高"种姓的人，而"种姓"指的则是"预留名额的"类别，表列种姓。在这种二元论中，能力是只有那些"没有种姓的"人才具备的品质，因为只有在"一般类别"中才能辨别出个人特质（能力）。表列种姓和表列部落不得不永远背负着他们社群的重担，没有可用的标准可以评判他们的能力，因此他们被排除在外。根据我们接触的人的说法，政府部门无力在全球经济中竞争是因为它接受了预留政策，从而它的雇用原则不是基于能力。忽视种姓，不愿意承认其继续具有重要意义和其在塑造机会结构方面起到的作用，似乎更多是作为一种排斥策略和一种歧视制度，而不是作为公平对待所有人的原则。

第三部分

流动性与动员

第 6 章

社会流动和追求自治：拉维达西身份的整体概况

主流的社会变革理论预期像种姓这样的制度会逐渐衰落并最终消失，该理论一直到先前的某个时候都风靡全世界。种姓的消亡终将随着经济增长、城市化与现代价值观在南部各区域和国家传播的进程而发生。印度民族独立运动领导人和绝大多数印度中产阶级精英也估测种姓制度的衰落与消失几乎不可避免地会发生，这会是一个渐进的变革过程。随着现代教育、民主治理体系的引入，以及印度国家在脱离殖民统治取得独立之后发起的发展进程的展开，封闭的种姓阶序体系将让位给一个以个人能力和社团身份为基础的现代公民社会。

然而，过去60多年的经验表明，涉及种姓制度变化的轨迹比预期的要复杂得多，且更多样化。从前几章的讨论中不难发现，种姓制度能够轻易地适应现代民主政治。它还在城市劳动力市场和商业中幸存了下来。即使当像贾吉曼尼体系这样的旧制度瓦解、污染的概念失去其在意识形态上的控制的时候，种姓偏见和不平等仍倾向于固执地存续。基于种姓的偏见积极推动着社会和经济不平等的繁殖。它常常表现为那些位高权重和有影响力的人对处于传统种姓阶序底层的人，尤其是前贱民社群的歧视行为。

正是由于这种仍然存在的偏见和歧视，催生出了现代达利特运动。印度不同地区的几个达利特群体利用宗教习语或某个"没落的传统"试图把人们动员起来，使自己成为自治的社群。该进程在某些种姓社群中尤其成功，这些社群看到了自己的一些同胞在传统的阶序中向上爬升或者摆脱了出来。当代旁遮普和其他地方的旁遮普拉维达西人身份认同的形成，清楚地展示了这种偏见和流动性的动态或对立统一。多年来，旁遮普拉维达西人逐渐兴起，并成为一个强大的宗教和种姓社群，其关系网遍及印度各地和海外。他们中一部分人的社会流动和经济流动在建立和巩固这种身份认同方面发挥了关键作用。

本章取自我于2008—2009年在贾朗达尔市及其周边地区完成的定性田野工作，概述了拉维达西社群身份认同的形成及其对该社群成员可能带来的社会和发展的影响，以及它在新兴的区域、国家和全球背景下改变种姓的组织的方式。尽管旁遮普具有与众不同的人口历史和社会多样性，[1]但它为研究当代达利特人的政治和身份认同的形成提供了教科书式的案例。从20世纪初开始，该地区前贱民社群的一部分人经历了一些有趣的流动和动员进程。

---

[1] 在宗教人口统计方面，旁遮普邦一直与整个国家有很大的不同。当代旁遮普邦的大多数人口（近60%）表示自己信奉锡克教——一种在神学上谴责种姓制度的宗教。在1947年印巴分治之前，旁遮普一半以上的人口是穆斯林，他们同样谴责种姓制度。

旁遮普邦的宗教和种姓动员

旁遮普邦当代达利特政治的开端可以追溯到19世纪下半叶殖民统治建立之后该地区的社会经济与政治图景的变化。尽管英国殖民统治进入旁遮普的时间相对较晚，但带来的影响的蔓延速度相当快。英国建立了一个由运河和运河殖民地组成的网络，促进了该地区的农业发展。殖民统治的建立也加速了城市中心的发展。贾朗达尔就是一个这样的城市，在被选中用于建立军事营地以从该地区招募士兵之后，它经历了显著的发展。殖民军队为旁遮普农民的孩子提供了新的就业机会，并为当地的一部分达利特人，特别是从事与皮革相关的工作的查玛尔人开辟了社会流动的途径。

军队的驻扎增加了对皮革制品的需求，特别是英国士兵所需的靴子和鞋子。与南亚次大陆的其他大多数地方一样，该地区的皮革贸易控制在城市穆斯林商人手中。然而，在地方或村落一级，"不可接触的"查玛尔人提供了动物的生皮。其中一些查玛尔人迅速利用皮革需求的增加，以及随着殖民统治的建立而开辟的新途径给他们带来的机遇。这些机遇使他们中的一些人能够搬出村落，迁到邻近的城镇和周边地区。有些人甚至大胆地前往次大陆的其他地方，前往美国、加拿大和英国。

殖民统治也为该地区的许多其他社会变革提供了环境和条件。目前看来，其中最重要的变革或许是，由旁遮普各不同宗教社群（特别是印度教徒和锡克教徒）中新兴的精英发起的竞争激烈的社会改革。这些改革为当地的达利特人打开了新空间，最终使他们能够组织起来争取自己独立的身份认同。

英国在1849年击败锡克教军队之后，在旁遮普建立起殖民统治，这也鼓励了基督教传教士开始在该地区开展活动。传教士抱着传播教会信息、使当地人改信基督教的目的来到旁遮普。最先受到教会感召的是各不可接触种姓的成员。据报道，首例改信发生在1873年，当时一个名叫迪特（Ditt）的男子在锡亚尔科特接受洗礼。"令传教士感到意外的是，继迪特之后又有成千上万出身低种姓的人改信基督教，在旁遮普，改信基督教成了一场事实上的运动。"（Juergensmeyer 1988: 181）到1890年，旁遮普的525个村落中，共居住着10 171名基督徒；到1911年，基督徒的数量上升到163 994人；到1921年，基督徒的数量超过30万人（参见 Grewal 1994: 130 和 Webster 1999: 96）。他们中的大多数人来自一个特殊的不可接触种姓——卓拉人［the Chuhras（拾荒者）］，并且主要出生于农村地区。

根据尤尔根斯迈耶（Juergensmeye）的说法，基督教传教士事实上并没有有意地把低种姓者作为劝说改宗的目标："最初寻求基督教信仰的是不可接触者。"（1988: 184）这些人显然在其中看到了社会流动的可能性。

最初，旁遮普的传教士们仅试图使高种姓者改信基督教，因为他们认为自己喜欢使用的方法，即理智上论证的和道义上的劝告不适用于其他人。第一位改信者迪特的热情和随后收到的低种姓者要求改信基督教的请求，不仅令传教士们感到困惑，也让他们感到尴尬：他们找不到任何理智上的或道德上的理由将这些低种姓者拒之门外，但又担心接纳他们会败坏教会的声誉（1988: 184）。

第6章　社会流动和追求自治：拉维达西身份的整体概况　175

传教士们的担忧并非没有根据。当1892年10月19日《论坛报》的一篇报道说，改信基督教的速度如此之快，旁遮普不久就会变成一个信奉基督教的地区时，"恐惧席卷了高种姓的印度教和锡克教上层人士，一时间人心惶惶"。各宗教社群——基督徒、印度教徒和锡克教徒——之间展开了一场事实上的竞争，目的是把不可接触者争取到自己那一边。差不多就是在这个时候，印度教改革组织雅利安社进入旁遮普。

殖民统治还在旁遮普和印度其他地方引入了一种新的描述各社群的文法。殖民统治者为了行政管理的方便，使用了新类别的社会集合和分类。英国统治者通常从宗教社群的角度来看待民众，并在治理过程中也应用相同的视角和思路。他们"鼓励各个社群成员从社群的角度来陈述他们的情况"（Grewal 1989）。正如印度历史专业的学生所熟知的，殖民时期的人口普查和将人口归类为对外国统治者而言有意义的类别，在将模糊的差异界限转变为分明的社群界限的过程中起到了关键作用（Breckenridge and van der Veer 1993; Cohn 1996; Dirks 2001）。因此，人口普查的引入使得"各宗教社群"对数字很敏感，这些数字已经被"等同于实力，特别是对政府管辖下的就业来说"（Grewal 1994: 131）。

1881—1911年，穆斯林数量保持稳定，占51%左右，锡克教徒和基督教徒的数量增长了，但印度教徒数量从1881年的约41%下降到1911年的约36%（Jones 1976: 324）。改信基督教的人大多是"低"种姓，他们中的大部分人早先被殖民地的人口普查员登记为印度教徒。旁遮普的高种姓印度教徒在（殖民）前政权中一直在地方官僚机构中处于支配地位，他们已经感觉自己被英国人从加尔各答带来的从事行政工作的孟加拉籍职员边缘化了。他们显然会非常关注印度教徒数量的下降。1901年《土地转让法》的通过也被印度教上层人士视为歧视他们的行为，该法禁止农业用地由农业种姓（主要是锡克教徒和穆斯林）转让给非农业种姓（主要是印度教徒）。

1875年，达耶难陀大师在孟买发起了雅利安社。为了传播他的改革思想，他于1877年访问了拉合尔。他在第一次访问期间在旁遮普待了将近18个月，并在旁遮普邦几乎所有的大城市都设立了雅利安社的分部（Sharma 1985: 40）。雅利安社的改革似乎为该地区的高种姓印度教精英面临的危机提供了一个解决方案。它提供了"一种基于传统价值观的进步的意识形态"，而他们认为这种意识形态可以帮助抵抗基督教在旁遮普的不断传播（Juergensmeyer 1988: 38）。

与其他印度教改革运动不同，雅利安社不仅攻击其他宗教——这些宗教一直在劝导印度教徒成为其信徒——还严厉批评了印度教徒的许多现行做法，包括不可接触制的做法。这位大师提倡追根溯源，回到古吠陀宗教，其中不可接触者很可能属于印度教信徒。他攻击婆罗门在宗教事务中的霸权，并强调有必要在印度教徒中普及现代教育。他倡议通过一种宗教净化过程——Shuddhi——将低种姓者纳入印度教社会。由于不可接触制被认为是源自仪式上的不洁净，因此可以通过宗教仪式来消除，使不可接触者变得可接触（Pimpley and Sharma 1985）。

在具体层面上，Shuddhi运动包含使属于外来宗教的人改信印度教，使已改信外来宗教的人重新改信印度教，分步骤提高低种姓者在印度教中的地位（Pimpley and Sharma 1985: 54）。

首个Shuddhi仪式是在1888年达耶难陀大师逝世近5年后举

行的，当时70名属于奥德种姓的不可接触者通过Shuddhi仪式被"净化"。1901—1910年，有6万~7万名不可接触者接受了Shuddhi仪式（Pimpley and Sharma 1985: 96）。在接下来的几年里，该运动的势头进一步增强，更多不可接触者被"净化"并被接纳，成为印度教徒。但在根本层面上，它对达利特人的社会和经济地位几乎没有什么改变。大多数接受了净化仪式的人

> 仍然遭受着贫穷之苦和不可接触制的耻辱。他们的受教育程度非常低。在职业上，他们从事农业劳动，或从事声誉很低的职业。他们在地域上被隔离，这表明他们与其他种姓只有最低程度的社会交往。或许，甚至在他们接受Shuddhi仪式之后，除了象征性地获得阅读《吠陀经》和佩戴圣线的权利之外，他们一无所获（Pimpley and Sharma 1985: 98）。

此外，尽管他们批评印度教内部的婆罗门正统观念，但雅利安社用于提升不可接触者地位的策略仍然是在洁净与不洁的框架内制定的。虽然他们谴责不可接触制的做法，但他们并没有摈弃瓦尔纳的概念。Shuddhi运动的思想恰恰包含了对一个信念的肯定，即仪式上的洁净是提升地位的标准。然而，这一运动帮助旁遮普的印度教精英巩固了他们在该地区的地位。这些精英在很大程度上成功地将低种姓人群留在了印度教派中，从而增强了自己的政治力量（Pimpley and Sharma 1985）。

雅利安社最初抨击的对象是所谓的外来宗教，即伊斯兰教和基督教。然而，随着其影响力与日俱增，它也开始批评锡克教。锡克教一直是一个广受欢迎的且包容性很强的宗教。自锡克教古

鲁的时代以来，该地区有许多低种姓者一直信奉锡克教。

关于低种姓锡克教徒通过 Shuddhi 仪式被接纳进入印度教的报道备受锡克教新兴中产阶级成员的关注。因为人数已经开始变得关系重大，该地区各社群已经对其规模非常敏感，所以可以理解，锡克教领导人强烈希望将这些低种姓者留在自己的教派里。

雅利安社主张印度教民族主义（Hindutva，又称印度教徒主义）身份已经引发了有关锡克教徒身份问题的辩论。锡克教徒开始宣称他们的宗教是独立的，不应当将他们与印度教徒搅和在一起（Oberoi 1994）。锡克教徒中实行不可接触制和歧视低种姓的做法被归因于印度教继续对该社群施加影响。因此，反对种姓制度和不可接触制的斗争被牵涉进了锡克教徒争取独立宗教身份的运动中。20 世纪 20 年代发起的辛格大会运动旨在将锡克教谒师所从印度教马汉特[1]的手中解放出来，这一运动也成为一场锡克教的去印度教化运动。该运动的主要诉求之一是所有人都能"毫无疑问地进入锡克教徒的礼拜场所"（Juergensmeyer 1988: 28）。锡克教团 Khalsa Diwan 的一些成员试图发起他们自己的"被压迫阶级运动"，以赢得表列种姓的支持。I. P. 辛格在对阿姆利则县的一个村落进行的研究中报告说，该村婆罗门的衰落始于 1922—1926 年，也就是大约在这些改革运动发起的时候。在他所研究的村庄中，正是在这些运动之后，一名低种姓的锡克教徒被任命为当地谒师所的格兰缇，这位格兰缇开始对村里所有种姓的人给予平等待遇（I. P. Singh 1977: 281–282）。

---

[1] 马汉特（Mahant），一种宗教高级人士，特指一座庙宇的总祭司或者一座修院的院长。——译者注

达摩运动

正是在这一背景下,达摩(Ad-Dharm,字面意思是古代的宗教或信仰)运动在旁遮普兴起。虽然关于该运动的想法在20世纪20年代初就已经成形,但它一直到曼古·拉姆走上政治舞台才发展起来。曼古·拉姆是旁遮普多巴专区霍希亚布尔(Hoshiarpur)马古瓦次(Maguwal)村的一名富于进取心的查玛尔人之子。与19世纪初旁遮普农村的达利特人的情况一样,他的家人不得不忍受不可接触制和社会排斥的耻辱。然而,他的父亲极富事业心,并且成功地通过皮革贸易赚了一些钱。

与其所属种姓社群的其他一些人一样,曼古·拉姆在雅利安社开办的一所学校接受了世俗教育。在旁遮普的多巴,移民西方开始被视为社会流动和文化流动的理想渠道。他的父亲筹集了一些钱把他送到美国以获得报酬更高的工作。在加利福尼亚期间,曼古·拉姆受到来自旁遮普同辈人的左翼思想的影响,并参与了加达尔运动。1925年,他满怀与同胞一起工作的愿望回到旁遮普。回到家后,他在雅利安社的帮助下创建了一所招收低种姓儿童的学校。但他很快就疏远了雅利安社,并与他自己社群的其他一些成员携手合作,试图在当地的达利特人中发起一场自主的身份认同运动(更多细节参见 Juergensmeyer 1988)。

达摩运动的领导人把他们的斗争视为一场宗教运动。他们主张"不可接触者"是一个单独的部落[1],一个与穆斯林、印度教徒

---

[1] 部落(qaum),或译为民族,可以指拥有共同语言、文化、种族、血统和/或历史的社群。在这个定义中,民族没有物理边界。——译者注

和锡克教徒类似的独特的宗教社群，统治者应该像对待后三者一样对待"不可接触者"。他们援引当时流行的种姓的"种族起源"理论，主张达摩一直是达利特人的宗教，该部落自远古以来就存在了（Juergensmeyer 1988: 45）。尽管遭到当地印度教领导人的强烈反对，殖民统治者还是承认了达摩运动领导人的主张，在1931年的人口普查中将达摩人列为单独的宗教社群。

通过使统治者承认达摩人是一个单独的宗教社群，达摩领导人成功地脱离印度教。从印度穆斯林的一个种姓（zaat）到部落的这种转变意味着从社会地位的角度而言，他们不再置身于种姓阶序体系中，从而获得了与印度教徒同等的地位，就像其他宗教社群（锡克教徒或穆斯林）一样。曼古·拉姆还希望将其他不可接触者社群纳入达摩教派，在区域层面形成一个有活力的社群。

在1931年的旁遮普人口普查中，共有418 789人报告自己为达摩人，与该邦基督教徒数量基本相当。他们占到了旁遮普人口总数的1.5%左右，占该邦低种姓人口总数的1/10左右。在贾朗达尔和霍希亚布尔，近80%的低种姓者自称达摩人（Juergensmeyer 1988: 77）。

然而，被殖民政府正式承认为一种单独的宗教并不能给他们提供多大的帮助。就连在人口普查中被列为单独身份到头来也只是昙花一现。争取独立宗教身份运动的势头没能维持很长时间，它在1931年取得巨大成功之后不久就开始退潮。根据普遍的理解，达摩运动衰落的原因恰恰在于它的成功。其领导人参与了主流政治。曼古·拉姆和他的一些亲密战友成了旁遮普立法议会的议员。种姓问题逐渐被日渐兴起的泛印度达利特运动所取代，两者最终合并在了一起。达摩委员会开始将自己定位为一个社会和宗教组织，并于1946年更名为拉维·达斯委员会，"将政治工作委托给全印度表列种姓联合会，与印度其他地区保持一致"（参见Juergensmeyer 1988: 153）。

要进一步地理解达摩运动的案例，就需要以批判的眼光审视印度整个国家的演变，以及它处理种姓制度和宗教的方式。达摩运动走向衰落或许可以追溯到1932年圣雄甘地与B. R.安贝德卡尔签订的著名的《浦那协定》，以及根据1935年《印度政府法案》形成的表列名单。将表列种姓与印度教徒划归在一起，使得旁遮普的达摩运动别无选择，只能接受民族独立的、官方的分类模式。如果他们想保持独立的宗教身份，就不得不放弃"预留名额"的福利。考虑到预留政策提供了社会流动性的可能性，他们决定不再坚持要求独立的宗教身份。达摩运动的一些领导人很快就融入了新兴的权力结构，作为来自"预留名额的类别"的候选人。正如一名资深达利特活动人士向我们解释的：

> 当我们在该邦首次举行选举时获得了8个为我们预留的席位之后，达摩运动就已经失去了意义。我们的候选人赢得了这8个席位中的7个。曼古·拉姆也在1945—1946年举行的下一届选举中当选议会的议员。

这显然是一个务实的选择和妥协。一名活动人士强调了这一点：

> 1931年，我们在殖民政府开展的人口普查中被承认为一个单独的宗教，但根据1935年法案，我们被划归到表列种姓

中，成为同一类别下众多表列种姓中的一个。《社群裁决》[1]承认了我们的自治权，但B. R. 安贝德卡尔根据《浦那协定》不得不放弃这一权利。根据《浦那协定》，我们获得了预留名额，但只有在我们接受成为印度教徒的条件下……尽管我们在法律上成了印度教徒，但别人并没有停止对我们的歧视。即使是现在，歧视也仍然存在，尽管它没有那样明显，变得更微妙了。

多年来，将达摩运动视为一场政治和宗教运动的想法逐渐消失了。尽管大多数达利特受访者在回忆达摩运动时带着一丝自豪，其中一些人也为它的衰落感到难过，但我们并没有观察到达摩人对这场运动存在什么强烈的感情，或者对被归入印度教徒心存任何愤怒。我们也无法找到该运动的昔日领导人写过什么文字表达对其衰落的悲痛/愤怒，或将其衰落归咎于阴谋。达摩运动及其领导人或许也受到了当时主流或占主导地位的政治活动的影响，也就是自由运动及霸权性影响。作为我们的受访者之一，现任拉维·达斯基金委员会主席对我们说：

达摩运动在旁遮普一度非常受欢迎。然而，慢慢地，随着议会政治的影响力不断增强，该运动领导人开始出走。巴尔万塔·辛格（Balwanta Singh）是第一个离开达摩委员会的人。他加入了国大党。同样，其他一些领导人也脱离了这场

---

[1]《社群裁决》（Communal Award）由英国首相拉姆齐·麦克唐纳于1932年8月16日颁布，在印度为先进种姓（Forward Caste）、表列种姓、穆斯林、佛教徒、锡克教徒、印度基督徒、英裔印度人、欧洲人以及被压迫阶级（现在被称为表列种姓）等设立单独的选民范围。——译者注

运动，走入国家的主流政治。最终，甚至连曼古·拉姆也加入了国大党。这场运动就此结束。

那些对达利特问题持更激进观点的人受到B. R. 安贝德卡尔的影响，纷纷加入印度共和党和表列种姓联合会——这两个组织都是由B. R. 安贝德卡尔创立的。他们中的一些人最终转向佛教以寻求精神上的独立和宗教身份认同。

关于达摩运动的衰落，如下事实或许同样重要，尽管该运动声明是一场宗教运动，要求政府承认其宗教身份，但它本质上还是一场政治运动。尽管它希望被殖民政府承认是一个单独的宗教社群，但领导层并没有在建立一个有活力的宗教社群所需的基本要素上投入太多。正如该社群的一个重要成员在接受采访时告诉我们的："它没有自己的圣书或圣典，没有自己的仪式，没有朝圣礼拜之地，也没有神圣符号……它怎么可能作为一种宗教存活下来呢？"

从达摩人到拉维达西人

尽管达摩人的身份仅仅变成官方分类中用来指定一个印度种姓团体的称号，但多巴的查玛尔人并没有真正回归印度教。他们开始通过积极树立他们自己社群中的圣人和巴巴，以拉维达西人的身份开发自己独立的宗教资源。

旁遮普的许多底层宗教崇拜（subaltern religiosity）在本质上一直都是融合的，由 deras（宗教中心）以及圣徒、巴巴和苦行者的圣祠组成。20世纪初，旁遮普那些生活在社会边缘的人的宗教图景就是由这些"小的传统信仰"的圣祠构成。它们中也有拉维达西巴巴和古鲁的宗教中心,这些巴巴和古鲁自己出身于不可接触者家庭,但在他们的种姓社群内和范围更广的社会中获得了一定程度的尊重。他们的追随者和崇拜者相信他们拥有精神上的超能力。当地的查玛尔人显然是这些拉维达西古鲁最热情的追随者。达摩运动的领导人也把这些拉维达西宗教中心视为该社群的关键资源,并经常使用它们来组织集会和动员活动,争取更大范围的查玛尔人社群的支持。

也许更重要的是,达摩运动作为争取获得单独的宗教身份的政治运动虽然衰落了,但这并不一定意味着查玛尔人重新融入主流印度教。鉴于即使在脱离殖民统治获得独立和所有人都被给予正式公民身份之后,种姓差异和基于种姓的歧视仍然存在,多巴的查玛尔人并不想让时间倒流。他们继续投资建设自己独立的宗教资源。

1946年达摩委员会更名为拉维·达斯委员会之后,一些从前的达摩运动活动人士将他们的注意力转移到了社会和宗教问题上。他们已经意识到,为了将自己人联合起来成为一个单独的部落,他们需要一个属于自己的宗教体系,一个不同于印度教和锡克教的宗教体系。然而,为了实现这一目的,他们选择了一个具有排他性的基于种姓的宗教身份。从某种意义上说,这让他们陷入了种姓的窠臼。尽管达摩运动在早期曾有志把所有的"前贱民"社群联合起来改变宗教信仰,但他们的呼吁仍然主要局限于多巴的查玛尔人。在达摩人作为表列种姓之一被列入表列名单之后,达摩人是查玛尔人的一支成了显而易见的官方事实。拉维·达斯古鲁被确立为达摩人的宗教象征似乎是必然的。尽管他出生于北方邦，但他属于查玛尔种姓。事实上，他的著作被收录在锡克教圣书《阿底·格兰特》（*Adi Granth*）中，这本圣书是用旁遮普当地语言编写而成的，这使得拉维·达斯更能产生预期效果、更为人们所接受。[1]

拉维·达斯古鲁

人们普遍相信，拉维·达斯于1450年的某个时候出生在今天北方邦的印度北部城市巴纳拉斯（Banaras），属于"不可接触的"种姓（查玛尔人），于1520年去世（Omvedt 2008: 7）。拉维·达斯与他同时代的许多人一样四处游历，与印度北部各个地方的圣诗人进行宗教对话。随着时间的推移，他获得了圣徒的地位。他声称自己拥有宗教权威，经常遭到当地婆罗门的挑战，婆罗门向当地统治者抱怨他的"渎神行为"。拉维·达斯的追随者相信，每次国王召见他时，他都通过展现各种神迹成功地使政治当局相信他拥有真正的"神力"。据信，他曾访问过旁遮普，并与锡克教创始人那纳克古鲁至少会面了3次。他还将自己的大部分著作交给了那纳克古鲁，它们最终成了锡克教圣书《古鲁·格兰特》的一部分［见 Sat Pal Jassi's book（2001）］。

尽管印度宗教史学家倾向于将拉维·达斯与虔诚派运动——一个泛印度的虔诚的异教团体——归在一起，但拉维·达斯的思

---

[1] 当地一些达利特领袖认为是印度教民族独立者建议选择拉维·达斯作为查玛尔人可接受的宗教象征的。正如贾朗达尔一名拉维达西活动人士的说法，"为了确保不可接触者不会改信锡克教、伊斯兰教或基督教，雅利安社在查玛尔人中宣传拉维·达斯，将其作为象征，在卓拉人中宣传巴尔米基，而在米格人中宣传迦比尔（Kabir）。这就是他们确保达利特人留在印度教派的方式"。虽然这可能是事实，但拉维·达斯作为查玛尔人的代表形象已经由锡克教的古鲁们介绍给旁遮普的人民了。

想似乎相当激进。他构建了自己的乌托邦，那是一个另类社会的愿景，这清楚地表述在他的颂歌《无悲之城》(*Begumpura*)中："在那里，将没有不幸，没有苛税，没有对来来往往的限制，没有恐惧。"这首诗如下：

> 帝王之国，名为无忧无虑：
> 他们称它贝古普拉，一个没有痛苦的地方，
> 在那里，没有税收或烦恼，也不拥有财产，
> 没有作恶，没有忧虑，没有恐惧或折磨。
> 哦，我的兄弟，我已经把它当作我自己的，
> 我遥远的家，那里一切都很好。
> 那个帝王之国既富裕又安全，
> 那里没有什么是低贱的——万物合一；
> 那里的食物和饮品闻名于世，住在那里的人们
> 生活惬意又富裕。
> 他们做这又做那，他们希望去哪儿就走去哪儿，
> 他们闲庭信步，穿越未被踏足的传说之地。
> 哦，拉维·达斯说，制革工人现在获得自由，
> 走在我身旁的人都是我的朋友。
>
> （转引自 Hawley and Juergensmeyer 1988: 32）

关于拉维·达斯出生地的社会环境，他的传记作者萨特·帕尔·杰茜（Sat Pal Jassi）写道：

自吠陀时代到来以后，种姓制度和不可接触制在印度盛行至今。随着时间的推移，社会−宗教的抑制变得更加严格和残酷。不可接触者被置于卑贱的地位。他们被禁止获取知识、拥有财产和崇拜神……这些状况在印度盛行了3 000多年（Jassi 2001: 24）。

拉维·达斯正是出生于这种"堕落的环境"中。他宣扬和传播了什么？杰茜继续写道：

他倡导平等、唯一真神、人权和世界大同……他是一位温和的社会宗教改革家、思想家、神智学者、人文主义者、诗人、旅行家、和平主义者，最重要的是，他还是一位杰出的宗教人物……他是社会主义思想的先驱，树立了崇高的价值观（Jassi 2001：25）。

拉维·达斯的乌托邦也与后来像圣雄甘地等人创作的一些关于"理想的印度"的著作有显著不同。正如盖尔·奥姆维特（Gail Omvedt）理由充分地评论的那样，拉维·达斯

是第一位在他的颂歌《无悲之城》中提出了印度版乌托邦构想的人。《无悲之城》构建了一个没有种姓、没有阶级的社会；一个现代的社会，没有提及寺庙；一个有别于甘地《罗摩之治》（*Ram Rajya*）中乡村乌托邦的城市社会（2008: 7）。

虽然出生于达利特家庭，但拉维·达斯成了抗议婆罗门控制人民社会和宗教生活这一范围更大的运动的一分子，并被奉为整个地区的领袖。他与出身高种姓的那纳克古鲁之间的共鸣清楚地证明了这一点。如前所述，那纳克古鲁把拉维·达斯的40首赞歌和一个对句添加到了他编纂的当代重要作品集中，该著作最终被第五代锡克教古鲁录入《阿底·格兰特》。

今日的拉维达西人

如前所述，拉维·达斯宣扬的信息已被整合到锡克教的圣书中，作为歌伯尼（gurbani，宗教吟唱的"上师之言"或"经书之言教"）的一部分在锡克教谒师所被例行阅读和唱诵。一些拉维达西圣徒也获得了一批自己的追随者，但他们视自己为更大的锡克教的一部分，是那纳克建立的宗教传统中的一个分支。一段时间之后，他们中的一些人还建立了自己的宗教中心，从这里传播拉维·达斯的教义和《古鲁·格兰特》。20世纪初，当地查玛尔人社群的一些成员繁荣富裕起来，拉维达西的宗教中心开始兴起并成为该地区查玛尔人的重要社区中心。

斗转星移，其中有些宗教中心的规模和影响力不断扩大，发展为达利特身份的有力象征符号。今天，旁遮普所有拉维·达斯古鲁宗教中心中最重要的一个或许就是位于距离贾朗达尔市约10千米的巴兰村（Ballan）的宗教中心。它在当地被称为真领域巴兰宗教中心。虽然该宗教中心是由圣皮帕尔·达斯（Sant Pipal

Dass）在20世纪初的某个时期建立的[1]，但更大程度上它被认为与圣皮帕尔·达斯的儿子圣瑟尔万·达斯（Sant Sarwan Dass）密切相关。

按照田野工作期间多方受访者向我们讲述的广泛传播的神话（这些神话亦可见于发布的宣传单中），该宗教中心的历史是这样的：

> 瑟尔万·达斯出生于旁遮普珀丁达县（Bhatinda）一个名叫吉尔帕提（Gill Patti）的村庄。他5岁时失去了母亲。为了帮助儿子摆脱丧母之痛，他的父亲皮帕尔·达斯决定和他一起旅行。他们在游览了几个地方之后来到了巴兰村。瑟尔万·达斯的哥哥早些时候也曾住在这个村庄。在巴兰村的郊外，他们发现了一棵完全枯死的菩提树。然而，当皮帕尔·达斯给这棵树浇水时，这棵树复活了，它的叶子变绿了。这对他来说是一个神迹，指示这个地方是神佑之地。这棵树也使他的孩子瑟尔万·达斯感到开心。于是父子二人决定在这棵树附近建一间小屋，并住在那里。
>
> 1928年父亲去世之后，瑟尔万·达斯扩大了他的活动。他开办了一所学校，开始向幼童教授《古茹穆克》和《古鲁·格兰特》的信息。他还说服他的追随者送他们的孩子去上学。他常常告诉他的追随者："不教育孩子的父母就是他们的敌人。"

---

[1] 马克·尤尔根斯迈耶在其关于达摩运动的先驱著作中提到："在他（Sant Hiran Das）于1907年在哈基姆（Hakim）村建立了他的拉维·达斯协会（Ravi Das Sabha）……之后不久，其他几个宗教中心（包括圣皮帕尔·达斯的宗教中心）也相继成立了。"（1988: 87）

当地的一个地主为瑟尔万·达斯在该村所做的工作所打动，赠送了他1卡纳（kanal，约1/8英亩）靠近其小屋的土地，最终在此建造起了该宗教中心的建筑物。瑟尔万·达斯自1928年10月11日起掌管该宗教中心，一直到他1972年6月去世。他的继任者是圣哈里·达斯（Sant Hari Dass）和圣加里布·达斯（Sant Garib Dass）。该宗教中心目前由圣·尼兰詹·达斯（Sant Niranjan Dass）掌管。

多年来，围绕巴兰宗教中心崛起了一个强大的拉维达西社群。尽管该地区还建造有许多其他较小的拉维达西宗教中心和神庙，但这个宗教中心已经发展为拉维达西社群最重要的宗教中心。

该宗教中心及其信徒

是什么使得巴兰宗教中心受到普通拉维达西人的欢迎？虽然该宗教中心的主要身份标识是宗教上的，但它似乎在联合种姓社群方面发挥着积极作用。某位学者进行的一项调查显示，前来该宗教中心的参拜者都是来自查玛尔人/达摩人种姓（Charlene 2008）。该宗教中心还给予了他们一种身份认同感，它的华丽和宏伟令他们感到骄傲。他们将其视为繁荣和尊严的象征。即使他们自己并不富裕，但该宗教中心使他们忘记了自身的贫穷和边缘性。

我们对一群具有代表性的拉维达西人的采访似乎证实了这一点。赋权于达利特人独立自主和发展是信徒们强调的一些共同点。虽然这些理想看似纯粹是世俗的，但对于拉维达西达利特人来说，它们是宗教运动的一个不可或缺的部分。沙姆卡尔（Shanka，化名）说得相当一针见血：

> 按照种姓来说，我是查玛尔人。早先我们被当作不可接触者对待。如今情况已经改变了。早先我们甚至不被允许敬奉神。拉维·达斯古鲁的圣言是，即使查玛尔人也有权敬奉神……拉维·达斯古鲁的敬拜者可以是来自任何社群的人。我来自拉维达西社群。我不相信种姓……以前我们只能偷偷摸摸地敬奉拉维·达斯古鲁，但现在我们可以光明正大地敬奉他了。

事实上，该宗教中心并没有将其活动局限在宗教领域，而是开办了它自己的学校和医院作为慈善机构，这证明婆罗门教受到了该运动的挑战。正如沙姆卡尔所说：

> 该宗教中心正在不断开办学校和医院。我认为这给婆罗门教带来了严峻挑战。他们（高种姓）禁止我们接受教育，但今天我们已经进入了能够为我们自己的社群提供教育的阶段。

另一个受访者拉贾（Raju，化名）则更清楚地表达了种姓歧视的问题，以及这些宗教中心在赋予达利特人权利方面发挥的作用，宗教中心给予了他们尊严感和自主权：

> 我们需要宗教中心来让人们了解拉维·达斯古鲁。当我

们去其他印度教寺庙和锡克教谒师所时，那里即使不存在有形的歧视，也会有心理上的歧视。但在这里，因为一切事情都由我们自己的社群管理，所以完全不会存在任何歧视。事实上，我们在自己的礼拜场所令我们感到自豪。要是不存在歧视，我们本不需要单独的寺庙或谒师所。但是印度教社会是以种姓为界限来划分的。拉维·达斯古鲁与其斗争，为我们的尊严而战。所以我们敬奉拉维·达斯古鲁。

有趣的是，不仅印度教寺庙禁止达利特人进入，旁遮普的其他宗教中心也对达利特人存在歧视。另一个受访者指出如下事实：

> 早前那里存在歧视。这就是为什么我们的同胞创办我们自己的宗教中心。我们不搞歧视。我们尊重所有宗教和社群。其他的宗教中心不尊重我们。我们只有在自己的宗教中心中才感觉到受欢迎。比如，比亚斯（Beas）的宗教中心是旁遮普最大的宗教中心，但他们不尊重达利特人。

正如我们在第1章和第2章中看到的，尽管拉维·达斯的著作成为《古鲁·格兰特》的一部分，但农村地区的宰制种姓锡克教徒歧视当地的达利特人，对他们的宗教场所毫无敬畏之情。另一个巴兰的受访者报告说："即使我们在村中自己的寺庙里存放《古鲁·格兰特》，也永远不会有贾特人进入我们的寺庙。"他强调达利特人需要自己独立的宗教和宗教中心，他认为：

> 每个宗教中心都需要一位古鲁。该宗教中心给予了我们社群一位古鲁。该宗教中心从不涉足政治。然而,当我们需要为我们的权利而战时,它把整个社群联合起来。我们的古鲁们一直努力使社群保持团结。他们使我们社群的成员不再去其他宗教中心。他们还开办了学校和医院。

在许多其他访谈中,受访者也普遍提到了种姓和歧视,以及达利特社群需要独立自主的宗教体系。同样普遍提及的是拉维达西古鲁们对教育的重视。信徒不仅提到了由该宗教中心创办的学校,他们中的许多人还举了自己的例子:他们之所以能够学习,全都要感谢宗教中心的古鲁们提供的经济援助,或是因为他们自己的坚持和努力。

当地的达利特人还把该宗教中心及其古鲁们视为达利特身份的象征符号,并将他们与范围更大的达利特政治联系在一起。他们中的一人非常自豪地告诉我们:

> 巴兰是一个宗教中心,着重于宣扬普世价值和灵性。然而,它不仅把拉维·达斯建立一个没有种姓的社会的圣言放在首要地位,还密切参与当地的达利特议题和达利特政治。圣瑟尔万·达斯在达摩运动期间与曼古·拉姆积极接触,曼古·拉姆也拜访了该宗教中心,并向该地区的达利特群众传达他的信息。圣瑟尔万·达斯在一次访问德里时还与B. R. 安贝德卡尔会面,后者对他表示出极大的敬意。圣瑟尔万·达斯在他写给安贝德卡尔的一封信中称他为该社群的伟大儿子。

巴兰宗教中心至今仍是旁遮普达利特人重要的政治活动中心。该社群的领导人、作家和知识分子经常在那里会面，讨论拉维达西人社群面临的新兴的政治和文化挑战。另一位印度北部达利特人领袖坎锡·拉姆是该宗教中心的常客，他是旁遮普人，并且出生于拉维达西人家庭。他这样做不仅是为了向该宗教中心的总管表示敬意，也是为了与该社群的其他领袖讨论战略，以使达利特人的政治活动更具影响力。

移民的影响

20世纪90年代，随着海外拉维达西侨民越来越多地参与当地社群的宗教生活，旁遮普拉维达西运动的历史步入了一个重要而有趣的阶段。

在20世纪50年代和60年代，多巴专区有大量查玛尔人与其他旁遮普人一起移民到了西方国家。尽管没有确切的数字，但援引印度领事馆的数据，尤尔根斯迈耶称，在英国，"表列种姓在整个旁遮普社群中所占比例高达10%。其余大部分都是贾特锡克教徒"（1988: 246）。英国总共有大约50万旁遮普人。[1]

在国外的社会环境里，没有系统性的正当理由支撑种姓意识形态，旁遮普达利特人不希望被提醒他们在种姓阶序中的地位"很低"。在英国，虽然他们在工作场所和城市公共领域没有面临任何此类问题，但当他们试图融入当地的旁遮普侨民社群时，往往会遭遇种姓偏见。尤尔根斯迈耶对此做了很好的总结：

---

[1] http://indiandiaspora.nic.in/diasporpdf/chapter10.pdf (accessed on 10 April 2009).

查玛尔人来到英国，期望过上不同于以往的生活，但高种姓锡克教徒对待他们的态度令他们非常生气。他们和贾特锡克教徒挣得一样多（有时还挣得更多），偶尔还发现英国人安排自己指挥后者——一名查玛尔工头监管一个由贾特锡克教徒组成的工作队——这令后者非常不快……表列种姓在英国可以表现得更加勇敢，因为他们现在进入了一个与贾特锡克教徒竞争的新环境。在旁遮普，形势对他们不利，但在英国，他们拥有了一个新的开始，达摩运动的意识形态使他们准备好了利用这个新的开始（1988: 247-248）。

达利特移民在谒师所感觉到了这种偏见，这些谒师所多半由贾特人和其他高种姓锡克教徒掌管。考虑到达利特人的数量和他们在当地经济中所处的地位，他们认为主张平等地位和维护尊严并不困难。他们开始以拉维·达斯古鲁之名成立他们自己的自治协会组织。最早的这样的两个协会于1956年在英国出现，分别位于伯明翰和伍尔弗汉普顿（1988: 248）。在移民的最初20年到25年里，他们只是尽其所能在各地建立他们自己的社群组织和单独的谒师所，但积年累月，他们也开始影响"家乡"。20世纪90年代初，互联网和卫星电视等新的通信渠道日益普及，这使得他们更容易与旁遮普以及家乡的拉维达西社群恢复积极的联系。

到20世纪90年代初，海外达利特侨民的经济地位也经历了大幅度的向上流动，这为他们更加频繁地回国提供了便利。当他们回国的时候，他们也为宗教中心带来了资金。这些新注入的资金和侨民的活力在该运动的进一步发展中起到了极其重要的作用。一名达利特商人参与了动员拉维达西圣人加入泛印度协会组

织,这位商人对此做了很好的总结:

> 首先意识到我们的宗教中心的价值以及发展壮大它们的必要性的人,是来自西方的同胞们。他们前来参拜时捐赠了巨额资金。20世纪90年代,来自国外的参拜者的人数和他们拜访的频率也增加了。他们邀请圣人前往他们的国家。所有这些都促进了拉维达西运动。

当前的拉维达西古鲁们跨出能直接受到他们影响的圈子,这也为他们提供了一个在全球范围内动员整个社群的背景。出国游历,走访有旁遮普拉维达西人定居的欧洲和北美洲各国,几乎已经成了不同宗教中心宗教领袖的常规事务。除了为在印度开展的活动募集资金外,这些宗教领袖的访问也给予了海外拉维达西侨民一种联结感:他们是一个不同于锡克教徒的社群。

在过去15年左右的时间里,巴兰的宗教中心得到了显著扩张。一座新的建筑于2007年落成,可容纳近2万人聆听拉维·达斯古鲁的教诲。它拥有一个可容纳2 000人一起吃饭的琅加大厅。除此之外,这个大厅还有用于现场直播和录制视频的设备。它与全印电视台(Doordarshan)的贾朗达尔频道(一个由印度政府运营的电视频道)合作,在每周五和周六早上通过电视播放一个名为Amrit Bani的节目。

除了扩建巴兰的拉维达西宗教中心之外,当地的拉维达西人还修建了大量新的宗教中心、谒师所和神庙(存放或不存放锡克教圣书),他们在那里敬奉拉维·达斯。多巴专区的情况尤其如此,在该专区的达利特人中,达摩人和查玛尔人一直占据着人数上的优势。我们被告知，在旁遮普邦，有六七位大圣人可以被视为该社群的领袖，还有超过250个以拉维·达斯古鲁为名的宗教中心/谒师所。其中的一些宗教中心已经变得相当富裕和有影响力。然而，所有这些宗教中心的光顾者/赞助者清一色都是当地的查玛尔人和达摩人。

动员宗教为社群和发展服务

从上述讨论可以明显看出，除了为当地的社群提供宗教象征符号之外，其中一些宗教中心还积极参与发展整个社群、设立机构以提高关注度和尊严。其中的一些机构直接从事发展方面的工作。它们在该地区开办了学校和各种医院，提供优质的教育和医疗服务。该宗教中心的一名高级工作人员认为，宗教工作与社群的发展之间存在直接联系。

> 我们社群的绝大多数成员仍然是文盲。他们还不能理解发展的话语。你们今天看到的整个社群的社会发展主要归功于宗教运动。人们很容易在宗教的名义下被动员起来。宗教能吸引每个人，不论是穷人还是富人。只有以宗教的名义，他们才愿意捐赠。如果使用世俗的话语请他们为社会工作捐款，你将一无所获。

> 宗教中心对这里人民的发展起着非常关键的作用。不论在任何议题上，它都有能力把人们团结起来。它已经成为人们可以前来谈论他们的悲伤、痛苦和幸福的公共场所。它

使旁遮普的达利特社群在印度和海外都获得了一种身份认同。现在全世界的人都知道拉维达西人是一个什么群体，拉维·达斯古鲁是谁。

一所由拉维达西信徒开办的学校的校长强调了宗教在筹集资金方面的重要性。如他所说：

> 只有宗教中心和古鲁们才能筹到资金来开办学校或医院。如果社群的某个世俗之人打算开办一所学校，没有人会捐钱。因为人们觉得他这样做是为了赚钱。但是，当巴巴启动一个项目时，人们知道这不是为了生意。巴巴做事是不带盈利动机的。

宗教中心开办的学校中，有一些做得非常好。然而，这些学校并不排外。学校对所有人开放。但就读这些学校的仍然主要是查玛尔社群。正如帕格瓦拉的一名资深达利特活动人士告诉我们的：

> 虽然原则上这些机构对所有人开放，但不是每个人都喜欢来我们的学校，因为它与达利特人联系密切。相比我们的大多数孩子上的公办学校什么都不教，宗教中心开办的这些学校是非常有用的。学校提供优质的教育，那里的老师同情我们的孩子。学校对家庭贫困的孩子不收取任何费用，还给予他们奖学金，实施其他鼓励他们学习的措施。即使你不赞同圣人们的意识形态，也不能忽视他们对整个社群所做的贡献。

除了资助数所学校之外，巴兰宗教中心还开办了几家医院，其中一些医院还开设了高端的专科。

总结评论

马克·尤尔根斯迈耶在约40年前写关于旁遮普的达利特人时，使用"被剥夺文化"来描述他们的社会和经济地位（1988）。虽然他并未看到旁遮普的达利特人与墨西哥贫民窟里穷人的状况之间的相似之处，但他似乎相当明显地援引了奥斯卡·刘易斯（Oscar Lewis）的《贫困的文化》（*the Culture of Poverty*, 1966）。与墨西哥贫民窟里穷人的处境不同，达利特人不只是穷人。达利特人的贫穷往往被种姓制度中制度化的偏见以及印度教的象征秩序加剧，这反过来又强调了他们的贫穷。正是这种独特的现实，使达利特人不仅要追求一条摆脱经济贫困的道路，还要努力争取文化自治，寻求一个赋予他们自尊和尊严感的象征符号体系，这一点至关重要。

正如前面所讨论的，20世纪初，一个新的"世俗经济"在英国的统治下建立起来，旁遮普多巴专区的一部分达利特人开始经历社会与经济地位的向上流动。然而，随着"向上流动的达利特人"发现他们被剥夺的本质，他们很快意识到自己需要文化资源，这将会给予他们尊严。鉴于种姓的意识形态力量的宗教本质，他们只能在宗教模式中设想替代选择。达摩运动正是这一设想的最初成果。

虽然达摩运动在早期阶段的主要诉求是承认并将达摩人列为

一个单独的宗教体系，但它缺乏合适的宗教习语来表达这一诉求。在谈及制定宗教体系的细则时，达摩人无一例外地回到了他们的种姓身份或可用的宗教资源——拉维·达斯和最具吸引力和最容易获得的《古鲁·格兰特》。他们甚至采取了锡克教的仪式和典礼。到20世纪中叶，锡克教已经逐渐在该地区处于霸权地位，因此通过锡克教的宗教典籍来主张自治对他们来说也会更容易。

然而，种姓制度在旁遮普的文化中和在当地旁遮普农村的农业经济中的持续存在，加剧了他们对独立身份的渴望，而这种身份正是达摩运动许诺给他们的。达摩运动虽然昙花一现，却成功地在多巴的查玛尔达利特人之中灌输了一种自主感和自治社群的意识。

在独立后的时期，城市化的不断推进、移民以及绿色革命的影响只是强化了这一进程。新的资本主义农业几乎摧毁了旧的依附和庇护结构。达利特人不仅开始脱离传统的种姓职业，还远离了当地的农业经济。即使继续住在村子里，他们也从所谓的村社获得了一种自主感。尽管在没有实行任何激进的土地改革的情况下，他们并没有感觉到自己在经济上更有自主权，但他们能够更容易地逃离地方势力。这个新获得的政治机构，以及达利特人中新崛起的政治与经济精英帮助达利特人进一步巩固了自己的身份认同。通过拉维达西宗教中心，他们开始明确表达出对独立宗教身份的追求。对这些宗教中心的认同，以及在多巴的几乎每一个村落里建造单独的拉维达西谒师所，呈现出了一场社会运动的形态。他们中一部分人移民到了印度的城市中心和海外，并不断取得成功，为这场运动的持续开展提供了资源。

各宗教中心的宗教首脑和古鲁们都来自种姓社群内部,除了他们之外,这场运动的领导人主要是向上流动的达利特人,这些达利特人是最早摆脱传统种姓阶序体系并进入城市工作的成功商人和专业人士。

多年来,拉维达西人已经崛起,并成为一个强大的宗教社群、一个部落。尽管其中心仍然位于旁遮普的多巴专区,但它的活动范围大大拓宽了,蔓延到了旁遮普的其他地区、邻近的哈里亚纳邦、北方邦,甚至远至马哈拉施特拉邦。海外拉维达西侨民日益积极的参与进一步加强了该社群的这种实力。

从"前贱民"种姓到强大的宗教社群这一转变,显然对该社群的成员和整个旁遮普社会产生了若干社会和发展层面的影响。如前文通过对一群具有代表性的受访者的采访所示,被频繁提及的宗教中心为其追随者所做的贡献之一是,它对教育起到的推动作用和它给前贱民查玛尔人社群带来的尊严感。宗教习语似乎也在查玛尔人的"横向合并"——借用 M. N. 斯里尼瓦的术语(1962年)——中扮演着重要角色。在像印度这样的民主政体中,各社群已经成为选举政治中的重要行为体,边缘化的达利特群体只有通过这样的过程才能获得收益。一方面,他们团结起来形成一个强大的社群,使得他们能够开办自己的机构(学校和医院),过上更高质量的生活;另一方面,这样的动员过程加强了他们相对于国家以及公民社会其他阶层的议价能力。

第7章

为尊严而战：德里国家首都辖区的达利特活动人士

1991年，印度举国庆祝了B. R. 安贝德卡尔诞辰一百周年。B. R. 安贝德卡尔是印度制宪会议起草委员会的主席，该委员会起草了"新国家"的宪法。他还是独立印度的首任司法部长。自诞辰一百周年庆典以后，安贝德卡尔的生日就成了一个具有全国性重要影响的日子，印度国内外各地那些认同他的人，尤其是前贱民社群的成员，都会在这一天举行庆祝活动。当印度民族独立运动的一些其他重要领导人，如尼赫鲁、帕特尔、甘地等似乎正在失去他们的政治吸引力之时，安贝德卡尔的地位和重要性在持续提高。他除了对印度宪法的制定做出贡献之外，还被视为一位学者、一位富有远见的政治家，最重要的是，他是印度前贱民社群的领袖。尽管他出生在马哈拉施特拉邦一个信奉印度教的马哈尔人（Mahar）家庭，并于1956年皈依佛教，但印度各地区和各宗教有越来越多的前贱民种姓社群认可安贝德卡尔是他们自己的"种族"或亲属团体中的一员。安贝德卡尔的一生、他的公众形象和政治意识形态已经成为激励众多向上流动的达利特人的源泉。他们在安贝德卡尔本人及其著作中看到了他们自己的经历和志向的反映与表达。

安贝德卡尔作为当代偶像崛起，也标志着一种新的身份认同在印度前贱民群体之中兴起并巩固下来。尽管"达利特"这一分类备受个人和群体的争议，但在20世纪90年代，它逐渐被不同的前贱民群体接受为一种有用的政治自我认同的方式。"达利特"一词起源于印度西部马哈拉施特拉邦的前贱民种姓的政治运动。它指的是"那些一直被地位在他们之上的人以一种故意且主动的方式摧毁的人。这个词本身含有对污染、业和合法化的种姓阶序的内在否定"（Zelliot 2001: 267）。多年来，它也逐渐成为前贱民社群为改革他们所认为的压迫性社会秩序和过上有尊严的生活而进行的斗争的象征。作为一个自我认同的类别，"达利特"在各地区和各社群得到越来越多人的接受，也表明了"从先赋的密切关系到政治认同的转变"（Gorringe 2005: 100）。

达利特人之所以能够这样走到国家层面上来，是因为英国殖民统治者引入了现代世俗教育体系和世俗经济秩序，从而开启了社会流动和经济流动进程。独立后，民主国家体制的建立促进了这一过程。为表列种姓实行的配额制度或预留名额造就了一个从其社群内部脱颖而出的新的城市"精英阶层"或"中产阶级"。前贱民内部崛起的这部分人发现很难忘掉他们社群过去所面临的剥夺和困难。尽管从事的是世俗职业，但向上流动的达利特人在他们"融入"主流"中产阶级"的过程中遭到了抵制。他们自己遭受"孤立"和歧视的经历把他们带回到了自己的社群，他们意识到，只有通过集体动员，与他们社群的其他成员携手共进，自己才有望过上有尊严的生活。

本研究试图探讨和理解的正是这种流动和动员的过程。我们的调查问卷和访谈大纲的框架是围绕如下问题构建的：在德里市内及其周边工作的达利特中产阶级城市活动人士对达利特身份的表达和想象；他们个人在种姓制度方面和受歧视的经历；他们与自己出身的社群之间日益拉大的阶级距离；他们与现代工作环境和种姓负担进行妥协的过程；他们的行动主义的性质和形式；他们对理想社会的愿景；他们作为达利特活动人士工作时在不同层面面临的挑战。[1] 我们还询问了他们如何理解种姓制度的运作，以及是什么使它得以继续存在：他们如何调和自己以"达利特"身份认同概念为中心的"社群"行动主义和以普世概念为前提的公民社会与发展的现代理念？他们如何参与其他边缘化群体所做的斗争，以及他们对身份认同和代表性这两个问题的观点。第三组问题是关于他们对改革的愿景，以及他们如何看待达利特运动面临的问题。

背景环境

根据2011年的人口普查，印度表列种姓的人口总数为2.014亿，占全国总人口的16.6%。德里的表列种姓人口比例相当接近全国平均水平（2011年为16.75%）。考虑到该邦的特点，德里的

---

[1] 虽然对选举过程的参与及在国家政权和政党政治方面的经历对于达利特人来说至关重要，但本章并未涉及这一主题。我们的受访者中没有一个是代表一个政党或积极参与选举政治的活跃"政治家"。尽管我们在选择时非常仔细，但要在"社会"行动和"政治"行动之间划出任何明确的界限并不总是那么容易。鉴于达利特政党政治这一主题的重要性和复杂性，因此需要予以适当的重视，使用一种不同的研究方法。尼古拉斯·朱尔（Nicolas Jaoul）认为两者"在历史上一直并存，并且相互依赖，共同创造了达利特运动"（2007: 192）。他的说法是正确的。

表列种姓与该邦的其余人口非常相似，绝大多数是城市居民，只有约8%的表列种姓生活在农村地区。达利特人内部也是多元化的，由大量社群构成，各社群具有各自的种姓身份。印度每个邦都有自己的表列种姓社群名单。目前印度共有1 231个社群被列为表列种姓（Thorat 2009）。

与印度社会生活的其他方面一样，多年以来，基于种姓的不平等的性质经历了许多变化。在英国殖民统治期间，"不可接触者"社群开始第一次引起国家对福利措施的关注。1935年的西蒙委员会将1931年印度人口普查中列出的所有不可接触者种姓划归一个行政管理上的类别，其最初被称为"被压迫阶级"，后来在1935年《印度政府法案》中被称为"表列种姓"。随后，政府根据1936年的《印度政府（表列种姓）令》公布了一份表列种姓名单。独立之后，印度政府出于行政管理的目的，继续使用"表列种姓"这一类别。多年来，印度政府不仅加长了社群的名单，而且通过逐步推出各种增加表列种姓福利和赋予其权利的政策与计划扩大了政府行动的范围。

除了政府推出的各种发展政策之外，前贱民社群自己也一直在主动改革。这些行动包括：各种类型的抗议运动；达利特组织采取的社群层面的行动，例如开办学校和学院；通过基于身份认同的动员运动，在个人层面和社群层面上争取赋予达利特人权利的行动（Gellner 2009: 1）。[1]

---

[1] 虽然我们使用了"活动人士"和"非政府组织"这类词，但我们不愿意把达利特活动人士定位在独立于政府和市场的"公民团体"或"第三部门"（third sector）的框架内。与以发展为中心的非政府组织的活动人士不同，达利特活动人士并不认为自己置身在"政治"领域之外，也不一定认为他们的活动反映了公民团体行动。（有关非政府组织行动主义的有价值的讨论，参见Gellner 2009。）

达利特主动性、行动主义和关系网

参考阿图罗·埃斯科瓦尔（Arturo Escobar）和阿尔贝托·梅卢齐（Alberto Melucci）近期的著作，伊娃-玛丽亚·哈特曼（Eva-Maria Hardtmann）指出，在过去10年左右的时间里，研究社会运动的学者的关注点在不断变化。她正确地指出，对社会运动的研究越来越倾向于重视"如何将组织机构与人际关系网嵌入日常生活。这与早期的运动理论形成了对照，早期的运动理论主要关注那些容易识别的运动（例如公众集会、游行示威等）的明显可见的方面"（Hardtmann 2009: 28）。

正是在这一框架下，本研究试图探讨当代德里的达利特行动主义。在德里，显著的或传统的抗议或示威迹象并不经常出现，而是作为个人的活动人士持续不断地追求或与基于种姓的歧视做斗争，他们通过个人、机构和组织构成的网络行动，并将其作为日常生活的一部分。他们怀着一个明确的政治目标——引发社会和文化变革。

从历史的角度来看，我们或许可以确定三股不同的源流，由此逐渐形成了今天独立于达利特政党政治之外的达利特行动主义。追随朱尔（2007），我们可以确定的第一股源流是20世纪70年代早期马哈拉施特拉邦的达利特黑豹运动。受过良好教育的达利特青年受美国黑豹党的影响，"希望在政治上表达他们对种姓和阶级不公正的愤怒"，于1972年在孟买成立了该组织（Jaoul 2007: 199）。他们批评当前在主流政党或达利特政党中为表列种姓代言的政治领导人。黑豹党给予了他们一个在政党框架之外推动达利特政治议程的新希望。尽管到20世纪90年代早期，黑豹党运动在组织上就已经衰落或消失了，但作为个体的达利特人继续相互联络，以践行安贝德卡尔追随者的政治使命。多年来，他们中的一些人也成立了自己的组织，在政党体制之外工作。

坎锡·拉姆在20世纪80年代塑造了达利特行动主义的第二股源流，他通过落后和少数种姓雇员联合会（BAMCEF）首次把在政府部门工作的表列种姓雇员动员起来。在政府部门预留工作岗位的制度意味着，越来越多的城市雇员的表列种姓身份在他们的办公室中是公开的。虽然他们摆脱了传统的基于种姓的经济和农村社会秩序，但他们继续遭受来自同事的偏见的影响，这种偏见往往表现为他们遭受到微妙以及不那么微妙的歧视。落后和少数种姓雇员联合会的成立正是为了应对政府表列种姓雇员经历的这些新形式的种姓制度。

鉴于法律上明确禁止政府雇员参与积极的政治活动，落后和少数种姓雇员联合会让自己表现得像一个由部分雇员组成的非政治性协会。然而，它并没有把自己局限于提出与工作场所相关的问题，而是开始围绕意识形态的界限动员达利特雇员，并着手在这些向上流动的达利特人之中培养一种安贝德卡尔追随者的意识。坎锡·拉姆还成立了数个社会-文化组织。他抨击主流政党中的"不可接触者"领导人，称他们是高种姓领袖的应声虫（chamchas，依附的阿谀奉承者，字面意思是勺子）。他呼吁那些受益于预留制度而向上流动的达利特官员"回报他们的社群"。他还宣扬了安贝德卡尔的观点——"政治权力是一切社会进步的关键"。因此，与黑豹党不同，坎锡·拉姆的目标显然是建立一个自治的达利特政治平台（Jaoul 2007: 195）。最终的结果是社会民主党（BSP）于1984年成立。多年来，社会民主党已经崛起并成为印度北方邦政治活动的主要参与者。这个政党的存在也开始在其他几个邦和国家层面的政治中发挥作用。

当代达利特行动主义的第三股源流起源于20世纪90年代，并且在世纪之交的2001年联合国于南非德班召开的反对种族主义、种族歧视、仇外心理和相关不容忍行为世界会议（在印度被称为德班会议）之后开始名声大振。虽然在20世纪90年代，为应对针对达利特人的有组织的暴力事件的日益增多[1]，使用权利话语的自治达利特运动已经开始在印度兴起，但德班会议为在印度和世界各地建立达利特权利网提供了一个平台。大约在同一时间，承认种姓歧视是基督教会内部关注的一个重要问题，这为达利特组织网和达利特非政府组织提供了重要的跨国支持力量（参见Mosse 2009）。

自20世纪90年代以来，在过去的20年里，大量地方层面的关系网和组织涌现，它们大多由达利特人自己建立。它们提出种姓歧视的问题，也开展计划要求赋权于达利特人。

德里的达利特活动人士

作为首都，德里为政治行动主义提供了一个有效且有用的场所。达利特活动人士也将此地视为他们开展工作的重要地方。对于在过去20年中出现的许多国家层面的达利特组织来说，选择德里是当然之举。德里还是众多政府机关和其他政府资助的机构（例如大学和基金会）所在地，这些机关和机构被强制要求按照

---

[1] 暴力事件在南部的安得拉邦和泰米尔纳德邦尤为严重（Gorringe 2009; Mosse 2009）。

预留政策雇用表列种姓的成员。因此，在我们开始为研究到处寻找潜在的受访者时，准备一份名单并继续展开问卷调查和定性访谈并不是非常困难的事。

年龄和性别

共有81名受访者填写了我们的调查问卷。他们都以这样或那样的方式参与了基于种姓的行动主义。我们的受访者大多数是男性（81.5%），在31～50岁（62%）。年龄在50岁以上的受访者也为数不少（约25%）。他们中大多数人已婚（79%），与家人住在德里。

地区、宗教和社群

正如预期的那样，德里的达利特活动人士绝大多数来自印度北部各邦（70.4%），其中有相当数量的人出生于北方邦。有趣的是，其余的受访者大部分来自印度西部各邦（17.3%），以马哈拉施特拉邦居多，而来自印度中部地区（1.2%）和东部地区（3.7%）的人最少。这也反映出印度不同地区达利特运动的历史和现状。考虑到在像北方邦和马哈拉施特拉邦这样的地区的达利特行动主义和流动性的过往，他们中的许多人已经移居到了这座城市，并继续支持反种姓运动。

我们抽选作为样本的达利特活动人士也代表了更大范围的印度北部的达利特种姓社群。自称查玛尔人或贾塔夫人的受访者数量最多（39.5%），巴尔米基人和相关种姓所占比例也相当大

（28.4%）。他们都毫不犹豫地回答了有关他们种姓社群的问题。虽然我们向受访者提供了对自己的种姓名字保密的选项，但没有人选择该选项。

关于宗教身份的回答则是完全不同的模式。尽管种姓与印度教密不可分，但自称印度教徒的受访者只有一小部分（13.6%）。他们中的大多数人表示自己是佛教徒（48%）或无神论者（31%）。还有一小部分人来自达利特基督教社群（7.4%）。

教育和职业

正如预期的那样，城市达利特活动人士都受过教育，且他们中大多数人都"受过良好的教育"。他们中没有一人说自己"未受过教育"或是"文盲"，并且只有1人的受教育程度最高到10级水平。他们中有2/3的人拥有硕士学位或专业学位，1/4的人拥有博士学位。

城市达利特活动人士从事的都是世俗职业。尽管他们中有许多人（约占20%）是全职活动人士，但绝大多数人都有全职工作，大多是政府部门或私人机构中领固定薪酬的工作。虽然我们对以下结果并不感到惊讶，但或许仍然值得在此一提，那就是，他们中没有一人声称从事自己的传统种姓职业。

城市达利特活动人士在"教育"和"职业"方面代际流动的特点是什么？从表7.1可以明显看出，受访者与其父母之间存在显著的代际差异。虽然受访者中只有1人的受教育程度"最高到10级水平"，但属于该类别的父亲（40.7%）和母亲（25.9%）所占的百分比要高得多。有很大比例的父母（25名父亲和55名母亲）没有接受过正规教育。

虽然在受教育方面，德里的城市活动人士的父亲似乎远远落后于他们的儿子，但就职业方面而言，两代人的差距则相对较小。虽然在一些案例中，受访者的父母双方从事的都是传统的种姓职业或是在村里从事农业劳动（见表7.2），但大多数受访者的父亲从事的也是领固定薪酬的工作。

表7.1 受访者及其父母的受教育水平

受教育水平	本人	父亲	母亲
未受过教育	无	25（30.9）	55（67.9）
最高到10级	1（1.2）	33（40.7）	21（25.9）
12级到学士学位	26（32.1）	13（16.0）	2（2.5）
硕士学位	24（29.6）	6（7.4）	2（2.5）
专业学位	10（12.3）	2（2.5）	1（1.2）
博士学位	20（24.7）	2（2.5）	无
总计	81（100）	81（100）	81（100）

资料来源：本章所有表格均基于作者所做的原始研究。
备注：本章所有表格括号中的数字表示百分比。出于四舍五入等原因，单项百分比总和可能不是100%。

表7.2 受访者及其父母的职业

职业	本人	父亲	母亲
固定薪酬工作	45（55.6）	41（50.6）	6（7.4）
专业性职业	6（7.4）	3（3.7）	1（1.2）

续表

职业	本人	父亲	母亲
种姓职业	无	8（9.9）	5（6.2）
经商	6（7.4）	3（3.7）	无
活动人士	16（19.8）	无	无
学生	8（9.9）	无	无
务农	无	8（9.9）	2（2.5）
农业劳动者	无	11（13.6）	4（4.9）
其他劳动者	无	7（8.6）	4（4.9）
主职家庭主妇	不适用	不适用	59（72.8）
总计	81（100）	81（100）	81（100）

把这两个表格放在一起互相参照有助于我们了解整个达利特社群的流动模式。仔细研究表7.2会发现，德里的达利特活动人士中有多达60%的人是从事非传统职业的"第二代"。然而，他们父亲的受教育水平（"未受过教育"或"最高到10级水平"）也暗示他们受雇于有组织的部门，级别较低，也就是不需要专门技能的第四类工作。尽管如此，这样的工作使得他们能够送孩子上学，并帮助他们进步。我们的大多数受访者出生在城市或半城市化地区（约52%），这一事实进一步证实了这一点。相比之下，超过70%的受访者说他们的父亲出生在农村（见表7.3）。

表7.3 受访者活动人士及其父亲的出生地

出生地	本人	父亲
农村	39（48.1）	57（70.4）
城市	33（40.7）	16（19.8）
半城市化地区	9（11.1）	8（9.9）
总计	81（100）	81（100）

对社会阶层和流动性的看法

德里的达利特活动人士如何看待他们的社会与经济地位超越了他们的种姓身份这一事实？从社会学的角度来说，他们都可以被视为广义上所说的"中产阶级"。我们的受访者对他们所属阶级位置的自我评价符合这种描述。如表7.4所示，他们中有95%的人将自己归入该类别，其中大多数人选择"中层中产阶级"的身份，有些人则选择"上层中产阶级"或"下层中产阶级"。虽然没有一位受访者表示自己是"富人"，但有少数人自视是"穷人"。

表7.4 关于社会阶层的看法

社会阶层	活动人士的数量
穷人	4（5.0）
下层中产阶级	32（39.5）
中层中产阶级	33（40.7）

续表

社会阶层	活动人士的数量
上层中产阶级	12（14.8）
富人	0（0）
总计	81（100）

他们自我评价属于中产阶级的某个阶层，也表明了他们所经历的社会流动。从表7.5可以明显看出，除了一小部分人以外，他们普遍认为自己实现了社会流动和经济流动。有趣的是，他们感知的"社会流动"要强于"经济流动"。即使他们认为自己并没有显著变富，但他们中有很大一部分人觉得自己和家人在社会地位方面已经有所提高了。

表7.5 关于社会和经济流动性的看法

流动程度	经济流动	社会流动
显著	29（35.8）	36（44.4）
不大	41（50.6）	35（43.2）
几乎没有	11（13.6）	10（12.3）
总计	81（100）	81（100）

政治表达和自我身份认同

一直以来，人们以各种各样的方式使用不同的名称来描述南亚次大陆的所谓"不可接触者"社群。只是在英国殖民时期,他们才被划归一个泛印度类别的群体。多年来,社会改革家和政治领导人也为他们创造了适合自己政治风格的类别。然而,如前所述,在过去30年左右的时间里,一种新的政治意识已经在全印度不同地区的前贱民社群中传播开来,安贝德卡尔几乎被公认为他们共同身份的象征,表达了他们的诉求。德里的达利特活动人士压倒性地证实了这一点。在回答"谁最好地表达了达利特人的利益诉求:安贝德卡尔、甘地、尼赫鲁、共产党人,或国民志愿服务团(RSS)"这一问题时,近94%的人认同安贝德卡尔,并强调只有他代表了他们的诉求。只有1名受访者认同甘地,另有4人(5%)认同共产党人(这些受访者中也有一些人添加了"安贝德卡尔的追随者"选项)。

在回答另一个关于"自我描述的首选类别"问题时,没有人选择"哈里真"这个由甘地提出的流行概念。有趣的是,即使他们中的大多数人更喜欢达利特这个类别,但它的受欢迎程度并不及偶像安贝德卡尔。许多受访者并不愿意选择"达利特"作为自我描述的首选类别(见表7.6)。

表7.6 自我描述的首选类别

类别	受访者	百分比(%)
达利特	42	51.9
佛教徒/宗教信徒	16	19.8
种姓	3	3.7

续表

类别	受访者	百分比（%）
表列种姓	12	14.8
哈里真	无	无
安贝德卡尔的追随者	3	3.7
其他	5	6.2
总计	81	100

那些选择"达利特"的受访者认为它具有政治上的益处，因为作为一个笼统的术语，它涵盖了每一个人，并将不同的种姓社群团结在一个旗帜下；或者认为它是从运动内部产生的；或者因为它是由安贝德卡尔本人创造的。相比之下，像哈里真这样的类别是由高种姓给予的。因此，"达利特"是"一种政治动员模式"。其他一些人指出了它在其他处于边缘地位的社群（如部落和少数族群）之中具有潜在的吸引力。它还具有比较的维度，并开始在国际上被了解。

当我们在时间较长的定性访谈中与我们的受访者继续探讨这个问题时，他们中的一些人解释了认同或不认同达利特这个类别的原因。那些认同它的人这样做的理由有很多。他们中的一些人告诉我们，它给予了他们一种新的自我价值感，他们不再对自己的种姓身份心存戒备或感到羞耻。一个在达利特权利组织工作的职业活动人士相当生动地描述了这一点：

我的父亲过去是喜马偕尔邦他老家村子里的一名农业工

作者。后来他搬到了德里。他在德里大学找到了一份较低等的工作，但他没有透露自己的种姓。他假装是拉其普特人。他没有利用预留政策的福利。虽然他把5个孩子都送去了学校，但他没有使用配额。当我们回到老家的村子时，其他孩子会向我们询问我们的种姓，而当我告诉他们我是拉其普特人时，他们会哈哈大笑并嘲弄我们。

直到11年级的时候我才得知我们是表列种姓。上大学期间，我曾在一个左翼组织工作，我对自己出身表列种姓并不感觉特别糟糕。我迫使我的父亲将为表列种姓提供的福利利用起来。然后他拿到了为我们出具的表列种姓证明书，我们用它来争取我们的录取名额。虽然我读过马克思和列宁的著作，但只有当我读到安贝德卡尔的作品时，我才开始理解身为达利特人的意义。

另一名受访者是德里大学的学生活动人士，他的家庭也在一搬到德里后就立马试图隐藏其种姓身份。

在家里，种姓经常会成为谈论的话题。我的许多亲戚过去常常隐藏他们的种姓。我自己也避免谈论这件事，因自己身为"不可接触者"而感到羞耻。攻读研究生学位期间，我开始阅读安贝德卡尔的作品，并参加落后和少数种姓雇员联合会的项目。达利特身份的概念令我好奇。我的一位朋友带我参加了4月14日的庆祝活动。我真的很喜欢它，我觉得我也应该为这项工作做出贡献。如果我们做得很好，那么就没有理由隐藏我们的身份了。每个人都应该知道，只要给予达利特人机会，他们也能表现得同样出色。现在我想让人们了解真实的我。我尽量使用"Jai Bhim"[1]与人打招呼。我希望我们的同胞为身为达利特人而感到自豪……达利特身份……不是自卑的根源。

他补充说，其他人细数了该词实际的好处，因为"它统一了各种各样的亚种姓，让我们能够谈论我们的共同境遇。因此，这一术语的使用意义重大。在我们公开自己的身份时，它还表达了一种主张"。另一个受访者对此做了扩充，认为"它将所有的亚种姓都归拢在一个总称之内。它使我们能够与表列部落社群，甚至那些早前被划为低种姓的不同宗教团体的成员联系起来"。尽管这个受访者在读大学时亲身经历过如下事实：她在一个达利特组织担任干事时，遭到了同一组织表列种姓学生的歧视，这些学生在种姓阶序中位列她之上。

另一个受访者出身传统上与清污工作相关联的种姓社群，他认为，达利特身份的概念赋予了他们自主权，因为它为谈论种姓提供了另一种语言。它帮助他们走出了该制度给不可接触者造成的无力状态。在一个关注各清污工社群的全国性组织工作的资深活动人士，对这一点做了最好的阐述：

> 当我开始与我为之代言的人们一起工作时，我们唯一的目标就是带领他们摆脱市政当局的工作（清污工作）。在我

---

[1] Jai Bhim 是印度佛教徒常用的问候语，尤其是那些受安贝德卡尔的启发皈依佛教的人经常使用这一问候语。——译者注

们社群里，许多家庭好几代都从事这样的工作。困扰我的问题是，为什么只有一个特定社群从事这类工作？一份稳定的市政工作提供了固定薪酬的保障，但阻碍了他们重视教育。

当全国扫盲运动推出时，我非常高兴。其间，我们遇到了一些在安得拉邦开展工作的达利特活动人士。我得知了一个从奇托尔（Chittoor）骑自行车到海得拉巴（Hyderabad）以庆祝安贝德卡尔博士诞辰的朝圣活动（yatra）。我参加了这次朝圣活动。这是一次非常好的经历。在此之前，我对种姓制度毫无概念。我只关心如何使我的社群远离这种清污工作。我不知道该如何用恰当的语句从不可接触制的角度来表达它。正是在这次朝圣活动中，我认识到这是制度的一部分。我意识到我的工作是达利特人更大范围的斗争的一部分。它并不局限于清污这种耻辱性的工作。现在，当我告诉政府官员只从一个社群雇用人从事清污工作无异于违宪时，他们感到害怕了。早前，我常常怒斥自己的同胞只专注于清污和打扫。现在我明白了，他们一直被这个制度有系统地逼迫从事这些工作……达利特的身份给予了我们进行政治斗争的勇气，并认识到这是被他人施加的歧视。之前，我责怪自己的同胞，认为他人以某种方式对待我们是因为我们从事清污工作。

另一名出身类似种姓背景的受访者也表达了相似的观点，他认为像"达利特"或"不可接触者"这样的词表达了

> 我们一直遭受痛苦……达利特为全国和全世界各个阶层

的人民所熟悉。它没有表达出这个群体的同质性，因为它是分裂的，但它传达了他们遭受歧视和痛苦的共同经历。它为建立团结的共同体提供了一个框架。

然而，从调查数据可以明显看出，并非所有人都认同"达利特"这个分类。概括地说，反对意见可归为两组。持第一组反对意见的人认为"达利特"像"不可接触者"一样，也是一个"贬义"词。其中一名受访者争论说，"安贝德卡尔本人在皈依佛教时就谴责了它。成为佛教徒给予了我们一个另外的、具有一种文化感和历史感的身份和尊严"。从这个意义上说，成为佛教徒被视为"完全的身份认同"。另一种说法是，"成为佛教徒也意味着明确脱离'印度教'，而'达利特'或'表列种姓'仍然意味着印度教徒的形象。与'达利特'一词不同，佛教徒是一种正向积极的身份认同"。

持第二组反对意见的人将达利特视为一种宗派分类，它只代表了一些社群，这些社群无一例外是表列种姓或前贱民中流动性更强的社群，比如马哈尔人、查玛尔人和贾塔夫人。这些受访者中的一些人选择了宪法中的类别——"表列种姓"——作为描述他们社群的最佳方式："这不仅是一个世俗的和宪法中的类别，也是一个发展中的类别。"它之所以被印度政府接受，是"像安贝德卡尔这样的人努力的结果"。另一组不喜欢被标识为达利特人的受访者通常来自清污工社群，他们指出了该分类具有的"霸权"性质，无法体现他们遭受的被剥夺和歧视的独有特点。因此，他们中的一人坚持使用"邦基"作为他的名字的一部分，坦率地宣告他所属社群的种姓身份。

尽管对达利特这个类别有意见分歧，但这个词被活动人士普遍接受，并且他们中的大多数人喜欢这个词胜过他们的种姓名字或被称为哈里真。甚至那些更喜欢其他类别的人也承认它在建立更广泛的政治联盟和一个新的社群方面的价值和有用性。那个使用他的种姓邦基作为他的家族名/姓的受访者说："只有通过统一战线，我们才能对抗日益增多的针对我们的暴行。"

成为活动人士，成为达利特人

调查数据显示，那些把自己视为（德里的）达利特活动人士的人投身这项工作已经有相当长一段时间了：5~25年，甚至更长。他们中只有约16%的人称自己从事活动的时间少于5年；另一方面，多达56%的受访者参与活动超过了10年。一直投身活动超过20年的受访者的比例也相当可观（23.5%）。

我们的受访者还涉足了各种社会与政治领域。虽然有相当多的人只在一个组织中工作（37%），但他们中的大多数人活跃于多个组织或与多个组织有联系。他们中的一些人合作的组织超过5个（约占14%）。这或许应当与他们的行动主义的特点联系起来看。虽然调查问卷给他们提供了一些选项，比如教育、发展、健康、身份认同和种姓政治，但他们中的大多数人认为，这些标签并不能描述他们的工作。很大比例的受访者（68%）更喜欢称自己活跃于多个领域。对他们中的一些人来说，所有其他类别中唯一有意义的是"达利特权利"（16%）和"达利特文学"（10%）。我们个别采访了一些人，以获得详细的信息来定性，这些人同样活跃在多个领域，涉及达利特问题的方方面面。他们中的一些人拥有自己的组织、一份以个人为中心的事业,并与特定的达利特社群合作;其他一些人与大型组织有联系,并与一个团队合作,比如专业的非政府组织。这些组织关注的重点涉及:开展争取达利特民权的运动;游说地方和国家机构,为表列种姓划拨足够的资金;到发生暴行的地方开展实情调查;为宣传工作准备报告。他们中的一些人以一种开放的方式工作,帮助个别达利特人解决他们与当地行政管理系统的问题或者在城市中生活的其他方面的问题。有一个组织致力于为该社群的新娘与新郎安排和筹办花费低廉的婚礼,因为婚礼总是会导致负债,还常常导致对债权人的长期依附。

然而,我们的大多数受访者并不依附任何组织。在与这些组织协调配合的同时,他们有自己独立的工作,并对各种各样的事情抱有兴趣:从写小说到参加抗议集会。

他们来自哪里?

正如讨论的那样,来自德里的活动人士通常是第二代向上流动的达利特人。尽管他们的父亲大多受教育程度不高,但都无一例外地远离了传统的基于种姓的农业/农村经济秩序。即使他们继续在村子里生活和工作,他们也已经接触到了更广阔的世界,并且往往经人介绍知道了安贝德卡尔这个形象,以及安贝德卡尔在印度宪法制定过程中扮演的角色。他们成长于一个印度已经成为宪政民主国家的时代。虽然我们的大多数受访者都是在了解种姓现实的情况下成长的,但他们中没有一人表示过接受它为"正常"或"自然"的现实。此外,尽管我们的几位受访者否认他们在童年时期直接遭受过不可接触制，或者甚至种姓歧视，但他们总是能感觉到带着低种姓身份背景生活的不适，并且经常询问他们的父母"根本原因"。

在受访者的生活中，在涉及他们与种姓现实的冲突方面扮演了最重要和最关键的角色的或许当数父亲（而不是父母双方或单独为母亲）。他们中的许多人说，是他们的父亲教育他们适应社会，认识到种姓制度的不公，父亲是第一个告诉他们这个制度的运作方式的人。在象征符号层面，"安贝德卡尔"和"坎锡·拉姆"的形象伴随着父亲。在许多案例中，在受访者叙述的成长过程和获得有关种姓制度的知识的故事中，安贝德卡尔占据了相当中心的位置。下面这段话出自一个受访者，或许对此做了最好的概括："我父亲退休前做到了中级职员的位置。他知道安贝德卡尔说过孩子应该接受教育，所以他确保我们都接受了教育，尽管这在经济上对他来说很困难。"

一名自由研究员受访者也说：

> 在我成长的过程中，父亲是我的榜样。虽然他住在农村，但他受过教育，并成了公共工程局（PWD）的职员……我也积极参与了达利特运动。我的家人希望我成为印度行政服务局（IAS）的官员。我努力过了……在此期间，我被坎锡·拉姆的政治理念吸引，并开始将为达利特人争取权益的工作放在首要位置。

另一名受访者是一位26岁的研究生，他在安得拉邦一个达利特小村庄长大，他的父亲主要从事边际农和农民工的工作，他讲述了类似的故事：

> 我父亲是一名边际农，但他曾经常常参加集会，在那里他听说了安贝德卡尔。由于我们村子属于表列种姓选区，大多数人都知道达利特政治活动。我父亲在海得拉巴见过安贝德卡尔的雕像，他对此很好奇。20世纪70年代末，他又去了海得拉巴做农民工，在那里参加了4月14日的庆祝活动。他想，如果他有个儿子，会希望儿子像安贝德卡尔一样。因为宪法，他与安贝德卡尔联系在一起。看着身穿蓝色西装、系着红色领带和手握宪法的安贝德卡尔，他备受鼓舞……那里的人告诉他，安贝德卡尔认为教育将是拯救达利特人的源泉。因此，他非常努力地工作以便让他的孩子接受教育。

另一名受访者是在德里一所大学教书的女性，她回忆起自己还是孩子时通过父亲了解种姓制度的情形：

> 我父亲是一名农民长工。有一次，他的地主/雇主来到我们家要找我的母亲，对方使用了侮辱性的语言。我很不喜欢。我用同样的语言回复了他。他勃然大怒。我不知道他是我们的雇主。我母亲叫我闭嘴。当我父亲来到之后，他坐在雇主的脚边。看到父亲这样，我很不好受。在他离开后，我父亲给我讲述了种姓制度。他说，神创造了这些关系，自古以来就存在。因此，我们必须遵循传统。然后我意识到我们与其他人不同。然而，我父亲没有说这是对的。虽然我父亲目不识丁，但他知道这是错的。他说他不知道为什么这样的

社会秩序会继续存在……他常常告诉我要好好学习，学成后告诉他为什么这样的制度会盛行。他希望我成为一名教师（madam）。他不允许我进厨房帮厨或做饭。尽管他本人非常迷信，但他从不希望我像他那样。他从没告诉过我那些迷信给他的感知价值。相反，他鼓励我质疑那些传统。

有一些受访者还出身活动世家。他们的父亲，有时甚至是祖父，都曾积极参与过某种形式的达利特运动。有位受访者是医生，他就出生在这样一个家庭，从他的言谈中可以感受到他为自己的祖辈感到非常自豪。

我投身达利特行动主义是受到我父亲的引导。1943年，16岁的他开始写作有关达利特问题的文章。许多为这项事业奋斗的学者和活动人士曾经常常到我家做客。在我还是个孩子的时候，我就认识了他们并和他们交流，这就是我所受的关于达利特问题的教育。在这样的家庭环境中，我很小的时候就已经意识到自己是达利特人。

其他几名受访者也同样表达了对父亲的感激，因为他们的父亲不仅送他们去学校和学院接受教育，而且鼓励他们阅读有关达利特问题的文学作品和达利特作者的著作。

有趣的是，尽管人口统计资料清楚地显示整个达利特群体的受教育程度和文化水平相当低，但在我们的受访者的生活中，阅读和写作似乎是一项重要活动。有些人受他们接受的教育的启发，写了关于种姓制度和他们自身经历的文章。在我们调查的受访者中，有8人（近10%）表示文学是他们开展行动的主要领域。他们认为文学作品嵌入达利特行动主义中，反之亦然。"行动主义可以采取多种形式。我一直通过我的写作来开展行动。我正在努力，通过我的作品和思考，把我的想法推向社会，从而让它们给我们的社会指明一个方向。"一位达利特女性作家和活动家说。另一位在德里一所大学任教的受访者也说：

> 1992年，我刚刚毕业。我开始阅读一些由达利特人写的自传性作品。在阅读的过程中，我意识到我在生命的各个阶段也遭受过这些书中描述的那类歧视。由此，我被引入了达利特文学（sahitya）的大门。
>
> 我现在积极投身于达利特文学，它本身就是一场运动，因此我也是一名活动人士。离开行动主义，达利特文学将无法运作。它与群众联系在一起。然而，也存在种种挑战。写作需要耐心和深度。而对于活动人士来说，有一种立即表达愤怒的迫切感……技巧在文学中也很重要。文学不应成为纯粹的报道或新闻。文学需要作者的思考。在这个意义上，不同达利特作者的自传是多样化的，但其中大多数只是整合了种种事件，而不是对它们的思考。

还有很重要的一点，似乎在我们的采访中有所显露：许多受访者成为活动人士是在他们在学校和学院期间认识到种姓制度的歧视性方面的时候。正是在这些院校机构中，他们接触到了非达利特人，远离了家庭的舒适区和父母的保护。一名信仰基督教、目前在一个国际组织工作的资深活动人士说：

我在村里的一个达利特聚落区长大。我们不去主村或印度教神庙。我们不和其他种姓的孩子一起玩。我们在那里受到极大的限制,与更大的世界几乎没有交往。但是进入大学让我眼界大开。在那之前,我从不宣称自己的身份是前贱民或达利特,而一直称自己是基督徒。在这里,我意识到展示自己的身份以向世界表明我并不以自己的出身为耻是多么重要,因为我属于这个群体。因此,我坚定地宣称我是达利特人。与此同时,卡拉姆切杜和春杜鲁(Chunduru)发生了大屠杀,整个安得拉邦爆发了大骚乱。[1]我参与了其中,这增强了我对种姓的理解。作为一名基督徒,你可以拥有你自己的精神生活,但整个社会用不同的眼光来看待这个事实也很重要。这让我对自己的身份产生了疑问:我是谁?我的身份如何影响我周围的人?这将我引入了行动主义。

他们普遍提及的暴力是他们成为活动人士的最初动力来源。除了像在卡拉姆切杜和春杜鲁发生的事件外,他们中的一些人还回想起 V. P. 辛格政府于1990年实施曼达尔委员会报告之后随即爆发的反对预留的动员运动。尽管这份报告是关于其他落后阶层的配额的,但这些动员运动往往针对的是达利特人。其中一名受访者创建了一个组织,以反击青年促平等组织的活动,后者是一个反对预留政策的右翼组织,近年来一直活跃于德里和其他城市。

---

[1] 卡拉姆切杜是位于安得拉邦海岸普拉喀桑县(Prakasam)的一个繁荣富庶的大村落。1985年7月22日,3 000名来自当地宰制种姓卡马(Kammas)的强壮暴徒集体袭击了达利特社群麦底加人,杀害了6名男子并强奸了3名女孩。1991年8月6日,在安得拉邦贡都尔县(Guntur)的春杜鲁村,8名达利特人在光天化日之下被砍死,当时400多名宰制种姓的成员沿着该村一条灌溉渠的堤岸追赶他们。

他们中的一些人还提到了自己遭受暴力的经历，以及他们如何将愤怒转化为行动主义。一名资深活动家、某个主要达利特权利组织的创始人讲述了他的个人经历：

> 有一次，"土地黑手党"的暴徒袭击了我们，因为我父亲一直努力设法阻止他们抢占土地的活动……他们挡住了我们的路，用汽油弹炸毁了我和我父母及兄弟一起乘坐的汽车。我的母亲在这次事件中遇害。我父亲也受了伤。当时我21岁……我想为我母亲报仇。我的父亲帮助我们消解了这份仇恨，把它用在积极工作上，并推动我投身社会工作，最终为反抗种姓歧视而努力奋斗……
>
> 早前，我以为我们都是基督徒……种姓似乎不是什么大问题。当我第一次意识到自己是达利特人时，我抑郁了整整三个月。我花了两年时间才接受这样一个事实：我在人们的眼中是"低"种姓的人……然而，当我发现自己是达利特人时，我再也无法把那些人视为怜悯或施舍的对象了。我不再为他人的权利而斗争，因为我就是"他人"。

另一位受访者也来自相对富裕的家庭，她意识到需要通过自己的行动来解决种姓问题。一位在德里著名的达利特权利组织工作的女性受访者，向我们讲述了她通过自己的专业工作发现种姓问题的过程：

> 在童年时，我从未意识到自己是达利特人。我出身于一个上层中产阶级的基督教家庭。家里从来没有人跟我谈

过种姓。我们是来自安得拉邦的麦底加人，但我的祖父母搬到了马哈拉施特拉邦。在获得社会工作专业的硕士学位后，我开始在一个总部位于班加罗尔的非政府组织工作。正是在我与农村社群一起工作期间，我意识到了种姓的重要性……甚至在我与一个关注儿童权利的组织——儿童权利与您（CRY）——合作时，发现种姓问题仍然很突出，因为达利特儿童在教室里遭受歧视，且更容易营养不良和缺乏医疗保健。

另一些人的政治意识和灵感则源自落后和少数种姓雇员联合会以及坎锡·拉姆发起的运动。他们在家人的鼓励下与该组织合作。一些人称，他们从自己在大学的活动人士同事那里获得动力加入行动主义。横向的和纵向的流动，可以是逃离种姓制度的源泉，但也可以增进对种姓制度及其可能对一个群体造成的不利影响的理解。我们的一些受访者表示，他们在目睹农村达利特社群与快速变化的外部世界之间的巨大反差之后，开始致力于提升他们的社群。一个与清污社群合作的著名达利特组织的一位领导者告诉我们：

在旅社住了6年之后……当我回到村里我的社群同胞身边，看到他们从事清污工作时，我觉得应该做些什么使他们摆脱这种工作……我们聚集起一些人，开始思考改变现状的方法。我们的人不认为需要受教育。他们一旦年满15岁，就立马想在市政当局找份工作，没有想过要过上不同的生活……

……在外面的世界，每个人都受过教育、会思考、有抱负，而我的社群却没有任何变化。我们社群的人没有达利特身份意识，一旦完成一天的工作，他们就会好好打扮一番。看着他们，没人能认出他们是清污工——清洁厕所和打扫街道的人。我哥哥的口袋里一直放着两支钢笔，虽然他除了签自己的名字之外什么都不会写……我觉得这表明他们想摆脱自己现在的生活，只要使他们意识到这一点，并且给予他们摆脱现状的选择……这就是我们在这个组织所做的事情。

回报社群

我们询问受访者，是什么推动他们继续前行？在获得了中产阶级的地位之后，他们为什么不尝试融入主流社会，忘记自己的种姓身份呢？他们对这些问题似乎非常清楚，并且已经预备好了答案。尽管他们的回答各式各样，但他们确定的核心问题似乎是共同的。对他们中的大多数人来说，保持活跃和关注政治非常重要，因为种姓区分体系还没有完全从社会中消失。即使他们个人能够摆脱种姓的重担，也需要为他们社群的其他成员"继续斗争下去"。来自德里一所著名大学的一位学者很好地阐述了这一点：

甚至在我的职业生涯中，我也常常被简化为一名表列种姓。我的专业兴趣是什么并不重要。人们认为我最适合谈论达利特问题，仅仅因为我出身达利特。因为我的种姓，我的职业身份被迫变得非常狭窄。

另一位学者、作家同样认为，在印度社会种姓制度的背景下，个人与社群紧密关联在一起。

> 我不只是一个个体，也是一个社群的一员。两者在印度社会是密不可分的。如果有人侮辱一个达利特人，那么受辱的不仅仅是这一个人，而是整个社群，因为这种侮辱或侵犯往往是基于这个人的种姓身份。如果有人做得很好，这不仅仅是因为这个人，还有社群的贡献……身为社群的一员，我必须为争取社群地位的提升和我自己的利益而努力。
>
> 人们对达利特人抱有特定的印象。他们常常告诉我——好像他们是在恭维我——说我看起来不像达利特人。他们认为这是在对我表示友好，但这样的评论令我感觉受到了极大的伤害。这个评论针对的不是我，而是我的社群。一个穷人怎么会看起来很好？在村子里，任何穷人看上去都很糟糕。在农村地区，甚至婆罗门看起来也不会那么干净，也不能很好地维持自己的生活。这是经济地位的问题。先前，他们不让我们穿好的衣服、吃好的食物或接受教育，他们会指责我们蓬头垢面、邋里邋遢。给我们一个机会，我们会证明自己的价值。我感觉很糟糕，因为我与我的社群之间的联系被切断了……这是一个阴谋，企图在像我这样的个人和达利特社群之间制造裂痕。

另一位受访者用更具体的话表达了这一点，并称她取得的成就是正在进行的斗争的一部分。她为她的孩子担心：

> 我现在做得不错，但在过去，我受过很多苦，我需要记住这一点，并与种姓制度做斗争，是它使得这样的歧视成为可能。这并不是说我的儿子今后就不必面对这种歧视。他也将遭受这种歧视，尽管歧视的形式可能会改变。我们仍然生活在一个种姓社会中。

还有许多人也明确表示，他们的社会与政治工作就是为了回报社群。一位大学老师用下面的话表达了这一点：

> 我站在这里，不是因为我受过教育，而是因为我的祖先为此之奋斗。这不是我父母的个人努力。我的祖父过去常常为了几个安那（annas，旧时的货币单位，等于1卢比的1/16）而充当抵债劳工。在背后支持我来到德里成为大学教师的是一场社会和政治运动。一个社群投资于我。是像安贝德卡尔和普乐这样的人所做的斗争使我可能来到德里。我的幸福取决于社群的幸福。回报社群是我天然的责任。

对大多数受访者来说，行动主义带来了很大的满足感。通过行动主义，他们能够体恤自己的社群，并帮助其他人得到公正的对待。下面的回答很好地解释了这个观点：

> 我们社群有很多人仍在受苦。我需要帮助他们提高自身的意识，或者当被压迫者和压迫者之间发生战斗时，我必须

与被压迫者站在一起。当我知道我所在社群的同胞因为我们共同的身份而正在遭受如此多的苦难时，我必须为此做些什么。我不能对压迫视而不见。

行动主义还帮助弥合了这些向上流动的中产阶级达利特活动人士与他们出身的贫困社群之间的"阶级差距"。几名受访者使用"行为榜样"一词来描述他们在其社群中的地位。即使当他们与更大范围的社群在阶级上拉开了很大距离时，社群也倾向于将他们的向上流动视为社群自身的成就。一名受访者说："人们对我们取得的成就持积极的态度。我们鼓舞他们。这帮助他们认识到达利特人也可以取得成功。"

一名在国际组织工作的资深活动人士告诉我们：

> 我有许多专业上的同事隐藏他们的种姓身份。我清楚地表明自己是达利特基督徒。人们问我为什么不只说自己是基督徒……当我回到我出生的地方时，人们把我当作一名达利特活动人士。他们认为我功成名就。我的大多数朋友仍在从事农业劳动。他们想知道我拿多少工资，我是否有车有房。他们很好奇。这除了产生距离之外，更引发了强烈的同情。我试着作为他们中的一员了解他们。

另一位在一所女子大学教书的活动人士同样感到与那些仍然住在村里的人不那么疏远，因为她自己就是在那里长大的：

> 我不觉得我和他们有什么不同。他们也像对待自己人那

样对待我，这让我很欣慰。当我开着我的车去村里时，他们取笑我，提醒我从前是怎么和他们骑自行车比赛的。我是我的家族和社群的榜样。看到我取得成功，他们现在有志送他们的女儿上学。我和我的同胞打交道没有遇到过任何问题。

向上流动的达利特人也成为一种资源，成为其社群其他成员的一种社会资本，这从下面的回答中可以看出：

我所在社群的同胞和我休戚与共。他们把我当作榜样。他们相信我能够给予他们指导。我帮助我所在社群的年轻人来这个城市求学或面试工作等。他们在德里时住在我们这里。他们觉得这个城市有他们自己社群的人会支持他们。

另一名受访者是女作家，她告诉我们，即使存在距离，向上流动的达利特人也会受到他们社群大多数成员的积极评价：

我认为我与我的家人或社群在"思维"上存在明显的差异。人们认为我是 kitaabi（书呆子），离他们的日常现实遥不可及。然而，我们家族有一个传统，那就是资助亲戚上学并为他们提供专业指导。我所在社群的年轻人视我为榜样，尤其是我们社群的女性。我兄弟的妻子在与我交流互动之后受到鼓舞，现在积极参与到达利特议题中。

然而，并非所有人都能以这种方式与他们的社群维系关系，有些人感觉自己渐行渐远了。种姓社群内部的日益分化也使得他们难以平等地与每一个人沟通。有些人是第二代和第三代受过教育的中产阶级，他们即使在积极行动，他们使用的语言、他们关于种姓制度的经历也是不同的。然而，总的来说，我们的采访并未反映出严重的阶级差距，或与更大范围的社群疏远的问题。行动主义无疑帮助了他们与自己的社群建立联系，而由于他们活动人士的身份，他们的社群似乎也相当容易与他们建立联系。

这与朱尔斯·诺德特所做的关于达利特社会流动研究的结果非常相似。他也指出，向上流动的达利特人努力"回报社会"，他们"相对轻松地"经历着社会流动，因为"他们仍然依附于自己基于种姓的身份"，并"借助基于种姓的文化储备和预先构建的话语来定义和证明他们在印度社会中所处的地位"（Naudet 2008: 418）。

有关歧视、偏见和羞辱的论述

我们还询问了他们在儿童时期和成年后遭受歧视和不可接触制的个人经历，包括他们自己的经历，以及与他们关系密切的朋友/亲戚的经历的记忆。尽管不是每个人都亲身经历过不可接触制，但几乎所有受访者都讲述了自己遭遇歧视和偏见的经历——即使没有被直接问及。事实上，这个话题在大部分的采访中以不同的方式出现。存在像歧视和被剥夺等看法是成为一名达利特活动人士的前提。然而，考虑到他们的工作地点是在德里这个大都市，我们寻求的是理解他们曾亲身经历的歧视的独特性质。

受访者谈到了他们亲身遭遇的几种形式的歧视性情况：微妙、不那么微妙和明显。我们可以把这些情况分为三大类。第一类或许可以被描述为他们亲身遭遇的经典的"拒绝给予"和"不可接触制"的经历。在讲述这类经历时，他们无一例外地提到了乡村，但并非限于此。他们中有一些人在城市背景下也经历过某种形式的"拒绝给予"和"不可接触制"。他们讲述的第二类经历可以被描述为贬低和羞辱。几乎所有这些经历都发生在城市中产阶级的背景中，一个人因为他/她的种姓背景而被拒绝给予"通常"预期的待遇。第三类经历可以被称为制度和文化上的偏见，主要与他们在接受教育期间的经历和/或在他们目前工作的机构/组织中的经历有关。

受访者讲述了几例他们曾遭遇的第一类歧视性情况。下面是一位大学教师向我们讲述的一个经典的不可接触制的案例：

> 我从来都不喜欢去村里，因为种姓制度在那里根深蒂固。我曾经参加过一次婚礼。我们是新郎一方的迎亲队伍……我们边走边跳舞。过了一会儿，我感到又累又渴。我去了一所房子，向房子里的女人讨水喝……起初她拿了水来，由于我们在队伍的前方，她看到了队伍，询问我们是不是和婚礼队伍一起的。一听到"是的"，她就干脆拒绝给我们水。她知道这是达利特人的婚礼队伍。

在一个案例中，一名受访者在2007年与家人一起去拉贾斯坦邦的一个村庄拜访亲戚。他走进一家商店向店主打听房子的位置。店主问他是不是也属于同一种姓。一听到"是的"，店主就立马叫他离开商店，只有在他出去之后店主才给他指路。

另一名受访者是德里一所顶尖大学的高级教师，他提到，在他成长的过程中，达利特人不能用"有礼了"（"Namaste"，行合十礼时表示敬意的用语）和高种姓的人打招呼。在北方邦的乡村和城市，他们问候高种姓的男人时必须说"paye-lage"（"我触摸您的脚"）。

这种情况并不局限于农村地区。"公开拒绝"在城市中心也很常见，尤其是当达利特人租房子的时候。一名在达利特权利组织工作的活动人士讲述了两个这样的故事：

> 我的一个朋友在德里的帕拉姆区（Palam）租了一所小房子。几天后，她在她的房子里贴了一张安贝德卡尔的照片。当她的贾特人房东注意到这张照片时，他问起了她的种姓。当她告诉他自己是巴尔米基人时，房子的主人震惊了。自那以后，房东及其家庭成员开始无礼地对待她，最终我的朋友不得不换了一所新的房子。
>
> 在另一个事例中，一名达利特女性在穆克吉社区租了一所房子，和自己的家人一起住了一年半。她没有告知房东他们是查玛尔人。当房东得知这件事后，他切断了房子的供水，并要求她立即搬走。他们还遭到了房东的殴打，他们向警方报了案。此案件仍在法院候审。

我们的一名受访者认为，在城市里遭到的直接拒绝有时可能更为尖锐。他说，在村子里，"我们与主村是隔离的，通常我们不会和其他种姓交往，因此遭受歧视的经历不会那么赤裸裸"。相比之下，在城市，这种拒绝可能要残酷得多。他举了自己的例子。当他还是孟买塔塔社会科学研究所（TISS）的学生时，他曾去一名公务员的办公室收集数据。这名公务员对他的同事很友好，向他们提供了所有需要的资料。这名公务员对他也很和蔼，直到听到他的名字，这个名字透露了他的"种姓"。这名公务员拒绝招待他，把他转交给了一名低级别的公务员。我们的受访者声称，那名公务员甚至不愿再看他一眼。另一名受访者提到，她在德里一所顶尖大学学习梵语时，同学们在课堂上会避免坐在她旁边。

另一名受访者讲述了他在斋浦尔市两年的生活经历，在那里，他不得不持续不断地隐藏自己的种姓身份，否则就不可能租到房子。甚至在像德里这样的城市，孩子们也难逃种姓制度的影响。这名受访者是一家达利特权利组织的律师，他告诉我们："我的邻居因为我们的种姓，不允许我女儿进入他家。我女儿现在一岁半，但如果她试图进入他家，他就会关上门。"

然而，在大多数情况下，受访者讲述的遭受歧视的经历更符合第二类。一位资深院士、达利特权利活动领袖向我们讲述的经历或许最具启发性：

我在马哈拉施特拉邦的城市地区长大，大多数是小城镇。我的父亲是一名中级警官（thanedar）。中级警官在一个小城镇里是很有权势的人物。然而，尽管我是"警官的女儿"，学校里的每个人还是都会根据我的种姓认出我，因为镇上的每个人都知道我的父亲属于哪个种姓。即使他被调到另一个城镇，我们的种姓也总是先于我们为那里的人所知。

社会关系和友谊总是受种姓支配。我们往往发现很难与级别相当的官员交往。我们只能与镇上的其他表列种姓往来。我常常有一种被孤立的感觉。我很少能拜访高种姓女孩的家。尽管我学习很好，积极参加体育活动和其他课外活动，但我没什么朋友。

有一次，在我父亲履职的一个城镇，有一个高种姓家庭邀请我和我的母亲去吃晚饭。我父亲的姓没有显露他的达利特身份。因为我们中产阶级的地位，所以他们以为我们是高种姓。然而，当我们到达那里之后，他们不知怎么得知了我们的种姓。他们对我们的态度突然就改变了。他们试图让我们与别人分开坐。我们感到非常不舒服。我和我的母亲没吃饭就走了。

一名基督徒达利特活动人士讲述了类似的故事：

当我上10年级的时候，我有一个婆罗门朋友。他经常来我家学习，偶尔和我们一起吃饭。有一次我去了他家。他母亲问起我的种姓。我告诉她我是基督徒，但她坚持要知道我的种姓。当我告诉她之后，她要求我坐在远离她儿子的地方，且撤走了她之前摆放的给我提供食物的盘子。她用一片叶子给我上菜，并要求我在饭后清理它。回家后我向我的父亲问及此事，他告诉我再也不要拜访那个朋友了。虽然我的朋友后来来我家道了歉，但我再也不能接受他了。

种姓内婚制是种姓制度的另一个重要轴心，仍然广泛流行于在城市受过教育的印度人之中。接受我们采访的一名活动人士讲述了他与一名来自锡克教家庭的非达利特女孩的罗曼史。尽管他成了一名锡克教徒，并信奉锡克教整整3年，但他不能娶这个女孩，因为她的父母不愿接受他。

其他几名受访者也向我们讲述了他们遭遇来自同学的这类歧视的经历，主要是在教育机构。

第三类故事与第二类非常相似，而且往往部分重叠，但是应当将它们分开讨论。制度和文化上的偏见所产生的影响力要广泛得多，也持久得多。例如，教师歧视达利特学生不仅仅是事关当事学生的个人经历的问题。世俗机构中，机构领导者的这种态度往往揭示了更深层次的结构性偏见。德里的达利特活动人士讲述了几个故事，其中一些已经在前文介绍过，它们都表明歧视在德里普遍存在。在这方面最频繁的经历是在学校遭受的歧视。一名善于表达的达利特作家不仅讲述了他自己的经历，还向我们讲述了体罚对达利特人接受教育所造成的更广泛的影响。

> 老师们过去常常对表列种姓的学生施以非常严厉的体罚。我在上学的第一天就被狠狠地揍了一顿，以至于我不想再去学校了。这导致表列种姓社群的学生辍学率很高。当我还是个孩子时，我没有把这两者联系起来。我觉得如果老师、古鲁打我，那一定是没问题的。后来，当我开始阅读达利特文学作品时，我明白了这是一个制度性歧视的例子。

这种情况在求学生涯一直发生。

> 20世纪90年代初，当我在德里大学读书时，有一个老师很喜欢我，因为我是一个好学生。他曾经常和我谈天说

地……但从他得知我的种姓的那一刻起,他就不再跟我说话了。

另一个在卡纳塔克邦长大的受访者讲述了他在学校和住宿舍时遭受歧视的经历:

> 我对歧视最初的记忆是在学校。其他的孩子常常叫我"totti",意思是垃圾桶。我问我的母亲为什么每个人都嘲笑我,叫我"totti"。为了安慰我,母亲告诉我,他们这样做是因为我们家附近有一个大totti。
>
> 在宿舍里,我的种姓也是我的标志。其他学生用我的种姓名字称呼我。他们会拿它开玩笑,然后哈哈大笑。那时我还没有完全意识到它的含义。我常常还会加入他们,和他们一起嘲笑它。直到后来我才意识到他们是在侮辱我。这是非常痛苦和屈辱的。

另一个接受采访的活动人士谈到了警方对达利特人的惯例化偏见。他讲述了1984年的反锡克教徒暴乱事件,当时警方和大众媒体在没有任何证据的情况下,就认定邦基人应对反锡克教徒的暴行负责。

> 我们曾经住在特里洛普里(Trilokpuri),这个地区发生过反锡克教徒的暴乱。1984年,警方开始无缘无故逮捕邦基人,指控他们煽动暴力。虽然锡克教徒是社群间暴力的受害者,但邦基人却成了政府镇压的受害者。在那些天,我父亲

基本待在家里，但他也毫无理由地被逮捕了。我们成了囊中之物。警察袭击我们地区，并以各种理由逮捕我们的同胞。我甚至无意中听到一个警察对他的同事说："如果有必要，我们会从32/33街区抓人。"特里洛普里的邦基人聚居在这些街区。警方将他们视为"犯罪种姓"。

他还谈到了他目前工作的地方存在的歧视，最近6个月来，他被告知他的工作表现一直不令人满意。"在过去的20年里，我一直在那里工作，从来没人对我有任何意见。现在我马上要升职了，他们就试图给我塑造一个负面的形象。"其他一些受访者也讲述了类似的受成见影响的经历，他们觉得同事仇恨自己，因为他们利用了预留政策的好处。尽管在表面上看来，同事们批评的是"预留"政策，但实际上，这些人发现很难接受与达利特人共事，尤其是如果达利特人还碰巧身处高级职位，或者在其他职位上拥有职权。

种姓制度和超越其外

种姓制度是什么？是什么使得它继续存在？一个人如何才能逃离这个体系？我们向受访者询问了这些显而易见但又重要的问题。不出所料，没有人对种姓制度给予任何正面的评价。他们对种姓制度的理解体现在讨论中不断出现的词语："歧视""不平等""偏见""阶序""分等级的不平等""内婚制""不可接触制""排斥""限制""分离""隔离""羞辱""侮辱""精神奴役""印度教""权力"。它们都是以否定的意义出现的。有趣的是，在与我们的受访者讨论种姓制度时,没有人提到"业",我们也几乎没有听到任何有关它的"仪式性"意义的只言片语。

对种姓制度的看法

我们的受访者大多将种姓制度视为印度特有的现实,更确切地说,是印度教的一部分。尽管他们怀着达利特是一个"社群主义"身份的观念在行动,但他们中的大多数人都认为达利特人内部存在以种姓为界限的差异,并承认甚至达利特人中也存在不可接触制和种姓分化。正如其中一名受访者所说:

> 种姓制度……是对人们的一种分化……主要基于不平等和歧视的原则。它源于这样一种信念,即人生而不平等,这意味着有些人可以被正当合理地不平等对待。因此,歧视是种姓制度固有的特性。只要种姓制度继续存在,就不可能消除歧视性做法。种姓制度分化人们,并且可以方便地将分化永久化……在底层有为数众多的种姓。达利特社群内部也划分为许多亚种姓,并不是一个单一的身份,这表明达利特已经把种姓身份内化了。不同达利特人的受歧视程度不尽相同。

另一位受访者是女律师,她也强调了种姓制度的负面因素:

> 种姓制度……通过分化人们起着消极的作用。它把人们分成相互隔离的群体。它没有发挥任何积极的作用,也不应

该存在。它之所以延续至今是因为高种姓的人从中受益。甚至一些达利特人也在维系这一制度。它以阶序为基础，把人们划分成优等和劣等……人们很难摆脱自己的种姓地位。

虽然他们同意种姓制度代表了过去的"传统"和"文化"，但他们中的许多人也指出，"权力"和"宰制"是种姓制度的核心要素。"种姓制度也有关偏见……无处不在。在村子里，高种姓公开表现出他们的傲慢态度……各宰制社群受益于它，这是它延续至今的原因。"

我们如何才能逃离种姓制度？国家在预留制度中的角色和职责是什么？种姓制度发生了什么变化，又有哪些部分遗留至今？他们憧憬的替代社会是什么样的？

在为时较长的访谈过程中，几乎所有的受访者都提到了种姓制度的意识形态属性、"心态"以及它从印度教获得的合法性。几乎没有人喜欢被贴上印度教徒的标签。虽然他们中的大多数人出生于"印度教"家庭，但只有很少一部分人（不到14%）在宗教方面自称印度教徒（参见本章的前文）。

虽然脱离印度教或许被视为逃离种姓制度的必要条件，但没有人认为这是充分条件。他们中的许多人还指出了种姓制度的物质性。他们认为，"种姓制度一直具有很强的政治与经济内涵"，"它关乎生产资源不公平和不平等的分配"。他们中的一些人甚至不赞成安贝德卡尔脱离印度教改信他教的决定。一名达利特作家主张："改变宗教信仰并不能终结种姓制度。"其他许多人指出，如果达利特人要进步，"教育"、"经济赋权"和"公民权利"具有至关重要的意义且必不可少。

如何才能实现这个目标呢？既然我们的受访者自称活动人士，他们都根据当地文化和习俗量身定制的活动参与社群动员和提高社群的意识，从而达到根除种姓制度的目的。然而，他们都指出了国家在革除基于种姓的弊端中扮演的关键角色。尽管他们个人有自己的政治倾向，但对国家的潜在作用都持积极态度。他们援引了《印度宪法》的理念及其与安贝德卡尔的紧密联系。一名大学讲师认为，与左翼工人阶级的斗争不同，"达利特人不应该与政府对抗，而应该利用政策来发展自己"。另一名活动人士是与德里政府合作的工程师，他进一步详尽阐述了这一点：

> 社会的弱势群体，比如达利特人，需要国家的支持。这是宪法赋予一个民主国家的责任。我们需要把精力集中于从政府制定的政策中获取最大利益，而不是指责国家。在这一点上，社会活动人士的作用至关重要。他们必须深化人们的认识……有许多国家级的规划可以用来造福社群。社会活动人士应当促进此事，这样才能遏制腐败，而那些主要来自高种姓社群的中间人，也不被允许从中谋利，以保证达利特人的利益不受损害。

国家也很重要，另一位活动人士强调，因为印度社会是以种姓为界限划分的，达利特人对社会无法抱有任何期望。一部分达利特人认为："社会没有给予达利特人任何空间，不论在意识形态上还是在物质上。我们唯一的希望是国家和民主政治进程。"

他们还谈到了政治权力对达利特人的重要意义。他们援引了安贝德卡尔和坎锡·拉姆的观点以及政治权力是"万能钥匙"的理念。甚至那些对当前的政治管理体制和/或主流选举政治中的达利特政治家表示强烈不满的人也同意，达利特人遭受暴行的案件之所以能在印度议会中被提起，全得归功于"选票政治"。只有通过政治施压，他们才能推动支持达利特人的政策得到贯彻落实。

虽然他们中的许多人批评了经济自由化的进程和国家退出经济领域的设想，但他们并不认为这是全球化的代名词，也不认为这是全球化的必然结果。他们中的许多人认为，对达利特人来说，全球化是一个不同的、积极的过程。

全球化为我们提供了扩大运动范围、跨越国界与类似运动结成联盟的机会。歧视并非印度独有。它赋予了我们更广阔的视野。全球化进程也强制要求印度政府履行国际人权义务。我们可以要求把"杜绝歧视"纳入政府治理的基本原则，就像其他一些民主国家实践的那样。

预留名额的作用

印度最重要的推动达利特人发展的政策措施是配额制度或预留名额。许多达利特人都将自己的社会和经济流动直接归功于预留名额。"今天我站在这里是因为预留名额。""我们取得的任何成就都是因为预留名额"，这是他们在回答关于这个主题的问题时的典型开场白。一名资深活动人士用下面的话详细阐述了这一点：

预留名额在给予达利特人受教育和就业的机会以及让他们入选立法机关方面起到了关键作用……我们可以看到的自愿包容穆斯林的情况并不会发生在我们身上。没有预留名额，人们就无法接受教育，无法就业。只要基于种姓的歧视仍然存在，预留名额政策就应当继续被执行。人们过着平行没有交集的生活。我曾经上课的课堂里，一名老师同时教授五门课。学校里没有黑板，只有一间教室。宰制种姓不允许我们进入主村。我待在一家社会福利院里，一直苦苦挣扎。因此，谈论平等或能力是毫无意义的，因为比赛不是在同一起跑线上开始的。我们社群的孩子们无法获得营养丰富的食物、书籍或指导，你不能期望他们以平等的地位与他人竞争。并不是他们不优秀，而是竞争环境本身是不公平的。首先必须要有平等的机会。

几名受访者指出，就业市场普遍存在针对达利特人的偏见。即使一名达利特人受过良好的教育，他/她也可能因为普遍存在的偏见而找不到工作。

任何要求面试且不是"预留的"工作都不会给达利特候选人。在第一次见面时，他们就会询问你的种姓。当他们无法通过你的名字来辨认你的种姓时，他们会直接问"你的种姓是……？"要不然，他们就会拐弯抹角地问这个问题，一遍又一遍。

预留名额是达利特人社会和经济流动的唯一源泉，以及免受基于种姓的偏见和歧视的屏障，除此之外，我们采访的活动人士还将其视为"一种权利"。"我把预留名额视为一种抗议。长久以来遭受歧视的受害者需要得到特殊的待遇。"我们的一名受访者说。预留名额也有助于培养出为本社群效力的"领袖"，推动有关达利特权利的议程。另一名活动人士强调了这一点，他认为："预留名额在达利特赋权和政治巩固方面发挥了重要作用。然而，其作用不是减轻贫困，而是为了培养有价值的个体，使其能代表社群利益与权力结构进行谈判。"

虽然受访者对预留名额总体持积极态度，但有些人提出了社群之间存在内部差距的问题。这些人大部分来自传统上从事清污工作的社群。一名受访者认为，"预留名额只让受过教育的人受益。我们社群很少有人受过教育，预留名额的好处更多地流向了其他社群"。然而，另一个来自同一社群的受访者措辞则更为谨慎。"没有人阻拦我们从预留名额中受益。我们社群也需要自我改革。它需要为迎接预留政策提供的社会和经济流动做好准备。"另一个受访者认为，基于种姓对配额做再分类的提案很有吸引力，但他不太确定该提案的政治意涵以及希望实施该提案的人的意图是什么。

预留制度面临的危险来自私有化的进程。一些受访者强调了达利特社群由于第四类工作几乎完全私有化/非正规化而遭受的损失。"对我们大多数人来说，向上流动的过程开始于这份稳定的第四类工作。"我们的一个受访者将此与他个人的社会和经济流动经历联系起来：

> 私有化是达利特人面临的一个很大的危险。大部分达利

特人都受雇于第四类工作。私有化导致了基于合同的雇用形式，合同工的工资已经大幅减少了。我的父亲是一名政府雇员，一名市政当局的清污工。他每月挣 4 500 卢比。过了三代人之后的今天，那些被招聘从事相同工作的人的起始月薪只有 1 800 卢比。保障机关的雇用情况也是如此。我的父亲拥有一个"铁饭碗"。他在退休时得到了一大笔钱。有了这笔钱，我的父母才能够让我接受教育。然而，这在今天已经变得不可能了。民营企业不会设置终身制工作岗位。经济增长和自由化可能增加了就业机会，但我们的就业率却减少了。如果没有私有化，我们在政府部门的就业机会将会增加许多……民营企业也应当强制实行预留名额。

一些活动人士还指责国营单位没有针对不同部门现有的空缺岗位组织招聘。另一些人则主张将预留名额扩大至其他行业，例如银行信贷或与政府机构签订物资采购合同的单位。他们都坚决地认为，预留仍然是国家推动达利特社群发展政策的重要组成部分，不仅应当继续执行，而且应该予以强化。

里程碑和挑战

德里的达利特活动人士如何看待他们在工作中取得的成就和面临的挑战？

他们对自己的工作似乎都相当用心。他们同样为自己的行动主义感到自豪，认为其具有社会价值，且对他们个人来说也意义重大。即使他们抱怨自己在过去和在目前的工作中受到歧视，但他们也回忆起对自己具有里程碑意义的事件和成就。他们中的大多数人都承认种姓制度已经经历了许多变化，并且已经取得了一些积极的进展。一名与一个致力于废除传统清污方式的组织合作的资深活动人士一针见血地强调了这一点：

> 种姓制度已经发生了变化。今天，我们能够质疑这个制度。而在早前，我们的主要努力仅限于为我们的工作争取更好的桶和好扫帚。现在我们反抗清污工作。我们日益感到自己拥有尊严。甚至社群里的老年人也在谈论种姓制度。我们不再为自己的种姓背景/身份感到困窘。大多数人似乎乐于保留他们的种姓称号。现在人们想要反抗，想要摆脱种姓等级。其他人也明白了，没有人会永远忍受歧视。然而，在农村，由于宰制种姓不想失去权力，斗争仍然很艰巨。

尽管他们承认发生了这些有利于自己的变化，但没有一名受访者表示差不多接近了自己的目标。对他们中的大多数人来说，种姓制度仍然存在，并且以消极的方式决定着达利特人的人生际遇。许多人指出，印度各地针对达利特人的暴行和暴力有所增加。尽管他们承认在大多数情况下，这也是达利特人日益强势的主张造成的，但冲突似乎正在强化种姓身份，而且最重要的是，暴力的受害者总是来自达利特社群。他们中的许多人还指出，由于公办学校提供的教育质量和教育的内容，达利特人面临着挑战。一些人还谈到了企业媒体日益增长的影响力，这些媒体对达利特相关问题毫无同情心。

挑战也来自内部。我们的许多受访者（来自各个社群）都认为，达利特人内部的不和对他们的运动来说是一个严峻的挑战。一名公开表示自己为邦基人的受访者相当尖锐地表达了这一点：

> 如果想要运动取得进展，就应当克服达利特各社群之间的内部差异。邦基人不属于达利特类别。甚至达利特人（读作查玛尔人）也认为我们是邦基人，因此等级比他们低。一名查玛尔人官员曾经对我说，你们的人不学习……查玛尔人避免与邦基人有密切的社会关系。他们谴责种姓主义，却在他们自己社群内部维持roti-beti（共同进餐和联姻，字面上的意思是出嫁女儿）关系。因此，达利特人之间也存在种姓主义。达利特不是一个统一的或单一的类别。人们说我们都是达利特人，但是有什么证据呢？我听说过一些查玛尔人给邦基人使用单独的餐具，那么我如何能够同意自己属于达利特人呢？我感到被孤立……查玛尔人与邦基人之间的隔阂几乎等同于婆罗门与查玛尔人之间的隔阂。

除了强调种姓间的差异之外，一名女性活动人士还指出了另一组内部挑战——达利特运动需要解决的性别和父权制问题。正如她所说：

> 达利特妇女和亚种姓的问题必须得到更严肃认真的对待。达利特父权制问题需要得到解决。不同地区和不同政党的达利特人之间存在着内部差异……达利特人还应该与遭受边缘化的其他群体、少数族群、妇女或那些反抗被迫驱离家园的人联合起来。

虽然他们看似都不担心达利特行动主义的"宗派"属性，也认识到自己与身份运动紧密相连，但有许多人对新出现的达利特主义话语感到不安。他们中的一些人不再想认同达利特这个分类，因为这场运动已经取得了进展。正如一名大学讲师所言：

> 我认为达利特这个词现在应该被更合适的词替代。当我的身份从查玛尔人转变为达利特人时，这个称谓是可以的。今天，我对成为一名达利特人不感兴趣，因为现在，这不仅仅是尊严的问题，也是权利和主张的问题。

另一名活动人士担心当代的达利特运动缺乏更广阔的或整体的视野：

> 我们似乎只关注达利特问题。我们不再讨论种姓制度问题了吗？……在今天的印度社会，似乎没有关于种姓制度的争论了。我想我们害怕谈论它，因为它冥冥之中已经影响了我们每一个人。非达利特人对任何有关种姓制度的公开讨论都感到非常不自在。似乎只有达利特人在谈论它。有必要跨越达利特人与非达利特人之间的藩篱。有必要正视种姓制度的现实——我们需要从中汲取力量，而不是躲藏在软弱之中……我们需要使自己的愿景更清晰。有必要从自由人性的角度阐明愿景。它不应只限于"免于做某事的自由"，还应包括关于"有做某事的自由"的论述。只有这样，我们才能消灭种姓制度。

有趣的是，不是每个人都谈到了消灭种姓制度。事实上，我们的大多数受访者似乎更多地将重点放在构建一个社群，一个与众不同的身份，差异在此可以得到认可和尊重，但不意味着阶序和宰制。

总结评论

"行动主义"一词在被援引时经常会与"公民团体"的概念和所谓的非政府组织联系在一起。正如约翰·哈里斯所说，"公民团体"这个词具有现代主义的内涵。它是"一个社团生活的领域"或者一个

> 社团的空间，独立于市场，介于家庭及亲属团体与国家之间。它还暗含了一系列可以被概括为……容忍和尊重他人作为享有平等权利和义务的公民的价值观（Harris 2005: 3; 也参见Chatterjee 2001: 172）。

然而，"公民团体"一词在当代的复兴也有其自身的历史性。正如大卫·盖纳尔指出的，"公民团体"在20世纪80年代末被重新发掘出来作为非政府组织，恰逢新自由主义兴起和许多发达资本主义社会取消了福利制度（Gellner 2009: 2），这一趋势很快也波及了像印度这样的发展中国家。

有趣的是，达利特行动主义的理念本身就对公民团体这一主流概念及其复兴的语境意义提出了疑问。虽然我们采访的许多活

动人士都与非政府组织合作，并且援引了公民团体的概念，但从他们致力于提升"他们的"社群的意义上说，他们在政治态度上显然属于"宗派主义者"。尽管这些活动人士工作的目标确实是指向实现公民身份和平等的普世理想，但其政治观点基于种姓和亲属关系，而不是基于"社团原则"。他们的政治观点是建立在社群主义身份和为他们的社群争取尊严的话语之上的。从这场讨论中，我们可以明显看出，虽然他们中的许多人与他们自己的社群一起努力推动社群的发展，但他们都希望国家和选举政治进程不仅能保护他们免遭暴行，而且能继续实施工作配额和特殊的福利计划。因此，达利特行动主义的理念可能引出了如下问题，即公民团体的理念在一个不平等的社会中的"适当性"的问题，这个社会是以种姓为界限划分的，在这样一个社会里要求代表权，在某种意义上必须是一个宗派主义的议程。

然而，达利特人求助于种姓和社群主义身份，并非传统的复兴"归属"于社群这一原始价值观的事业，也并非依恋过去的传统。他们能从传统中获得的收益微乎其微。"达利特"作为一个社群主义身份，是一个动员起来的集体——一个现代的分类，是宪政民主释放的政治动力的产物。达利特活动人士对印度社会有着不同的世界观和设想。我们的调查和深入访谈为了解这种世界观和当代达利特运动的本质提供了一个窗口。

尽管我们的受访者的自我认同带着"宗派主义的"身份，但他们似乎在追求一项"现代主义的"事业。他们都向上流动了，从严格意义上讲，都已经摆脱了种姓制度。他们中没有一个人再住在村子里，其中许多人是在城市和半城市化的环境中长大的。然而，他们在提到村庄时，往往把它称作基于种姓的社会秩序所在的地方。没有人提及印度村庄的正面形象。村庄几乎总是被等同于歧视和暴力。换言之，他们提及的似乎是乡村生活的关系维度，而不是缺乏发展。

从我们的调查中可以明显看出，德里的达利特活动人士大多是男性。男性在数量上的优势或许可以解释，为什么性别和父权制问题（主要是家庭生活的内部问题）在他们关于种姓的话语和在他们日常的政治活动中并不怎么出现。然而，由此而论更重要的一点是，达利特运动迄今为止一直主要专注于外部世界发生的事情、公共领域的互动、经济、就业、国家和选举政治。这些也是男性占据主导地位的领域。我们的受访者以男性为主，而且他们将他们"父亲"的形象作为自己的榜样。父亲是最先走出去，面对更广阔的充斥着种姓关系的世界、对基于种姓的歧视形成批判性理解的人。

尽管我们的受访者在社群和政治战略方面存在内部差异，但他们在为时较长的访谈中给出的回答具有许多共同点。他们都对像种姓制度、国家、民主政治和现代性等关键主题有着共同的理解。

绝大多数达利特活动人士与不止一个组织合作，或不表示自己认同特定的工作领域。这意味着什么？看待这种情况的一个角度或许是，达利特行动主义仍然没有像所谓的主流公民团体组织或非政府组织行动主义那样专业化。活动人士倾向于与几个组织合作，把精力投入任何他们认为重要的事情。换言之，看起来他们更认同他们社群的尊严和发展这一更大的议题。其议程是种姓秩序的社会变革。其工作和世界观本质上是政治性的，而不仅仅是专业性的。

结　论

种姓制度的未来

　　美国社会学家奥利弗·C.考克斯（Oliver C. Cox）在他于20世纪中叶出版的著名的《种姓、阶级与种族》（Caste, Class and Race，1948）一书中，对当时流行的"种族研究的种姓学派"提出了极具影响力的批判。从查尔斯·萨姆纳（Charles Sumner）开始，威廉·托马斯（William Thomas）和W. L. 沃纳（W. L. Warner）等学者就主张，美国的"种族"属于一种种姓制度，其中白人和黑人之间的关系像种姓制度的阶序结构一样得到了系统的安排和维护。与种姓制度非常相像，个人在群体中的地位由各个肤色–种姓内的阶序体系进一步决定（参见Thomas 1904; Warner 1936）。

　　考克斯完全不同意这种把种族概念化的方式。他认为，种姓制度不能也不该被用来描述美国社会中的"种族"差异或不平等，因为这两个事实的本质和起源是完全不同的。种姓制度是印度教徒创造的一种古老的印度文化，而"种族"则是一种更晚近的社会结构。种族制度是通过种族"偏见"和"歧视"作为资本主义市场经济的一种动力繁殖的。他对"种族的种姓学派"的批判是如此有见地和有影响力，以至于该学派在他的著作出版后不久就迅速衰落了。

然而，有趣的是，他的批判是基于对种姓制度的如下理解：视其为印度和印度教独有的社会制度，设想它存在于别处毫无意义。考克斯援引了古典东方学家的种姓观，认为：

> 除了婆罗门印度，世界上还有什么地方存在种姓制度呢？毋庸置疑，答案很简短，几乎任何地方都没有。种姓制度是印度文明的一种产物，而它没有消解的事实可能是由于印度教徒相对孤立和固守旧习，除此之外，在像神一样的祭司的特殊庇护下重组其他社会可能存在困难（Cox 1948: 538；在原文中，这部分是重点）。

他反对使用"种姓制度"一词来描述美国的种族关系也有政治方面的原因。他认为，种姓阶序体系为其自身创造了合法性，而且几乎能依靠自己运作下去；然而，种族并不是这样一种"自然的社会组织形式"或（他所理解的）社会类型。

"社会类型"的概念掩盖了现实中病态的种族对立，给人留下了某种模糊的印象，认为它在社会里的存在是正当的，尽管种姓制度在印度是正当的（Cox 1948: 544）。

在那本著作的下一章中，考克斯讨论了这种"病态的种族对立"，并对美国南部黑人遭受种族私刑的现象做了生动的描述。然而，令人惊讶的是，他关于这类种族暴力的描述听起来与我们今天在印度所知道的"种姓暴行"惊人地相似。与印度的种姓暴行非常相像，他认为，有针对性地对黑人处以私刑，目的是重

申白人的统治地位。这里值得引用他对该现象的部分讨论。他认为，私刑

> 是一种特殊形式的暴民围攻——针对整个种族或政治阶层的围攻。我们可以通过如下事实把私刑和种族骚乱区分开来，即施用私刑的暴民是无人反对的……他们相信自己或多或少有权惩罚其他种族或民族的特定个人或人群……
>
> ……私刑不是一种自发的行为……似乎有一个可辨认的施用私刑的周期……社群中越来越多的白人相信，黑人正在失去控制——在财富上、在种族独立上、在自我主张的态度上……
>
> ……私刑的作用是维持白人的统治地位……私刑是种族间权力关系的社会心理基体（Cox 1948：549-551）。

如果奥利弗·考克斯要研究当代印度社会，或者阅读有关种姓暴行的文献和本书的章节，那么他对种姓制度及其与种族可比性所做的结论或许会有很大的不同。

然而，正如我们在本书开篇看到的，从印度例外论的角度研究种姓制度问题的不止奥利弗·考克斯一人。关于种姓制度的主流观点一直是将其视为一种独特的文化现实，是印度/印度教传统的重要组成部分。从20世纪50年代到70年代，社会学家和社会人类学家对种姓制度进行了大量实证研究，但都没有从歧视的角度来研究这个问题。尽管也存在例外，有一些学者确实在权力和宰制的框架下讨论了种姓，但占上风的还是东方学家的种姓制度观。种姓制度主要被置于印度的传统和文化特殊性的背景中来

看待，这种情况几乎一直持续到20世纪90年代（关于这一点的详细讨论，参见Jodhka 2012b）。

这种将种姓制度等同于文化和传统的观点可能导致的一个显而易见的后果是，种姓制度不会成为经济再分配、优惠待遇和贫困这些棘手问题的考虑因素，也不会进入主流的发展话语。在印度独立后的最初几十年间，对经济不平等问题的论述和诊断几乎完全是从纯粹的经济范畴（例如收入、资产和生产力）的角度来思考的。即使对乡村社会进行的实证研究表明，种姓制度与当时占主导地位的农业社会结构有着紧密联系，种姓制度也很少被描述为或概念化为一种物质现实，决定着农村不平等和剥削的经济状况的形成。这对社会发展产生了更大的影响和意义。这种"对种姓制度选择性失明"的一个很好的例子是对20世纪50年代和60年代印度土地改革的论述，当时普遍存在的经济差距需要直接采取法律行动进行改革，种姓制度几乎不被纳入这一方面。

这种有选择的种姓制度观并非偶然。正如前文指出的，关于种姓制度的主流思维模式几乎总是从进化的框架来看待它，其潜在的假定是，种姓制度将随着现代化的到来而"自动"消失。从以下事实可以明显看出，这种观点得到了近乎普遍的接受，也就是说，19世纪末和20世纪初，凡是在西欧地区获得显著地位的社会变革理论，不论它们的意识形态和政治立场是"左派"还是"右派"，也不管它们在印度语境中如何被翻译和应用，在种姓制度这个主题上，这些理论有着惊人的共同的态度。种姓制度没有未来。现代化进程将削弱种姓制度，并最终以基于个人功绩的"现代"结构取而代之。社会不平等，或称阶层分化，将围绕现代西方社会拥有的"开放的"阶级类别来构建。

对源于将人类社会概念化的结构-功能框架，并在二战后在社会科学中取得重要地位的现代化理论来说，种姓制度是传统制度的教科书式案例。作为一种社会关系结构，它在功能上发挥作用仅限于前现代时期。伴随西方城市和工业社会的发展而来的结构分化的演化过程，将传统的社区（礼俗社会[1]）转变为社团社会（associational society，法理社会[2]）。[3]新的社会秩序是以个人选择建立的关系为基础的。同样的情况应当/将会发生在印度。

正如这种人类社会理论的支持者们主张的，个人身份的概念在传统的社群主义社会组织模式中几乎没有什么意义。重要的是群体的集体身份。在这种背景下，个人身份不会发展成为自己或自身利益着想的个体。群体的集体认同过度支配了其成员的自我意识。个人身份或个人主义的概念到现代才出现，伴随工业和发达的市场经济组织起来的城市生活的不断增长和日益复杂。个人自主性的增长是因为它成了现代社会运转良好的前提条件。正如涂尔干（1893年）主张的，现代社会基于有机团结的理念，鼓励和促进个人选择的思想，因为它们需要个人的专业化和分工。个人被鼓励专注于培养自己的独特之处。因此，奖励是根据个人功绩来分配的。所以，与传统社会特有的"封闭的"社会组织体系不同，现代社会是开放的。现代社会允许持有特殊技能的人和吃苦耐劳的人的个人流动。

---

[1] 礼俗社会（gemeinschaft），指以较近的个人关系和家庭关系为纽带的社会关系、团体、社区。——译者注
[2] 法理社会（gesellschaft），与礼俗社会相对，指在不涉及个人关系的情况下，对社会或组织机构承担义务这一前提之下形成的个人与社会的关系。——译者注
[3] 虽然这些术语由斐迪南·滕尼斯（Ferdinand Tonnies）普及（1887年），但其他一些社会学家[例如涂尔干（Emile Durkheim）、塔尔科特·帕森斯（Talcott Parsons）和其他许多人]一直通过各种各样的范畴对它们加以再造，以解释现代世界，特别是西方世界经历的社会变革的结构过程。

有趣的是，从种姓制度的视角而言，马克思主义的社会变革概念也与所讨论的功能主义关于人类社会的思维模式没有太大的区别。鉴于种姓制度往往被认为与印度教关系密切，并且人们普遍认为它是从印度教的宗教仪式秩序中产生的，种姓制度成了一种价值体系或意识形态体系，属于社会形态的上层建筑和前资本主义的生产方式。因此，在马克思主义的常识中，基于种姓的分化盛行于前资本主义的农业社会形态中，盛行于"印度田园风味的农村公社"中。尽管种姓制度建立在不平等的理念之上，但它却帮助了这样的"社群"重新形成社会平衡。然而，种姓制度并不是前现代印度社会的基本特征，也并非决定因素，而是历史上产生的经济和社会秩序——农业社会结构——的结果。

在另一个层面上，马克思本人视种姓制度为保守的社会和文化框架的一部分，而"农村公社"受限于该框架之内。种姓制度在使印度保持静态和自我维持方面发挥了作用。他写道：

> 这些田园风味的农村公社，不管看起来怎样无害于人……它们都使人的头脑局限在极小的范围内，成为迷信的驯服工具，成为传统规则的奴隶，剥夺了人们开创历史和建立丰功伟业的精神与可能……我们不应该忽视和忘记，这些小小的农村公社身上带着种姓划分和奴隶制度的污痕；它们使人屈服于外界环境，而不是让人成为环境的主宰；它们把自我发展的社会状态变成了一成不变的自然命运（Marx 1853）。

然而，马克思认为，在英国殖民统治的影响下，印度传统社会组织正在迅速瓦解，这是因为：它与英国资本主义市场日益融合，以及新技术被引入印度社会，特别是在引入铁路之后。

这些细小刻板的社会机体大部分已被破坏，并且正在趋于消失，与其说这是由于不列颠收税官和不列颠兵士的粗暴干涉，还不如说是英国的蒸汽和英国的自由贸易造成的结果。这些家族式的公社是建立在家庭手工业上面的，靠着手织业、手纺业和手耕农业的特殊结合而自给自足。英国的干涉则把纺工安置在兰开夏郡，把织工安置在孟加拉，或是把印度纺工和印度织工一齐消灭，这就破坏了这种小小的半野蛮半文明的公社，因为这破坏了它们的经济基础；结果，就在亚洲造成了一场最大的、老实说也是有史以来仅有的一次社会革命（Marx 1853）。

在谈到现代工业将给印度社会带来的可能的革命性变革并瓦解种姓关系体系时，他使用类似的措辞进一步写道："由铁路产生的现代工业，必然会瓦解印度种姓制度所凭借的传统的分工方式，而种姓制度则是印度进步和强盛道路上的基本障碍。"[1]

后来的马克思主义者，不论是理论家还是实践者，都对马克思关于印度社会的几个观点提出了疑问，因为这些观点是马克思基于他对该地区的有限理解形成的。他生活在19世纪的欧洲，能够获得的关于印度的资料限制了他对这个国家的了解。然而，有趣的是，尽管马克思主义者对马克思关于印度过往的理解存在

---

[1] http://www.marxists.org/archive/manc/works/1853/07/22 htm (accessed on 12 February 2013).

分歧，但几乎没有人质疑过他对种姓制度可能的未来的构想，那将是工业资本主义的发展给这类制度造成的影响。几乎所有的人都同意，种姓制度随着布尔乔亚阶级的社会与文化秩序的扩散注定会消失。

这对于马克思主义来说是对的，对所谓的现代化理论来说或许就更对了。

或许更有趣的是，尽管进化现代化的理念在20世纪70年代遭到了社会科学学者的广泛批评和近乎彻底的驳斥，但直到今天，它在许多方面仍具有影响力。它几乎已经成为印度中产阶级和其他阶层关于社会变革常识的一部分。尽管旧的社会进化论理论已不再被不加批判地接受，但它们依然极大地影响着大众对历史的看法。

变化的种姓制度

如前所述，种姓制度在过去四五十年间发生了许多根本变化。这些变化的出现要感谢以下各种各样的努力：（1）来自"下层"，通过那些一直处于"传统阶序"承受端的人发起的社会运动（参见第2、3、4和7章）；（2）来自"上层"，要感谢宪法条款和一些国家政策，它们赋予那些处于种姓阶序这一传统社会秩序边缘的人权利，且促进他们发展（参见第2章和第3章）；（3）来自"侧方"，这是社会和经济变革一般进程的结果，例如印度某些地区绿色革命的成功带来的农业变革，或工业和城市化的发展（参见第1、3、4和5章）。

围绕种姓制度构建的传统社会阶序体系发生的这些变化，有一些确实相当显著，甚至可以说"彻底"。如第1章所示，关于传统种姓制度的教科书观点主要从仪式上的和职业上的阶序来描述它，也就是一种封闭的阶层分化体系，其在旁遮普农村地区已不再存在。那些处于种姓阶序底层的人在某种程度上已经成功地找到了策略以减少他们对当地处于宰制地位的强大种姓群体的依附。关于旁遮普农村地区种姓关系发展变化的报道并非独一无二。学者们也在印度其他地区观察到类似的模式。詹姆斯·马诺尔近50年来一直密切观察印度社会和种姓社会关系，他最近提出，自印度独立以来发生的最重要的变化之中，

> 有两件事最为引人注目：拥有深厚社会根基的民主政体的兴起；在印度大部分农村地区，种姓阶序控制力的衰落。后一变化没有得到它本应该得到的广泛认可，但有来自各个不同地区的充足证据清楚地表明，这种变化一直在发生，虽然不均衡，但范围已很广泛，足以成为一种全国趋势（Manor 2012: 14）。

许多其他学者已经进行了很长时间的实地研究，马诺尔只是在重复这些学者在其研究地区的成果。从历史上看，旁遮普农村地区贾吉曼尼关系的瓦解过程始于殖民时期（Bhattacharya 1985）。然而，殖民政策也强化了印度农业环境下一些传统的依附关系（Alavi 1990; Bhaduri 1984; Bharadwaj 1974）。脱离殖民统治获得独立是经济及其社会组织的重要转折点。国家对农村发展和农业增长的投资为当地的变革进程提供了建设性的推动力。

研究农村社会和经济生活的社会人类学家在20世纪70年代初的某个时候开始报道传统的阶序和旧有的依附结构的衰落（参见Béteille 1996; Breman 1974; Thorner 1982）。这一变革进程也对地方层面的种姓关系产生了影响。到20世纪80年代初，这些变革相当清晰可见，甚至开始反映在民主或选举政治进程中。

例如，奥利弗·门德尔松（1993年）基于他在20世纪80年代对拉贾斯坦邦的村落进行的实地研究报告说，M. N. 斯里尼瓦在20世纪50年代在印度南部一个村落开展实地研究后提出的"宰制种姓"的概念在拉贾斯坦邦的农村地区已不再有意义。"如今低种姓，甚至是不可接触者村民已不再像过去报道的那样受制于他们在经济上和仪式上的高阶者了。"（Mendelsohn 1993: 808）有趣的是，他还称："在印度农村，土地已经与权威脱钩，即使这不是一场革命性的转变，也相当于一场历史性的变革了。"（Mendelsohn 1993: 807）到了世纪之交，斯里尼瓦本人在一篇他形容为"作为一个体系的种姓制度的讣告"的论文（2003年）中称，种姓制度的"系统性的"特征正在迅速从印度不同地区的农村社会中消失。从许多其他一直密切观察当代印度种姓制度的动态的学者的著作中，我们可以发现类似的观点（Béteille 1997; Charsley and Karanth 1998; Gupta 2000, 2004; Kapoor et al. 2010; Karanth 1996; Krishna 2001; Vaddiraju 1999）。

衰落的阶序、持续的不平等和种姓制度在今天的繁殖

或许，当代印度种姓制度的现实呈现出的最令人惊讶且最有

趣的事情是以下事实，即正当所有社会学证据都指向其衰落的时候，它却正变得越来越引人注目和复杂。不仅学术界和大众对种姓制度问题的兴趣在多方面均有增加，而且种姓制度问题本身也呈现出更新和更复杂的形式。在中产阶级的普遍想象中，种姓制度受关注程度日益增加，在公众中的存在感也越来越高，其原因在于它被政治化了，它受到狡猾政客的调用以及印度选举政治进程的总体"扭曲"。正如对今天种姓制度状况的普遍共识所表明的，国家提供预留名额的政策进一步促进了这一点。由此可以轻易得出以下结论：如果没有提供给表列种姓的配额制度和调用其他人的"落后状况"以争取更多的配额，种姓制度到如今可能已经被遗忘了，尤其是在印度农业经济的社会组织显然正在经历现代化进程和变革的时候。

本书各章介绍的实证研究并不支持此类表述基于的假设。以印度西北地区为例，资本主义发展和快速机械化的进程使传统的农业生产的社会组织框架变得完全多余。然而，完全没有证据表明，这一变化进程能够以任何方式消除农村地区基于种姓的差异和身份。相反，正如我们在第1、2、3章的讨论中看到的，不同种姓群体之间的经济不平等在某种程度上进一步加剧了。随着那些身处底层的人开始感觉到自我形象发生了变化，在社会上和政治上，他们对种姓差异的体验也变得更为强烈。随着对农业经济和宰制种姓的依附性的下降，他们能够作为平等公民正式参与民主政治进程，他们获得当地资源的权利仍然受到种姓制度和其旧的阶序体系所占的"地位"的限制，正如宰制群体认为的那样。那些身处底层的人不再接受这种情况，他们声称拥有村落"公共"资源的所有权，而这些资源迄今为止一直为宰制种姓社群独占。这些主张不容易被宰制群体接受，并且往往会导致宰制种姓对达利特人实行社会抵制，有时候还会引发暴力。

这不仅仅是理解的问题。抵抗和与种姓相关的暴行显现出清晰的趋势。广大学者都承认以下事实：尽管种姓制度的传统意识形态表象已经模糊，甚至其在制度上对人的控制都已经减弱了，包括不可接触制的衰落，但针对达利特人的暴力行为似乎还在不断增加，尤其是在过去的二三十年里（Béteille 2000b; Gorringe 2005, 2012; Mohanty 2007; Shah 2000; Teltumbde 2010）。在对关于该主题的文献进行概述之后，政治学家曼诺拉简·莫汉蒂（Manoranjan Mohanty）总结道："从汇集的这些大量数据得出的曲线图显示，尽管在某些年份报道的暴行数量可能有所下降，但针对达利特人的暴力行为的强度仍在增加"（Mohanty 2007: 4）。

在另一个层面上，种姓关系里这些日益增长的压力，即使它们以血腥暴力的形式出现，也会导致权力关系的重新谈判（参见Pandian 2013）。印度农村腹地的人们对公民权利的话语体系不再陌生。经常参加民主选举为达利特人提供了一种新的谈判语言，他们正在迅速学会使用这种语言来为自己争取利益，即使在权力关系没有发生根本改变的情况下也依然如此。

那些身处传统种姓阶序底层的人的流动经历，即他们离开农村摆脱农业经济，也并不是一个轻松的过程。正如我在第4章所述，那些走出农村/农业经济进入城市创业的人，发现很难越过新兴城市经济的边缘再向前进。种姓制度在许多方面影响着达利特人在商业上的发展。城市市场从未像经济学和社会学教科书上宣称的那样开放。在印度，种姓和亲属（有时是基于宗教的）社群积极地试图在特定的贸易中维持自己的"垄断地位"。即使维持"垄断地位"变得几乎不可能的时候,亲属关系网在城市商业经济中也扮演着非常关键的角色。除了充当看门人,这些关系网在通过银行等渠道筹集资金时也至关紧要,这是全世界各地的企业最关键的需求。鉴于他们过去的经济背景,那些出身历史上贫困社群的人也没有抵押物,比如农业用地或城市地产。"社会资本"和经济资源的缺乏由于主动"偏见"的存在而进一步恶化,这种"偏见"在他们的日常商业生活中以许多方式表现出来,使达利特人中不断繁衍社会/经济不平等的种姓身份,以及一种不同于他人和不平等的感觉不断生成(也参见 Hoff and Pandey, 2004; Iyer et al. 2013)。

第 5 章讲述了我们对德里大型私营公司招聘经理的采访,我们看到了这一剧本的重演。即使受访者极力否认在招聘过程中存在对种姓和社群的任何顾虑,但招聘者明显表现出对具有特定社会和文化技能的求职者的偏爱。受访者面试的这些高层职位的申请者大多已经过内部或招聘机构筛选,他们都受过教育且有资格受邀参加面试,所以面试的目的不仅仅是评判他们的技能和所受正规教育的质量。受访者寻求的是候选人的"适合性",即他们个性中的社会和文化方面。谁是合适的人选?招聘经理如何判断那些获选担任民营企业高层职务的人士的优点?

几乎每一位受访的招聘经理都同意,他们向准候选人询问的一个最重要的问题是关于他们的"家庭背景"。对招聘经理来说,家庭背景对了解候选人是否适合公司文化非常重要。对于高层职位的招聘,一个同样重要的考虑因素是候选人的语言技能,即候选人用英语流利发言和沟通的能力。换言之,关键的资格是"软技能",即一个人通过其种姓和阶级习性获得的"文化资本"(Bourdieu 1986)的性质和质量,根据招聘经理的说法,在很大程度上,这甚至决定了一个人的社会背景和居住地(农村-城市)。因此,正如萨蒂什·德什潘德指出的,这一过程将传统上高种姓的优势正常化,使之顺理成章地成为现代优势。对高种姓的人来说,种姓制度

> 相当于一个梯子,现在可以毫无顾忌地一脚踢开。这个阶层在兑现了自己传统的种姓-资本,并将其转化为现代形式的资本——例如资产、高等教育文凭和对利润丰厚的行业的控制——之后,现在认为自己"不属于任何种姓"(S. Deshpande 2013: 32)。

关于家庭背景的问题,对那些社会背景与面试官相似的求职者来说可能显得并无冒犯之意。然而,对那些出身弱势群体的第一代接受教育的求职者来说,这样的问题会让他们感觉不舒服和难堪。同一科研项目的另一项研究的结果报告,只有来自前贱民社群的学生才被迫背负他们种姓背景的重担,即使他们受过良好的教育并在城市里谋求生计(Deshpande and Newman 2007)。未来的雇主总是会向贴有表列种姓标签的学生询问他们对种姓制度的看法以及他们与预留政策的关联。那些来自高种姓的学生从未被问过此类问题。"当民营企业的雇主提出关于预留名额合法性的尖锐问题时,学生们就陷入被动状态了。"求职者讨厌被询问此类问题。他们觉得"被要求为自己的经历、个人简介、档案辩护"(A. Deshpande 2011: 182–212)。

我们采访的每个招聘经理几乎都承认如下事实,即对关于家

庭背景问题的回答也让他们了解到求职者的"社会出身"。他们中的大部分人都承认候选人的种姓背景并不难猜测。其中一些受访者以实事求是的方式告诉我们，当他们走访教育机构进行"校园招聘"时，一些大学甚至向他们提供了两份不同的名单，一份列出的是所有来自"普通"类别的毕业生候选人，另一份列出的则是来自"预留名额"类别的毕业生候选人。

当我们继续询问关于"配额"的问题以及他们对在政府职位和教育机构中为表列种姓预留名额的看法时，几乎每个受访者都对这个问题持否定态度。他们都希望把"能力"作为聘用求职者的唯一评判标准，即使他们都承认在选拔过程中，除了能力之外的品质往往更重要。这种态度还源于如下事实，即印度企业的所有者和管理者几乎清一色出身高种姓。最近一项以1 000家公司为样本的研究报告称，印度公司多达92.6%的董事会成员来自高种姓（44.6%出身婆罗门，46%来自吠舍）。相比之下，表列种姓和表列部落合起来只占到了3.5%。甚至占印度总人口近一半的其他落后阶层所占的比例也几乎可以忽略不计（3.8%）（Daljit et al. 2012）。在企业的高管层，"种姓多元化是不存在的"。该研究还得出结论，这一结果并非任何一种以业绩为目标的随机过程导致的。

> 它是一个小而封闭的世界。在企业界，社会关系网扮演着重要角色。印度企业董事会仍然属于基于种姓关系的"老同学俱乐部"，而不是根据其他因素（例如业绩或经验）组成。由于欠缺能力而导致低种姓所占比例偏小这种论点很难站得住脚。种姓是搭建人际关系网的一个重要因素。印度企

业界这个小圈子只有其种姓亲属关系网内的交流互动（Daljit et al. 2012: 42）。

在印度庞大的非正规经济中，种姓甚至更为重要。芭芭拉·哈里斯-怀特（Barbara Harriss-White）对南印度城市进行了研究，她总结道：

> 种姓制度……在非正规经济内为合同，为转包、分包以及为劳动力招聘提供了所需的关系网……自由化使这些基于种姓的关系变得更为重要，因为它使利益的提升受到了新的重视……种姓制度最终与公民社会的所有其他组织联系在一起，全面调节经济和社会生活（2003: 178–179）。

我们所能查阅到的数量有限的关于印度社会流动性的实证文献进一步佐证了以下观点，即种姓制度的运作确实会阻挡那些身处种姓阶序底层的人（Kumar et al.2002; Thorat and Attewell 2007; Thorat and Newman 2010; Vaid and Heath 2010）。即使种姓制度在文化或意识形态上的影响力消失了，物质社会中垂直的、社会与经济流动的可能性仍然相当有限。大部分的流动似乎只是横向的，从传统的种姓职业或农村的农业劳动转移到印度庞大的非正规经济中的低端不稳定工作。在不断变化的动态社会中，"高种姓"不再"能免于受到向上流动的力量的冲击"，但更重要的是，那些处于"传统"阶序底层的人很难向上流动（Vaid 2012: 420）。换言之，印度的社会流动场景呈现出一种"连续性而非变革性的"样貌（Kumar et al. 2002: 4096）。

本书介绍的最后两项研究（第7章和第8章）向我们讲述了那些在某种意义上已经"脱离种姓制度"的个人和社群的种姓经历。

与在B.R.安贝德卡尔的领导下"脱离"印度教的马哈拉施特拉邦的新佛教徒相似，旁遮普的拉维达西人也自豪地维护自己独特的宗教身份。他们会宣称自己既不是印度教徒也不是锡克教徒。然而，即使他们希望将自己标识为一个宗教团体，在某种意义上，他们仍然受困于种姓制度的框架内。不仅所有那些自称拉维达西人的人都来自一个单一的种姓社群，被列为旁遮普邦的表列种姓，而且其他社群对他们的看法也没有任何改变。鉴于身份总是在主体间形成和复制，因此在建立独特身份方面所做的投资和获得的收益仍然有限。由于其大多数成员在经济和社会上处于边缘地位，因此放弃国家提供的预留名额是没有道理的。然而，就像已经自己创业的达利特人一样，即使规模和抱负都不大，拉维达西人也为自己感到自豪，他们能够凭借自己的力量或与他们在海外的侨民亲属合作创造新的资源，为他们的社群和其他人谋取福利。

与旁遮普邦的拉维达西人类似，德里的达利特活动人士（第7章）也在与多重身份做斗争，但他们坚定地忠于他们自己的"社群"，坚决致力于反抗偏见和"消灭"种姓制度的事业。对许多人来说，这是一种"回报"那些使他们能够向上流动并摆脱种姓阶序体系的人的方式。尽管他们已经远离了自己社群的社会和文化背景，但他们仍然相当自豪地认同自己的"出身"，并倡导通过援引市民、公民权利的全球化语言来保护达利特个人和社群的"权利"，即使他们这些活动人士开展运动的目标是当地政府。然而，在这样做的同时，他们也述说了自己受到区别对待、歧视和拒绝的经历。这些经历也使他们对种姓制度的"羞辱"有非常强烈的感受。即使他们中的一些人想忘记自己的种姓出身，融入城市中产阶级的社会环境，他们也发现自己在这个充满种姓歧视的社会空间中依然步履维艰。在许多方面，印度城市仍然实行着以种姓为界限的隔离。甚至有关印度城市人口分布的宏观数据也表明，表列种姓往往集中在城市的某些地区（Dupont 2004; Vithayathil and Singh 2012: 64）。维塔亚蒂尔（Vithayathil）和辛格分析了2001年针对孟买、德里、加尔各答、金奈、班加罗尔、艾哈迈达巴德和海得拉巴等城市不同种姓和不同社会经济类别的居住空间所做的普查，情况相当令人沮丧。

21世纪初，在印度七大都市中，我们发现种姓仍然是真实存在的隔离城市居住区的界限。我们分析了这些城市中的每一座，均发现按种姓划分的居住隔离要比按社会经济地位划分的隔离程度大得多。种姓制度在历史上塑造了居住空间的组织，尤其是在村落一级，而在当代印度城市中，似乎依然如此（2012: 64）。

社会变革和种姓制度的繁殖

我们该如何协调种姓制度的改变和持续存在这两组现实？怎么解释与种姓相关的暴力的持续存在，其中受害者几乎总是来自历史上一直处于种姓社会秩序承受端的种姓社群？居住在城市的达利特人坚持将自己的日常经历表述为羞辱、否认和歧视，而不仅仅是文化差异或社会多样性的问题，我们该如何对他们的经历做出解释？

本书中讲述的故事试图探讨当今种姓制度存在分歧的各种现实。虽然这些案例确实向我们展示出种姓制度经历的变化，但它们也讲述了种姓制度的继续存在及其以许多不同的复杂方式在日常生活中的繁殖。本书中介绍的实证研究和大量新出现的相关文献都清楚地表明，种姓制度仍然是造成质的不平等的关键根源。换言之，无论是基尼系数经济学，还是选举政治分析，都没有把今天的种姓问题讨论透彻。

正如我们看到的，有大量证据表明，多年来，"旧"的基于种姓的阶序结构和依附经济已被显著削弱了。作为这一过程的重要组成部分，种姓制度对意识形态的控制也已有所松动。无论过去的情况如何，在今天的前贱民之中，很少有人会认为自己是不洁的，也不会认为自己的地位低下是正当的——理由仅仅是自己在某个前世行为不端，这是一个"自然的事实"（Charsley and Karanth 1998）。今天他们"都渴望更舒适的物质环境，所有人都要求更有尊严"（Deliège 1999: 1999）。

然而，尽管种姓制度被"世俗化"或去神圣化（Sheth, 1999），但它继续构建着社会不平等。关于贫穷和生产性资产的现有证据确实表明，种姓制度与经济特权/剥夺之间存在着显著的相关性。那些身处传统种姓阶序底层的人，在穷人和边缘人群之中所占比例往往显著过高，而在另一端，这种正相关关系同样很强。那些处于种姓阶序上层的人出现在经济困难的类别中的可能性要小得多。然而，沿袭马克思或韦伯的传统概念化的阶级范畴，仍然无法捕捉到今天种姓制度演化出的新的现实。

正如我在本书不同章节中论证的，经济发展必然会把不同群体或社群的基于种姓的不平等转化成为个人之间基于阶级差异的假设或设想，这种转化从根本上就是错误的。东方学家和杜蒙对种姓制度进行理论化，将其视为印度教徒的宗教和纯粹的意识形态制度，这种观点则更加错误。种姓制度在意识形态上甚至在制度上的衰落本身并未产生任何平等。即使旧的意识形态和传统结构正在瓦解，与基于种姓的不平等相关联的社会和文化偏见仍然继续存在。过去遗留下来的物质差距通过普遍的社会偏见和其他社会机制，例如社会和文化资本的差异，助长了不平等的繁殖（参见 Bourdieu 1986）。当社会交流互动增强，经济和政治领域中的竞争成为可能时，差异会更加刺激偏见和成见的产生。随着达利特人和其他落后阶层的社群越来越多的参与，民主政治领域中的竞争对昔日的宰制群体来说确实已经成为现实。宰制群体过去一直把自己的权力视为理所当然，现在则对变革和民主化感到愤怒。在国家预留政策的支持下，表列种姓和其他落后阶层也进入了行政管理系统，并有志更多地参与城市经济。

本书主张的观点可以打开种姓制度问题，并使用另一种语言重新表述该问题，而不是将其简化为一种宗教现象或印度教思想的一个特殊事实——一种源自其经典宗教典籍的观点。尽管瓦尔纳的概念得到了《摩奴法典》的认可，但是种姓制度的现实要复杂得多，在南亚次大陆及其他地区的不同宗教社群中普遍存在。正如马克斯·韦伯（1946年）所言，种姓制度是一种理想类型的社会不平等——地位，在各种社会和各段历史中均可找到的权力的一个方面——的一个很好的例子。因此，种姓制度可与各种各样类似的社会不平等结构相比。

如韦伯所言，地位是社会不平等的一个方面，但它不同于阶级。韦伯的地位概念也将帮助我们在一种比较的框架下概念化种姓制度，而不会把它限制为一种为世界上某个宗教或地区所独有的传统。虽然种姓制度作为一个概念范畴确实不同于阶级，但它的繁殖并不意味着是过去传统的"遗留"。它以许多复杂的方式在布尔乔亚阶级的资本主义市场、在新自由主义全球化的新兴经济和文化中表达自己和复制自己。

关于偏见与歧视的社会学

正如本章开头指出的，我们也许还可以从社会学家和经济学家以美国社会的种族问题为背景撰写的一些关于种族歧视的著作中获益。

正如泰勒（Taylor）和佩蒂格鲁（Pettigrew）（2010年）指出的，偏见具有两个相互关联的维度：情感的和认知的。它只能存在于以不平等为标志的群体关系的环境中。"目标群体"是通过先赋的或社会的标准来确定的，针对他们存在一种负面情绪或反感。这种负面情绪不会只停留在情绪层面，它通过产生成见在"宰制群体"的文化语境下，在社会或群体层面进行认知上的转化。

因此，偏见中总是有政治的成分。例如，威廉·威尔逊（William Wilson）强调了如下观点，即"种族主义的信仰和行为只限于那些有助于维护种族统治地位的，并且与相信从属群体的劣等联系在一起的信仰和行为"（1973: 301）。该论点潜在的假设是，即使在从属群体之中可能存在针对宰制群体的种族偏见，它也不可被算作种族主义，因为它无助于维护宰制群体的种族统治地位（Wilson 1973）。

研究美国社会种族偏见的学者也认为，多年来，偏见的性质经历了一些重大变化。虽然公开和公然的偏见已经减少，但微妙的和"象征性的"偏见继续存在（Pager and Shepherd 2008; Quillian 2006）。

从理论上说明歧视

歧视相当容易定义。简单来说，它指的是个人或群体/社群因其种族、族群或种姓而受到的不平等待遇。歧视不同于偏见，偏见可以只是某人头脑中的态度，而歧视是在社会关系的背景下产生的具体行为。更重要的是，歧视还会产生查尔斯·蒂利（Charles Tilly 1998）描述的"差别性影响"和社会不平等。奎利恩（Quillian）指出了两种研究歧视的方法。第一种是概括的研究方法，假定所有基于群体的不平等"一定是当前或过去的歧视性做法的结果"。第二种是"狭义的定义……仅将歧视限定为意图伤害目标群体的行为"（Quillian 2006: 300）。

研究种族关系的学者也试图对歧视做出解释。尽管美国经济学家的一些著作阐述的是关于劳动力市场不完善的微观经济学，但这些著作在增进我们对歧视的理解方面一直发挥着相当大的作用。加里·贝克尔（Gary Becker）的《歧视经济学》（*The Economics of Discrimination*, 1957）属于这类著作中的第一批。

在他看来，雇主更喜欢根据种族或民族出身来招聘员工是因为他们"钟情于歧视"。然而，这种歧视从长远来看不太可能是可持续的，因为它会给雇主带来"成本"。鉴于他们"对歧视的喜爱"，他们最终一定会雇用能力不足的员工，而排除真正优秀的候选人。这进而会导致市场的不完善，从长远来看，这样的雇主拥有的公司不太可能生存下来，因为雇主带有偏见的招聘会对企业的利润产生负面影响。

另一位专注研究劳动力市场的歧视的经济学家肯尼思·阿罗（Kenneth Arrow 1973）修正了贝克尔的论点。他认为，歧视实际上是可以长久存在的，而且这可能不仅仅是因为喜好的因素。雇主往往也愿意雇用特定种族或社群的员工，因为他们希望避免经济上的不确定性。他们这样做是因为在有关求职者的相关效率特征、技能、可靠性、可培训性等方面缺乏适当的信息或难以获得正确的信息。在缺乏适当信息的情况下，他们必然依赖于求职者的先赋性身份来做判断，例如性别、种族或民族起源。这进而产生了他所描述的"统计性歧视"。不同于贝克尔的模型，阿罗的模型表明歧视可以长久存在，因为竞争性市场总是"为信息问题所困扰"（Kohler-Hausmann 2012: 49）。

这类"模型"显而易见的问题是，它们是基于个人选择和"不完美经济行为"的推定。即使"统计性歧视"能够长久存在，人们也认为这是由于信息不完善造成的。这种解释没有指出歧视过程中的"人类能动性"，也回避了追究这类行为的道德/政治责任。

从事歧视研究的社会学家更多地关注歧视的社会结果，着眼点是歧视对某些种类的社会不平等的繁殖和产生长期稳定的社会分层模式的影响。他们专注于研究某些群体的社会和文化意义如何被构建，以及如何被用于对已经处于弱势的群体（例如在劳动力市场中）产生不利后果的过程。

歧视也不仅仅是雇主的一次性决定。它作为一个过程运作，从根本上塑造了现代组织和机构。因此，社会学家研究的一个重要领域是社会关系网的作用，例如在招聘做法和居住聚落区方面，在某类社会不平等的繁殖方面。组织动力学倾向于通过"行为主体的认知偏见和成见"来运作（Pager and Shepherd 2008: 194）。例如，蒂利主张，"持久的不平等"出现的原因是，"控制产生价值的资源的使用权的人"选择"以分类区别的方式"来处理紧迫的组织问题（Tilly 1998: 8）。

即使行为主体可能并非直接地希望"制造这样的不平等"，但他们也努力通过区分局内人和局外人来保卫和垄断获取知识和有价值的资源的渠道，确保团结和忠诚（Tilly 1998: 11；也参见 Pager and Shepherd 2008: 104）。

虽然运作的模式可能很复杂，但其后果与我们所知的明显和公开的歧视实例非常相似。因此，并不是说，种姓或种族的对立只能在前现代的农业体系或农村腹地中生存。歧视可以成为最先进和现代的社会组织的一部分。正如我们在第5章和第6章中看到的，从在小城镇中创办和经营小生意到在大都市的企业找工作，关系网在城市经济的各个层面都发挥着关键作用。

从不同的章节可以明显看出，种姓和种族似乎是非常类似的社会过程。不仅种姓制度通过"偏见"和"歧视"在当代印度繁殖，而且今天的种姓暴行现象，就其功能而言，即产生权力关系的社会心理基体，与直到约20世纪中叶仍在美国很常见的对黑人实施的私刑几乎没有任何不同。正是在这种背景下，我提议在偏见和歧视的框架内开始对种姓制度进行概念化，偏见和歧视作为一种社会学上的过程使种姓制度能够持续并在当代繁殖。这种歧视框架必须具有比较性，将种姓视为"地位"和"权力"的范畴，类似于"种族"，或在某些情况下，类似于族群。因此，在地位、权力和歧视的框架下对种姓制度进行比较理解，将使我们能够理解种姓制度繁殖的复杂过程，而不会囿于有时被称为印度例外论的困境中。

在更实际的层面上，如果我们希望在印度创造一个公平的竞争环境，并通过设法阻止社会不平等的繁殖来解决该问题，那么这种看待种姓制度的视角会突显出实施干预的迫切需要。这些干预措施可以来自上层，以国家平权政策的形式，其中一些政策已经在印度实施。它们也可以来自下层，以社会变革运动的形式。假定或者预期在资本主义发展和新自由主义经济改革的压力下，随着传统社会秩序（例如仪式阶序的观念或印度教贾吉曼尼制度）的衰落，种姓不平等会自行消失，将是相当具有误导性的。劳动力市场的个体化只会使像种姓制度这样的结构"隐形"（见 Rehbein 2013）。它并没有使种姓制度变得无关紧要，特别是在其关系重大的事情上，即社会中有价值的商品的分配。

然而，这绝对不是暗示印度在过去一个世纪左右经历的社会和经济变革只是浮于表面的。相反，从本书介绍的各项研究可以明显看出，这种变革是相当显著的，在某些情况下甚至是彻底的。尽管民主取得成功并普及开来，旧的阶序瓦解了，但机会结构和社会价值并没有变得显著"开放"。种姓制度仍然是构成和繁殖不平等的方式中的一个重要的甚至是关键的变量。普遍且持续存在的不平等也没有在性质上变成个体化的或纯粹的经济上的不平等。它们在本质上仍然是社会和文化上的不平等。旧的地方层面的阶序体系确实已经解体，但是一个新的基于种姓和亲属关系制度的关系网的阶序似乎正在兴起。这些阶序通过对社会和文化资本的"垄断"来运作，使种姓制度得以繁殖。当旧的阶序瓦解，各社会群体开始争夺经济、政治和文化/社会地位领域的稀缺资源时，偏见和歧视就变得引人注目和更加活跃。因此，新自由主义资本主义不会摧毁种姓制度。相反，它通过鼓励以关系网为基础的经济形态间接地帮助了它的繁衍。即使旧的阶序意识形态让位给了公民身份意识，公民身份意识成了所有处于印度社会和种姓制度边缘的人的一部分愿望，但无论是作为一种价值还是作为一种实践，它的制度化进程仍有很长的路要走。

参考文献

Ajit. D., Han Donker, Ravi Saxena. 2012. "Corporate Boards in India: Blocked By Caste", *Economic and Political Weekly*, 47 (31): 39–43.

Alavi, H. 1990. "Structure of Colonial Formations", in Utsa Patnaik (ed.), *Agrarian Relations and Accumulation: The Mode of Production Debate in India*, pp. 165–82. Delhi: Oxford University Press.

Ambedkar, B. R. 1987. "Revolution", in *Dr. Babasaheb Ambedkar Writings and Speeches*, vol. 3. Bombay: Government of Maharashtra.

——. 2002. "Caste in India" in Ghanshyam Shah (ed.), *Caste and Democratic Politics in India*, pp. 83–107. Delhi: Permanent Black.

——. 2007 [1937]. *Annihilation of Caste*. New Delhi: Critical Quest.

Appadurai, A. 1988. "Putting Hierarchy in its Place", *Cultural Anthropology*, 3 (1): 36–49.

Arnold, D., Robin Jeffrey and James Manor. 1976. "Caste Associations in South India: A Comparative Analysis", *Indian Economic and Social History Review*, 13 (3): 353–73.

Arrow, K. J. 1973. "The Theory of Discrimination", in O. Ashnfelter and R.

Rees (eds), *Discrimination in Labour Markets*, pp. 3-33. Princeton, NJ: Princeton University Press.

Bailey, F. G. 1963. "Closed Social Stratification in India", *European Journal of Sociology*, 4 (1): 107-24.

Banerjee-Dube, Ishita. 2008. "Introduction: Questions of Caste", in *Caste in History*, pp. xv-lviv. New Delhi: Oxford University Press.

Banerjee, Biswjit and J. B. Knight. 1985. "Caste Discrimination in Urban Labour", *Journal of Developing Economics*, Elsevier, 17 (3): 277-307.

Becker, G. S. 1957. *The Economics of Discrimination*. Chicago: University of Chicago Press.

Berreman, Gerald D. 1991. "The Brahamanical View of Caste", in Dipankar Gupta (ed.), *Social Stratification*, pp. 87-88. New Delhi: Oxford University Press. [First published in *Contributions to Indian Sociology*, 5 (1):16-25.]

Béteille, A. 1970. "Caste and Political Group Formation in Tamilnad", in Rajni Kothari (ed), *Caste in Indian Politics*, pp. 245-82, Hyderabad: Orient Longman.

——. 1986. "Individualism and Equality", *Current Anthropology*, 27 (2): 121-34.

——. 1996 [1971]. *Caste, Class and Power: Changing Patterns of Stratification in Tanjore Village*. New Delhi: Oxford University Press.

——. 1997. "Caste in Contemporary India", in C. J. Fuller (ed.), *Caste Today*, pp. 150-79. Delhi: Oxford India Paperback.

Béteille, A. 2000a. *Chronicles of Our Time*. New Delhi: Penguin Books.

——. 2000b. "The Scheduled Castes: An Inter-regional Perspective", *Journal of Indian School of Political Economy*, 12 (3-4): 367-80.

Bhaduri, A. 1984. *The Economic Structure of Backward Agriculture*. Delhi: Macmillan.

Bharadwaj, K. 1974. *Production Conditions of Indian Agriculture*. Cambridge: Cambridge University Press.

Bhattachaiya, N. 1985. "Agricultural Labour and Production: Central and South-East Punjab", in K. N. Raj (ed.), *Essays on the Commercialization of Indian Agriculture*, pp. 105-62. Delhi: Oxford University Press.

Bouglé, C. 1971. *Essays on the Caste System*. Cambridge: Cambridge University Press.

Bourdieu, Pierre. 1984. *Distinction*. London: Routledge and Kegan Paul.

——. 1986. "The Forms of Capital", in John G. Richardson (ed.), *Handbook of Theory and Research for the Sociology of Education*, pp. 241-58. New York: Greenwood Press.

Brass, T. 1990. "Class Struggle and Deproletarianisation of Agricultural Labour in Haryana (India)", *The Journal of Peasant Studies*, 18 (1): 36-87.

Breckenridge, C. A., and Peter van der Veer (eds). 1993. *Orientalism and the Postcolonial Predicament: Perspectives on South Asia*. Philadelphia: University of Pennsylvania Press.

Breman, J. 1974. *Patronage and Exploitation: Changing Agrarian Relations in South Gujarat India*. Berkley: University of California Press.

Chakravarti, A. 1975. *Contradiction and Change: Emerging Patterns of Authority in a Rajasthan Village*. Delhi: Oxford University Press.

Chandra, K. 2000. "The Transformation of Ethnic Politics in India: The Decline of Congress and the Rise of the Bahujan Samaj Party in Hoshiarpur", *Journal of Asian Studies*, 59 (1): 26-61.

Charlene, S. 2008. "'Dalits-Sikhs' Relation: A Contrasted Approach". Unpublished paper.

Charsley, Simon R. 1996. "'Untouchable': What is in a Name?", *Journal of the Royal Anthropological Institute*, 2 (1): 1–23.

Charsley, S. R., and G. K. Karanth. 1998. *Challenging Untouchability: Dalit Initiative and Experience from Karnataka*. New Delhi: Sage Publications.

Chatterjee, P. 2001. "On Civil Society and Political Society in Postcolonial Democracies", in Sudipta Kaviraj and Sunil Khilnani (eds), *Civil Society: History and Possibilities*, pp. 165–78. Cambridge: Cambridge Press.

Cohn, B. S. 1968. "Notes on the History of the Study of Indian Society and Culture", in Milton Singer and B. S. Cohn (eds), *Structure and Change in Indian society*, pp. 3–28. New York: Aldine Publishing Company.

——. 1987. *An Anthropologist among Historians and Other Essays*. Delhi: Oxford University Press.

Cohn, B. S. 1996. *Colonialism and its Forms of Knowledge: The British in India*. Princeton: Princeton University Press.

Collins, R. 1979. *Credential Society: A Historical Sociology of Education and Stratification*. New York: Academic Press.

Cox, Oliver C. 1948. *Caste, Class and Race: A Study in Social Dynamics*. New York and London: Modern Readers Paperbacks.

Das, Veena, and J. P. S. Uberoi. 1971. "The Elementary Structures of Caste", *Contributions to Indian Sociology*, 5: 33–43.

Deliège, Robert. 1993. "The Myth of Origin of the Indian Untouchables", *Man*, New Series, 28 (3): 533–49.

——. 1999. *The Untouchables of India*. New York: Berg.

Desai, I. P. 1976. *Untouchability in Rural Gujarat*. Bombay: Popular Prakashan.

Deshpande, A. 2011. *The Grammar of Caste: Economic Discrimination in Contemporary India*. Delhi: Oxford University Press.

Deshpande, A., and K. S. Newman. 2007. "Where the Path Leads: The Role of Caste in Post-University Employment Expectations", *Economic and Political Weekly*, 42 (41): 4133–40.

Deshpande, L. K. 1979. *The Bombay Labour Market*, Department of Economics (mimeo). Bombay: University of Bombay.

Deshpande, Satish. 2013. "Caste and Castelessness towards a Biography of the General Category", *Economic and Political Weekly*, 48 (15): 32–39.

Dirks, N. 1989. "The Original Caste: Power, History and Hierarchy in South Asia", *Contributions to Indian Sociology*, 23 (1): 59–77.

——. 2001. *Castes of Mind: Colonialism and the Making of Modern India*. Princeton: Princeton University Press.

Dumont, L. 1998 [1971]. *Homo Hierarchicus: The Caste System and its Implications*. Delhi: Oxford India Paperbacks.

Dupont, V. 2004. "Socio-Spatial Differentiation and Residential Segregation in Delhi: A Question of Scale?", *Geoforum*, 35: 157–75.

Durkheim, Emile. 1997 [1893]. *The Division of Labor in Society*, translated by Lewis A. Coser. New York: Free Press.

Frankel F., and M. S. A. Rao (eds). 1989, 1990. *Dominance and State Power in Modern India: Decline of a Social Order* (two volumes). Delhi: Oxford University Press.

Fuller, C. J. 1977. "British India or Traditional India? An Anthropological Problem", *Ethnos*, 3 (4): 95–121.

——. 1984. *Servants of the Goddess: The Priests of South Indian Temple*. Cambridge: Cambridge University Press.

Galanter, Marc. 1984. *Competing Equalities: Law and the Backward Classes in India*. Delhi: Oxford University Press.

Gellner, David N. (ed). 2009. *Ethnic Activism and Civil Society in South Asia*. New Delhi: Sage Publications.

Ghurye, G. S. 1932. *Caste and Race in India*. London: Kegan Paul.

Giddens, A. 1980. *The Class Structure of the Advanced Societies*. London: Unwin Hyman.

Gorringe, Hugo. 2005. *Untouchable Citizens: Dalit Movements and Democratisation in Tamil Nadu*. New Delhi: Sage Publications.

——. 2009. "Becoming a Dalit Panther: Caste-based Activism in South India", in David N. Gellner (ed.), *Ethnic Activism and Civil Society in South Asia*, pp. 145–74. New Delhi: Sage Publications.

——. 2012. "Caste and Politics in Tamil Nadu", *Seminar*, May, 633: 38–42.

Grewal J. S. 1989, "Changing Sikh Self-image before Independence", in P. C. Chatterjee (ed.), *Self-Images Identity and Nationalism*, pp. 187–200. Shimla: Indian Institute of Advanced Study.

——. 1994. *The Sikhs of Punjab*. Cambridge: Cambridge University Press (Indian edition, New Delhi: Fountain Books).

Gupta, Dipankar, 1981. "Caste Infrastructure and Superstructure", *Economic and Political Weekly*, 16 December: 2093–104.

——. 2000. *Interrogating Caste: Understanding Hierarchy and Difference in Indian Society*. Delhi: Penguin Books.

——. (ed.). 2004. *Caste in Question: Identity or Hierarchy*. New Delhi: Sag

Publications.

———. 2005. "Whither the Indian Village: Culture and Agriculture in 'Rural' India", *Economic and Political Weekly*, 40 (8): 751-58.

Guru, Gopal. 2012. "Rise of the 'Dalit Millionaire': A Low Intensity Spectacle", *Economic and Political Weekly*, 47 (50): 41-49.

Hardgrave, R. L. 1969. *The Nadars of Tamilnad: The Political Culture of a Community in Change*. Berkley: University of California Press.

Hardtmann, Eva-Maria. 2009. *The Dalit Movement in India: Local Practices, Global Connections*. Delhi: Oxford University Press.

Harris, John. 2005. "Middle Class Activism and Poor People's Politics: An Exploration of Civil Society in Chennai", Working Paper Series, 5-72. London: London School of Economics.

Harris, John, K. P. Kannan and Gerry Rodgers. 1990. *Urban Labour Markets Structure and Job access in India: A Study in Coimbatore*. Geneva: International Institute of Labour Studies.

Harriss-White, B. 2003. *India Working: Essays on Society and Economy*. Cambridge: Cambridge University Press.

Hasan, Z. 1998. *Quest for Power: Oppositional Movements and Post-Congress Politics in Uttar Pradesh*. Delhi: Oxford University Press.

Hawley, J. S., and M. Juergensmeyer. 1988. *Songs of the saints of India*. Delhi: Oxford University Press.

Hoff, K., and P. Pandey. 2004. "Belief Systems and Durable Inequalitie: An Experimental Investigation of Indian Caste", Policy Research Working Paper no. 3351. Washington DC: World Bank.

Inden, Ronald. 1990. *Imagining India*. Oxford: Blackwell.

Iyer, Lakshmi, Tarun Khanna and Ashutosh Varshney. 2013. "Caste and Entrepreneurship in India", *Economic & Political Weekly*, 48 (6): 52-60.

Jaffrelot, C. 2000. "The Rise of the Other Backward Classes in the Hindi Belt", *The Journal of Asian Studies*, 59 (1): 86-108.

——. 2003. *India's Silent Revolution: The Rise of Low Castes in North Indian Politics*. Delhi: Permanent Block.

JaouL Nicolas. 2007. "Political and Non-Political Means in the Dalit Movement", in Sudha Pai (ed.), *Political Process in Uttar Pradesh: Identity, Economic Reforms and Governance*, pp. 191-220. New Delhi: Pearson.

Jassi, Sat Pal. 2001. *Holy Hymns and Miracles of Guru Ravi Das Ji*. Jalandhar: Shri Guru Ravi Dass Janam Asthan Public Charitable Trust.

Jayal, Niraja Gopal (ed.). 2001. *Demoaacy in India*. Delhi: Oxford University Press.

Jayal, Niraja Gopal, and Pratap Bhanu Mehta. 2010. *The Oxford Companion to Politics in India*. Delhi: Oxford University Press.

Jodhka, S. S. 1994. "Agrarian Changes and Attached Labour: Emerging Patterns in Haryana Agriculture", *Economic and Political Weekly*, 29 (39): 102-6.

——. 2000. "Prejudice without Pollution? Scheduled Castes in Contemporary Punjab", *Journal of Indian School of Political Economy* (special issue on Scheduled Castes edited by Andre Béteille), 12 (3 and 4): 381-402.

——. (ed.). 2001. *Community and Identities: Contemporary Discourses on Culture and Politics in India*. New Delhi: Sage Publications.

——. 2006. "Beyond 'Crises': Rethinking Contemporary Punjab Agriculture", *Economic and Political Weekly*, 41 (16): 1530-37.

——. 2012a. "Agrarian Changes in the Times of (Neo-Liberal Crises): Revisiting Attached Labour in Haryana Agriculture", *Economic and Political Weekly*, 47 (26-27): 5-13.

——. 2012b. "Caste", in *Oxford India Short Introductions*. Delhi: Oxford University Press.

——. 2014. "Emergent Ruralities: Revisiting Village Life and Agrarian Change in Haryana", *Economic and Political Weekly*, 49 (26-27): 5-17.

Jodhka, S. S., and Katherine Newman. 2007. "In the Name of Globalisation: Meritocracy, Productivity and the Hidden Language of Caste", *Economic and Political Weekly*, 42(41): 4125-32.

Jogdand, P. G. (ed.). 2000. *New Economic Policy and Dalits*. Jaipur: Rawal Publications.

Jones K. W. 1976. *Arya Dharma: Hindu Consciousness in 19th Century Punjab*. Berkley: University of California Press.

Judge, P., and G. Bal. 2008. "Understanding the Paradox of Changes among Dalits in Punjab", *Economic and Political Weekly*, 43 (41): 49-55.

Juergensmeyer, M. 1988 [1982]. *Religious Rebels in the Punjab: The Social Vision of Untouchables*. Delhi: Ajanta Publications.

Kapoor, D., C. B. Prasad, L. Pritchett, and D. Shyam Babu. 2010. "Rethinking Inequality: Dalits in Uttar Pradesh in the Market Reform Era", *Economic and Political Weekly*, 45 (35): 39-49.

Karanth, G. K. 1996. "Caste in Contemporary Rural India", in M. N. Srinivas (ed.), *Caste: Its Twentieth-Century Avatar*, pp. 87-109. New Delhi: Penguin.

Kaviraj, Sudipta (ed.). 1997. *Politics in India*. Delhi: Oxford University Press.

Kohler-Hausmann, Issa. 2012. "Discrimination", in *Oxford Bibliographies*

Online: Sociology. New York: Oxford University Press.

Kohli, A. (ed.). 2001. *The Success of India's Democracy.* Cambridge: Cambridge University Press.

——. 2006. "Politics of Economic Growth in India, 1980—2005", *Economic and Political Weekly*, 1-7 April, 41 (13): 1361-70.

Kothari, Rajni. 1970. *Caste in Indian Politics.* Hyderabad: Orient Longman.

Krishna, Anirudh. 2001. "What is happening to Caste? A View from Some North Indian Villages", Working Paper SAN01-04. Duke: Terry Sanford Institute of Public Policy.

Krishna Anirudh, and V. Brihmadesam. 2006. "What does it take to become a Software Professional?", *Economic and Political Weekly*, 41 (30): 3307-14.

Kumar, S., Anthony Heath and Oliver Heath. 2002. "Determinants of 'Social Mobility in India'", *Economic and Political Weekly*, 37 (29): 2983-87.

Lele, J. 1990. "Caste, Class and Dominance: Political Mobilization in Maharashtra", in F. Frankel and M. S. A. Rao (eds), *Dominance and State Power in Modern India: Decline of a Social Order*, vol. 2, pp. 115-211. Delhi: Oxford University Press.

Lewis, Oscar. 1966, *The Culture of Poverty.* San Francisco: W. H. Freeman.

Lindberg, Staffan. 2010. "Whom and What to Fight? Indian Farmers Collective Action under Liberalisation and Globalisation", in Birinder Pal Singh (ed.), *Punjab Peasantry in Turmoil*, pp. 145-66. New Delhi: Manohar.

——. 2012. "Rural India 1970—2005: An Arduous Transition to What?", *The Indian Journal of Labour Economics*, 55 (1): 61-75.

Lynch, O. M. 1969. *The Politics of Untouchability: Social Mobility and Change in a City of India.* New York: Columbia University Press.

Manor, J. 1989. "Karnataka: Caste, Class, Dominance and Politics in a Cohesive Society", in F. Frankel and M. S. A. Rao (eds), *Dominance and State Power in Modem India: Decline of a Social Order*, vol. 1, pp. 322-61. Delhi: Oxford University Press.

Manor, J. 2010. "Prologue: Caste and Politics in Recent Times", in Rajni Kothari (ed.), *Caste in Indian Politics*, second edition, pp. xi-lxi. Hyderabad: Orient Blackswan.

——. 2012. "Accommodation and Conflict", Seminar, May, 633: 14-18. Marx, Karl. 1853. "The British Rule in India", *New York Daily Tribune*, 25 June. http://www.marxists.org/archive/marx/works/1853/06/25 htm (accessed on 12 February 2013).

Mehta, Pratap Bhanu. 2003. *The Burden of Democracy*. New Delhi: Penguin.

Mencher, J. P. 1974. "The Caste System Upside Down or the Not-So-Mysterious East", *Current Anthropology*, 15 (4): 469-93.

Mendelsohn, O. 1993. "The Transformation of Authority in Rural India", *Modern Asian Studies*, 15 (4): 805-42.

Mendelsohn, O., and M. Vicziany. 1998. *The Untouchables: Subordination, Poverty and the State in Modern India*. Cambridge: Cambridge University Press.

Moffatt, M. 1979. *An Untouchable Community in South India*. Princeton: Princeton University Press.

Mohanty, M. 2007. "Kilvenmani, Karamchedu to Khairlanji: Why Atrocities on Dalits Persist?". www.Boell-India.Org/Download_En/Mohanty_Amrita_Corrected.pdf (accessed on 9 November 2009).

Moore, Jr. B. 1966. *Social Origins of Dictatorship and Democracy: Lord and Peasant in the Making of the Modern World*. Middlesex: Penguin Books.

Mosse, David. 2009. "Dalit Christian Activism in Contemporary Tamil Nadu", in David N. Gellner (ed.), *Ethnic Activism and Civil Society in South Asia*, pp. 175–214. New Delhi: Sage Publications.

Munshi, Kaivan. 2007. "The Birth of a Business Community: Tracing Occupational Migration in a Developing Economy". www.econ.brown.edu/fac/Kaivan_Munshi/diamond10.pdf (accessed on 10 November 2008).

Naudet, Jules. 2008. "Paying Back to Society: Upward Social Mobility among Dalits", *Contributions to Indian Sociology*, 42 (3): 413–41.

Navsarjan Trust and RFK Center for Justice & Human Rights. 2009. "Understanding Untouchability: A Comprehensive Study of Practice and Conditions in 1589 Villages". Http://www.europarl.europa.eu/meetdocs/2009_2014/droi/dv/201/201102/20110227516untouchability_en.pdf (accessed on 27 January 2013).

Nayar, B. R. 1966. *Minority Politics in the Punjab*. New Jersey: Princeton University Press.

Nehru, Jawaharlal. 1946. *The Discovery of India* (reprint: 1992). Delhi: Oxford University Press.

Nigam, A. 2002. "In Search of a Bourgeoisie: Dalit Politics Enters a New Phase", *Economic and Political Weekly*, 37 (13): 1188–94.

Oberoi, H. 1994. *The Construction of Religious Boundaries: Culture, Identity and Diversity in the Sikh Tradition*. Delhi: Oxford University Press.

Omvedt, Gail. 1976. *Cultural Revolt in a Colonial Society: The Non-Brahmin Movement in Western India——1873 to 1930*. Bombay: Scientific Socialist

Education Trust.

——. 1994. *Dalits and the Democratic Revolution: Dr. Ambedkar and the Dalit Movement in Colonial India*. New Delhi: Sage Publications.

——. 2000. "Economic Policy, Poverty and Dalits", in P. G. Jogdand (ed.), *New Economic Policy and Dalit*s, pp. 55–56. Jaipur: Rawal Publications.

——. 2008. *Seeking Begumpura: The Social Vision of Anticaste Intellectuals*. New Delhi: Navayana.

Pager, D., and Hana Shepherd. 2008. "The Sociology of Discrimination: Racial Discrimination in Employment, Housing, Credit, and Consumer Markets", *Annual Review of Sociology*, 34: 181–209.

Pai, S. 2002. *Dalit Assertion and the Unfinished Democratic Revolution: The Bahujan Samaj Party in Uttar Pradesh*. New Delhi: Sage Publications.

Palshikar, Suhas. 2004. "Revisiting State Level Politics", *Economic and Political Weekly*, 39 (14–15): 1477–80.

Pandian, M. S, S. 2013. "Caste in Tamil Nadu (II): Slipping Hegemony of Intermediate Castes", *Economic and Political Weekly*, 48 (4): 13–15.

Pimpley, P. N., and S. K. Sharma. 1985. "'De-Sanskritization' of Untouchables: Arya Samaj Movement in Punjab", in P. N. Pimpley and S. K. Sharma (eds), *Struggle for Status*, pp. 86–101. Delhi: B. R. Publishing Corporation.

Prashad, Vijay. 2000. *Untouchable Freedom: A Social History of a Dalit Community*. New Delhi: Oxford University Press.

Puri, Harish. 2004. "The Scheduled Castes in the Sikh Community: A Historical Perspective", in Harish Puri (ed.), *Dalits in Regional Context*, pp. 190–224. Jaipur: Rawat Publications.

Quigley, D. 1993. *The Interpretations of Caste*. Delhi: Oxford University Press.

Quillian, L. 2006. "New Approaches to Understanding Racial Prejudice and Discrimination", *Annual Review of Sociology*, 32: 299–328.

Raheja, Gloria G. 1989. "Centrality, Mutuality and Hierarchy: Shifting Aspects of Inter-Caste Relationships in North India", *Contributions to India Sociology*, 23 (1): 79–101.

Ram, Ronki. 2008. "Ravidass Deras and Social Protest Making Sense Making Sense of Dalit Consciousness in Punjab (India)", *The Journal of Asian Studies*, 67 (4): 1341–64.

Rehbein, B. 2013. "Capitalism and Inequality in India Compared to the West". Unpublished paper.

Rodrigues, V. 2002. *The Essential Writings of B. R. Ambedkar*. New Delhi: Oxford University Press.

Rothboeck, S., M. Vijaybaskar and V. Gayathri. 2001. *Labour in the New Economy: The Case of the Indian Software Labour Market*. New Delhi: International Labour Organisation.

Rudolph, L. I. and S. H. Rudolph. 1967. *The Modernity of Tradition: Political Development in India* (Indian reprint: 1999). Hyderabad: Orient Longman Limited.

Rutten, Mario. 2003. *Rural Capitalists in Asia: A Comparative Analysis on India, Indonesia, and Malaysia*. London: Routledge.

Saberwal, S. 1973. "Receding Pollution: Intercaste Relations in Urban Punjab", *Sociological Bulletin*, 22 (2): 234–59.

———. 1976. *Mobile Men: Limits to Social Change in Urban India*. New Delhi: Vikas Publishing House.

Sahay, Gaurang R. 2004. "Hierarchy, Difference and the Caste System: A Study of Rural Bihar", *Contributions to Indian Sociology*, 23 (1 and 2): 113-36.

Samarendra, Padmanabh. 2011. "Census in Colonial India and the Birth of Caste", *Economic and Political Weekly*, 46 (33): 51-58.

Shah, G. (ed.). 1975. *Caste Associations and Political Process in Gujarat: A Study of Gujarat Kshatriya Sabha*. Bombay: Popular Prakashan.

——. 2000. "Hope and Despair: A Study of Untouchability and Atrocities in Gujarat", *Journal of Indian School of Political Economy*, 12 (3 and 4): 459-72.

——. 2001. *Dalit Identity and Politics*. New Delhi: Sage Publications.

——. 2002. *Caste and Democratic Politics in India*. Delhi: Permanent Black.

Shah, G., H. Mander, S. Thorat, S. Deshpande, A. Baviskar. 2006. *Untouchability in Rural India*. New Delhi: Sage Publications.

Sharma S. K. 1985. *Social Movements and Social Change: A Study of Arya Samaj and Untouchables in Punjab*. Delhi: B. R. Publishing Corporation.

Sharma, Ursula, 2002. *Caste*. New Delhi: Viva Books Private Limited.

Sheth, D. L. 1999. "Secularization of Caste and Making of New Middle Class", *Economic and Political Weekly*, 34 (34-35): 2502-10.

Singh, I. P. 1977. "Caste in a Sikh Village", in H. Singh (ed.), *Caste among Non-Hindus in India*, pp. 66-83. New Delhi: National Publishing House.

Srinivas, M. N. (ed.). 1955. *India's Villages*. London: Asia Publishing House.

——. 1959. "The Dominant Caste in Rampura", *American Anthropologist*, 61: 1-16.

——. 1962. *Caste in Modern India and Other Essays*. Bombay: Media Promoter and Publishers.

——. 1966. *Social Change in Modern India*. Berkley: University of California

Press.

——. (ed.). 1996. *Caste: Its Twentieth-Century Avatar*. New Delhi: Viking.

Srinivas, M. N. 2003. "An Obituary on Caste as a System", *Economic and Political Weekly*, 38 (5): 455–59.

Stern, R. W. 2001. *Democracy and Dictatorship in South Asia Dominant Classes and Political Outcomes in India, Pakistan, and Bangladesh*. Cambridge: Cambridge University Press.

Taylor, M., and T. Pettigrew. 2000. "Prejudice", in E. F. Borgatta and R. J. Montgomery (eds), *Encyclopedia of Sociology*, vol. 2, pp. 2242–48. New York: Macmillan.

Teltumbde, A. 2007. "Khairlanji and its Aftermath: Exploding some Myths", *Economic and Political Weekly*, 42 (12): 1019–25.

——. 2009. "Race or Caste, Discrimination is a Universal Concern", *Economic and Political Weekly*, 44 (34): 16–18.

——. 2010. *The Persistence of Caste*. New Delhi: Navayana.

——. 2011. "Dalit Capitalism and Pseudo Dalitism", *Economic and Political Weekly*, 44 (34): 16–18.

Thapar, Romila. 1975. *The Past and Prejudice*. New Delhi: National Book Trust.

Thomas, W. L 1904. "The Psychology of Race Prejudice", *American Journal of Sociology*, March, 11 (1): 293–611.

Thorat, Sukhadeo. 2009. *Dalits in India: Search for a Common Destiny*. New Delhi: Sage Publications.

Thorat, Sukhdeo, Aryama and P. Negi (eds). 2005. *Reservations and Private Sector: Quest for Equal Opportunity and Growth*. Jaipur: Rawat Publications.

Thorat, Sukhdeo, and P. Attewell. 2007. "The Legacy of Social Exclusion: A Correspondence Study of Job Discrimination in India", *Economic and Political Weekly*, 31: 4141-45.

Thorat, Sukhdeo, and Nidhi Sadana. 2009. "Caste Ownership of Private Enterprises", *Economic and Political Weekly*, 41 (23): 13-16.

Thorat, Sukhdeo, and K. S. Newman (ed.). 2010. *Blocked by Caste: Economic Discrimination and Social Exclusion in Modern India*. New Delhi: Oxford University Press.

Thorner, A. 1982. "Semi-Feudalism or Capitalism? Contemporary Debate on Classes and Modes of Production in India", *Economic and Political Weekly*, 17 (49-51): 993-99, 2061-86.

Tilly, C. 1998. *Durable Inequality*. Berkeley: California University Press.

Tonnies, R. 1887. *Gemeinschaft und Gesellschaft*. Leipzig: Fues's Verlag (translated in 1957 as *Community and Society*, Cambridge: Cambridge University Press).

Upadhya, C. 2007, "Employment, Exclusion and Merit in the Indian IT Industry", *Economic and Political Weekly*, 42 (20): 1863-68.

Vaddiraju, A. K. 1999. "Emergence of Backward Castes in South Telengana: Agrarian Change and Grass Roots Politics", Special Article, *Economic and Politcal Weekly*, 34 (7): 425-30.

Vaid, Divya. 2012. "Caste-Class Association in India: An Empirical Analysis", *Asian Survey*, 52 (2): 395-422.

Vaid, Divya, and Anthony Heath. 2010. "Unequal Opportunities: Class, Caste, and Social Mobility", in Anthony Heath and Roger Jeffery (eds), *Diversity and Change in Contemporary India*, pp. 129-64. Oxford: Oxford University Press.

Vithayathil, Trina, and Gayatri Singh. 2012. "Spaces of Discrimination: Residential Segregation in Indian Cities", *Economic and Political Weekly*, 47 (37): 60-66.

Vora, Rajendra. 2004. "Decline of Caste Majoritarianism in Indian Politics", in Rajendra Vora and Suhas Palshikar (eds), pp. 271-98. *Indian Democracy: Meanings and Practices*. New Delhi: Sage Publications.

Vora, Rajendra, and S. Palshikar (eds). 2004. *Indian Democracy: Meanings and Practices*. New Delhi: Sage Publications.

Warner, W. L. 1936. "American Caste and Class", *American Journal of Sociology*, 42 (2): 234-37.

Weber, Max. 1946. *From Max Weber: Essays in Sociology*, H. H. Gerth and C. Wright Mills (eds). Oxford: Oxford University Press.

Webster, John C. B. 1999. "Leadership in Rural Dalit Conversion Movement", in Joseph T. O'Connell (ed.), *Organizational and Institutional Aspects of Indian Religious Movements*, pp. 96-112. Shimla: Indian Institute of Advanced Study.

Weiner, Myron. 1967. *Party Building in a new Nation——The Indian National Congress*. Chicago: Chicago University Press.

Wilson, W. J. 1973. *Power, Racism and Privilege: Race Relations in Theoretical and Socio historical Perspectives*. New York: Free Press.

Yadav, Y. 1999. "Electoral Politics in the Time of Change: India's Third Electoral System, 1989-99", *Economic and Political Weekly*, 34 (34-35): 2393-99.

Zelliot, E. 2001 [1992]. *From Untouchable to Dalit: Essays on the Ambedkar Movement*, 3rd edition. New Delhi: Manohar.

索　引

（索引页码为原书页码，即本书边码）

achhoots (untouchables) 不可接触者 2;
　　也参见 untouchability, practice of 不可接触制的做法

Act of 2006, validity of 2006年法案的法律效力 91

Ad-Dharmis 达摩人 30, 35, 37, 54, 56-61, 83, 89;
　　Ad-Dharm movement 达摩运动 84, 86-87, 151-155, 159n3, 167;
　　Ad-Dharm Mandal 达摩委员会，参见 Ravi Das Mandal 拉维·达斯委员会;
　　Decline of 达摩运动的衰落 155;
　　Ideology of 达摩运动的意识形态 163

Adi-Dravida 阿底-德拉维达人 11

Adi Dharam Samaj 达摩人社群 86n3, 90

agrarian economy 农业经济 21, 27, 30, 46, 57, 59, 61, 95, 167, 218-219

agricultural labour 农业劳动 46, 150, 177, 180, 186, 192, 222

Akal Takht 阿卡尔寺 35

Akali Dals 阿卡利党主席团 85

Akalis 阿卡利党人 84-86

Ambedkar, B. R. B. R. 安贝德卡尔 12-13, 37, 69, 80, 153-154, 169, 174, 179,

185, 223

amrit Bani (television programme) 电视节目 164

Amritdhari Sikh, Amritdhari 锡克教徒 58

anganwadi (crèche) 托儿所 42

anti-Sikh riots (1984) 反锡克教徒暴乱（1984年）199

Arnold, D. D. 阿诺德 76

Arrow, Kenneth 肯尼思·阿罗 228

Arya Samaj 雅利安社 148-152, 156n2

Associated Chambers of Commerce and Industry of India (ASSOCHAM) 印度工商联合会 138

Avatars 化身 21

Backward and Minority Castes Employees Federation (BAMCEF) 落后和少数种姓雇员联合会 173, 181, 189

backward castes, preferences and concessions to 为落后种姓提供优待和特许 73

Bahujan Samaj Party (BSP) 社会民主党 174

Balmiki and Mazbhi Sikh Reservation Bachao Morcha 巴尔米基和马扎比锡克教徒预留名额拯救运动组织 89

Balmiki basti 巴尔米基聚落区 64

Balmiki community 巴尔米基社群 63, 88, 90

Balmiki identity, rise of 巴尔米基人的身份认同的兴起 69

Balmiki movement 巴尔米基运动 89

Balmiki-Mazhabi Samaj 巴尔米基人-马扎比人社群 86, 90

bandh 大罢工 65, 89-90

bank loans 银行贷款/从银行获得贷款/获得银行批准的贷款 98, 103, 115

barbers 理发师 28, 31

Becker, Gary 加里·贝克尔 227-228

"Begumpura" poem 诗歌《无悲之城》157-158

below poverty line families 低于贫困线家庭 42, 117

Béteille, André 安德烈·贝泰耶 11, 74

Bhakti movement 虔诚派运动 157

bhandara 班达拉，一种琅加 39

Bhangis 邦基人 83, 199, 206

Bharatiya Janta Party (BJP) 印度人民党 50

BIMARU states BIMARU 各邦 126

Black Panthers of the United States 美国黑豹党 173

Bougié, Celestin 塞莱斯坦·布格莱 9-10

Brahmanical Hinduism; see Hinduism 婆罗门印度教，参见印度教

British colonial rule, influence of 英国殖民统治的影响 3, 56, 80, 146-147, 170-171, 214-215

Buddhism 佛教 154, 169, 182-183

Business, Dalits in 经商的达利特人 97-98;
 commercial establishments 商业机构 101;
 employment patterns 就业模式 98;
 entrepreneurs; see Dalits entrepreneurs 企业家，参见达利特企业家;
 field sites and data collection 田野调查选址和资料收集 98-101;
 income-generating assets 创造收入的资产 97;
 and lack of social networks 缺乏社会关系网 115;
 in Panipat 帕尼帕特 99-100;
 political mobilizations and assertions 政治动员和主张 99;
 in Saharanpur 萨哈兰普尔 100-101

business loans 商业贷款 108

Business Processing Organizations (BPOs) 业务处理组织 121

campus recruitments 校园招聘 123, 221

capitalist agriculture 资本主义农业 167;
    development of 的发展 61;
    growth of 的发展 31

capitalist development 资本主义发展 230;
    process of 发展进程 218

caste associations 种姓协会:
    competitive politics and participation 竞争性政治和参与 6;
    in democratic politics 民主政治中的 74–77;
    emergence of 的涌现 74;
    membership in 的成员资格 75;
    phenomenon of 的现象 74

caste atrocities in India 印度的种姓暴行 211

caste collectivities 种姓群体 81

caste communities 种姓社群 68;
    administrative grouping of 行政分组 22–23;
    listing of 的名单 22;
    social mobility for 社会流动 75

caste discrimination 种姓歧视 40–41, 120, 155, 173, 209;
    in education 教育中的 111;
    in labour market 劳动力市场中的 96, 118, 137;
    sociology of 的社会学 226–230;
    theory of 的理论 227–230

caste distinctions, system of 种姓区分体系 190

caste endogamy 种姓内婚制 4, 197

caste federation 种姓联合会 75–76, 154

caste hierarchy 种姓阶序 14, 23, 79, 170, 225;
 chatur (four)-varna model of 瓦尔纳阶序模型 23;
 politics for the system of 政治对种姓阶序体系 72;
 of Punjabi Dalits 旁遮普达利特人的 163

caste identities 种姓身份 75, 78, 106, 112–113, 116, 120, 135, 167, 171 178,
 180–181, 183, 185, 190–192,196, 200, 205, 220

Caste in Indian Politics (1970)《印度政治中的种姓制度》(1970年) 75

caste patriotism 种姓爱国主义 72

caste politics, trends in 种姓政治的趋势 74–79 116,184

caste prejudice 种姓偏见 39–41, 115, 117, 145, 203;
 sociology of 的意识形态 226–230

caste relations, village-level system of 村落一级的种姓关系体系 8

caste solidarity, feeling of 种姓团结的感觉 72

caste system 种姓制度:
 changing caste and 变化的种姓和 216–217;
 and democracy 和民主 69–71;
 Dumontian theorization of 杜蒙对种姓制度的理论化 225;
 in everyday social and economic life 日常社会经济生活中的 39–41;
 as foundational fact of Indian society 作为印度社会基本事实的 6;
 future of 的未来 210–215;
 horizontal consolidation of 的横向合并 72, 168;
 humiliation and discrimination in 中的羞辱和歧视 12–18;
 idea of 的概念 1–2;

materiality of 的物质性 201;

political sociology of 的政治社会学 71-74;

popular view of 的流行观点 2-4;

as power 视为权力的 8-12;

and reproduction of caste today 和今天种姓制度的繁殖 217-224;

secularization of 的世俗化 225;

social change and 社会变革和 224-226;

social organization of 的社会组织 134;

substantialization of 的实质化 73;

as tradition 视为传统的 5-8;

Western view of 西方的种姓制度观 5

caste-based activism 基于种姓的行动主义 175

caste-based occupation 基于种姓的职业 48, 109

caste-based quotas, state policy of 国家基于种姓的配额政策 4

caste-based rural hierarchies, patterns of 基于种姓的农村阶序模式 48

caste-blindness "对种姓制度选择性失明" 12, 140-141, 212

caste-occupation association 种姓-职业的联系 31

caste-occupation matrix, in rural Punjab 旁遮普农村的种姓-职业矩阵 30

caste-politics interactions, consequences of 种姓制度-政治相互作用的结果 75-77

caste-related disabilities 与种姓相关的障碍 65, 138

caste-related violence see violence against the Dalits 与种姓相关的暴力，参见针对达利特人的暴力

casual wage workers 临时雇工 97

Chamars 查玛尔人 30, 84, 89, 91, 100, 104, 113, 118, 147, 155-156, 158, 163, 175, 183

chamchas (dependent sycophants) 应声虫（依附的阿谀奉承者）174

Christian Church 基督教会 174

Christian missionaries 基督教传教士 147-148

Christianity 基督教 26, 147-150, 156n2

Chuhras, 卓拉人 87-89, 113, 148, 156

citizenship rights 公民权利 50, 201

civic citizenship 市民公民权利 223

civil society organizations 公民团体组织 207-209

class injustices 阶级不公正 173

Cohn, Bernard, S. 伯纳德·S. 科恩 5

Cold War 冷战 79, 95

collective identity, 集体身份 213

Colonial Census (1931) 殖民时期的人口普查（1931年）148-149, 154

Communal Award《社群裁决》154

community centres 社区中心：
    built by Dalits 达利特人建造的 44;
    upper-caste 高种姓 44

Community Development Programme (CDP) 社区发展计划 77

community-based discrimination 基于社群的歧视 120

Congress Party 国大党 12, 77-78, 85-86, 154

corporal punishment 体罚 198

cow slaughter incident 屠杀牛事件 50-52

Cox, Oliver C. 奥利弗·C. 考克斯 210-211, 229

cultural capital, quality of 文化资本的质量 15, 220, 225, 230

cultural 'difference' 文化"差异" 4, 6

Culture of Poverty (1962)《贫困文化》(1962年) 166

Dalit Action Committee (DAC) 达利特行动委员会 57-58

Dalit activists of Delhi 德里的达利特活动人士 174-175, 184-190;

    age and gender 的年龄和性别 175;

    becoming an 成为 183-184;

    caste and beyond 种姓制度和超越其外的 199;

    discrimination, prejudice and humiliation 歧视、偏见和羞辱 194-199;

    education and occupations 教育和职业 176-178;

    giving back to the community 回报社群 190-194;

    and history of Dalit movements 和达利特运动的历史 175;

    level of education 的受教育水平 176;

    milestones and challenges 的里程碑和挑战 205-207;

    notions about caste 对种姓制度的看法 200-202;

    occupation of 的职业 177;

    place of birth of 的出生地 78;

    political articulations and self-identity 的政治表达和自我身份认同 179-183;

    preferred category of self-description 首选的自我描述的类别 180;

    region, religion and communities 地区、宗教和社群 175-176;

    responses on religious identity 对宗教身份的回应 176;

    on role of reservations 关于预留名额的作用 202-204;

    social class and mobility, perceptions of 对社会阶层和流动的看法 178

Dalit identity 达利特身份:

    and caste in democratic politics 民主政治中的达利特身份和种姓制度 77-82;

    internal dynamics of 的内部动力学 82-84;

    rise of 的崛起 68, 181

Dalit millionaires, rise of 达利特百万富翁的崛起 116

Dalit Panthers movements of Maharashtra 马哈拉施特拉邦的达利特黑豹运动 173

Dalit rights organization 达利特权利组织 180, 184, 188-189, 195-196

Dalit sahitya (literature) 达利特文学 184, 187, 198

Dalits, 达利特人：

    autonomous religious system for 的独立自主的宗教体系 162;

    in business *see* business, Dalits in 经商的达利特人，参见经商的达利特人；

    community centres 社区中心 44;

    construction of separate gurdwaras by 建造单独的谒师所 38;

    and degree of cultural autonomy 和文化自主程度 47;

    developmental schemes for upliftment 提升的发展计划 29;

    discrimination against 针对达利特人的歧视 40-41;

    discrimination in the labour market 劳动力市场的偏见 96;

    drinking water sources, issue of 饮用水源的问题 34;

    economic prosperity 经济繁荣 33;

    empowerment of 授权于 161, 174;

    entrepreneurship 企业家精神 98;

    entry into the houses of upper castes 进入高种姓的房屋 32-34;

    entry into upper-castes' gurdwaras 进入高种姓的谒师所 35-38;

    Gandhian notion of 甘地的达利特人概念 179;

    idea of 的概念 13-14, 27;

    initiatives, activism and networks 主动性、行动主义和关系网 172-174;

    and isolation in residential patterns 在居住格局中的孤立 29;

    and the Panchayats 和潘查雅特 43-45;

    religious places and caste 宗教场所和种姓制度 35-38;

    schools for 的学校 42;

upliftment of 的提升 190;

violence against *see* violence against the Dalits 针对达利特人的暴力，参见针对达利特人的暴力

Dalits entrepreneurs 达利特企业家 98, 104-106;

barriers and supports for 遭受的障碍和得到的支持 111-116;

business loans 商业贷款 108;

education and training 教育和培训 106-107;

fieldwork, phase of 田野工作阶段 103-104;

first-generation 第一代 109;

getting started 着手开始 107-110;

growth of 的发展 102;

impact of caste on 种姓制度对达利特企业家的影响 111-115;

initial investment 初始投资 108;

in leather-related business 做与皮革相关生意的 107;

location and functioning of enterprises 企业的地点和运动 110-111;

mobilization of finance 筹集资金 109, 115;

occupation being followed by 从事的职业 103;

search of 寻找 101-111;

self-proprietorships 个体户 110;

size and growth of enterprises 企业的规模和增长 110;

social mobility of 的社会流动 102;

sources of motivation 动机来源 108;

year of starting the enterprise 创办企业的年份 102

Dandora movement 丹多勒运动 82

Dayanand, Swami 达耶难陀大师 149-150

democratic governance, system of 民主治理体系 71

democratic politics 民主政治 73, 76;

caste-groups, participation of 种姓群体的参与 82;

consolidation of 的巩固 79;
　　Dalit identity and caste in 中的达利特身份和种姓制度 77-82;
　　institutionalization of 的制度化 81
depressed class movements 被压迫阶级运动 151
depressed classes 被压迫阶级 24, 171;
　　welfare of 的福利 80
Dera Sachkhand Ballan 真领域巴兰宗教中心 159-160, 162
Desai, I. P. I. P. 德赛 27
Deshpande, A. A. 德什潘德 220-221
dharma, significance of "法"的重要性 2
Discovery of India, The (1946)《印度的发现》(1946年) 69
dominant caste, concept of 宰制种姓的概念 10, 13, 74, 78
drinking water sources, issue of untouchability and 不可接触制和饮用水源的问题 34
Dumont, Louis 路易·杜蒙 6-8, 11, 15, 45, 73;
　　theorization of caste 对种姓制度的理论化 225
Durban Conference (2001) 德班会议 (2001年) 16, 174

economic empowerment 经济赋权 201
economic inequality, class-based 基于阶层的经济不平等 9, 48, 145, 218
economically depressed classes 经济困难的类别 225
Economics of Discrimination, The (1957)《歧视经济学》(1957年) 227
educational institutions, quota in 教育机构中的配额 91
electoral politics 选举政治:
　　analysis of 对选举政治的分析 224;

based on universal adult franchise 基于成年人普选权的 79

Escobar, Arturo 阿图罗·埃斯科瓦尔 172

ethnic communities 种族社群 9, 25, 74

ethnic groupings, segregation based on 基于种族群体的隔离 9

fair treatment, principle of 公平对待的原则 141

family-controlled businesses 家族控制的企业 124, 131

family-run enterprises 家族企业 123

Fitness Health Corporation 健身健康公司 135

free-market economy 自由市场经济 97

Gaddar movement 加达尔运动 152

Gaekwad III, Sayaji Rao 萨义基·拉奥·盖克瓦德三世 24

Gandhi, Mahatma 圣雄甘地 13, 153, 158, 169, 179

gang rivalry 帮派斗争 66

Garib Dass, Sant 圣加里布·达斯 160

gaushalas 牛庇护所 52–53

gemeinschaft 礼俗社会 213

gesellschaft 法理社会 213

Ghurye, G. S. G. S. 古尔耶 72

Gini-coefficient 基尼系数 224

globalization, process of 全球化进程 79, 120, 126, 135, 202, 226

Gokhale, G. K. G. K. 戈克雷 24

Golden Temple 金庙 35

Government of India 印度政府 101;

Doordarshan television channel 全印电视台 164;

Government of India Act (1935) 1935年《印度政府法案》24, 153-154, 172;

Government of India (Scheduled Castes) Order (1936) 1936年《印度政府（表列种姓）令》172;

institutionalization of democratic politics 民主政治的制度化 81;

protection of SCs from violence 保护表列种姓免遭暴力 25;

reservation policy for Scheduled Castes and Scheduled Tribes 为表列种姓和表列部落提供预留名额 122;

rural development programmes 农村发展计划 81

granthis 格兰缇 35, 151

Green Revolution 绿色革命 22, 27, 31, 33, 66, 77, 98, 167, 216

group-based inequalities 基于群体的不平等 227

Gujjars 古贾尔人 11

Gurbani (Sikh religious text) 歌伯尼（锡克教宗教吟唱的"上师之言"）158

Guru Granth (Sikh holy book)《古鲁·格兰特》（锡克教圣书）157-159, 161, 167

Guru Ravi Das deras 拉维·达斯古鲁宗教中心：

Dera Sachkhand Ballan 真领域巴兰宗教中心 159-160, 162;

diaspora effect 移民的影响 162-165;

and the disciples 及其信徒 160-162

gurukuls 古鲁库尔 52-53

Hardgrave, Robert 罗伯特·哈德格雷夫 75

Hardtmann, Eva-Maria 伊娃-玛丽亚·哈特曼 172

Hari Dass, Sant 圣哈里·达斯 160

Harijans *see* Dalits 哈里真，参见达利特人

Harriss, John 约翰·哈里斯 207

Harriss-White, Barbara 芭芭拉·哈里斯-怀特 222

Hindu religious ideology 印度教的宗教意识形态 6

Hindu religious institutions, untouchability in 印度教宗教机构中的不可接触制 38–39

Hinduism 印度教 6, 27, 35, 39, 104, 122, 150–152, 151, 154–155, 166, 176, 183, 199, 201, 214, 223

Hindus, religious system of 印度教的宗教体系 2

Hindutva identity 印度教民族主义身份 151

Homo Hierarchichus (1966, 1971)《阶序人》（1966年，1971年）6

honour-killings 荣誉谋杀 49

horizontal consolidation of caste, process of 种姓制度横向合并的进程 72–73

human capital 人力资本 137

human society, concept of 人类社会的概念 213

'humiliation', of caste 种姓制度的"羞辱" 224

India Motors 印度汽车公司 133–135

Indian Constitution《印度宪法》：

 Article 17 of《印度宪法》第17条 25;

 Directive Principles of State Policy (Article 38) of《印度宪法》的国家政策之指导原则（第38条）70;

 parameters of democratic politics 民主政治参数 69;

 values of equality, liberty and fraternity 平等、自由和博爱的价值观 70

Indian democracy 印度民主：

general election of 1967 1967年普选 78;

influence of caste system on 种姓制度对印度民主的影响 69-71;

working of 的运作 71-74

Indian job market 印度就业市场 120

India's economy, privatization of 印度经济的私有化 96

industrial capitalism, development of 工业资本主义的发展 215

inequality, idea of 不平等思想 6, 15

inter-caste differences 种姓间差异 206

inter-caste relationships, ideologies of 种姓间关系的意识形态 11, 46

Islam 伊斯兰教 26, 150, 156n2

jagirs (intermediary rights), abolition of 札吉尔（中间人的权力）的废除 77

jajmani relations 贾吉曼尼关系 21, 28, 31, 46, 145, 216, 230;

disintegration of 的瓦解 13, 81

Jalandhar channel, of Doordarshan 全印电视台的贾朗达尔频道 164

Jassi, Sat Pal 萨特·帕尔·杰茜 157-158

Jat Bhaichara (caste panchayat of the Jats) 贾特兄弟会（贾特人的种姓潘查雅特）62

Jat community 贾特社群 42, 44, 53-54, 61, 64

Jat Mahasabha 贾特大会 64

Jat Sikhs 贾特锡克教徒 62, 163

jatavs 贾塔夫人 113, 175, 183

jathedars 贾瑟达尔 35

jati system 阇提体系 1, 5;

hierarchy of 的阶序 1

Jeffrey, Robin 罗宾·杰弗里 76

job reservations 预留工作名额 89–90, 136–140, 173, 202–204

Juergensmeyer, Mark 马克·尤尔根斯迈耶 148, 159n3, 163, 166

kammi 固定农业工人 87

karma, significance of "业"的重要性 2, 199

"Khap" panchayats 贾特氏族长老会 53

Kilim Chemical Company 基里姆化学公司 131

kinship networks 亲属关系网 97, 109, 118, 219

Kothari, Rajni 拉吉尼·科塔里 75

labour markets 劳动力市场 145;
　　caste discrimination in 中的种姓歧视 96, 118, 137

labour recruitment 劳动力招聘 222

Land Alienation Act 1901年《土地转让法》149

Land Reform legislations 土地改革立法 77, 212

Landowners 地主 31, 39, 61, 79, 81, 87

langar (food served in gurdwaras) 琅加（谒师所提供的食物）36–37, 39–40, 164

Lewis, Oscar 奥斯卡·刘易斯 166

line of pollution see pollution-line, notion of 污染界限，参见污染界限的概念

linguistic skills 语言技能 220

Macwan, Martin 马丁·玛克旺 16

Mahar community 马哈尔社群 183

Mandal Commission (1990) 曼达尔委员会（1990年）78, 188

Manor, James 詹姆斯·马诺尔 8, 76, 78, 216

Manusmriti《摩奴法典》2, 226

Mayawati 玛雅瓦蒂 14

Mazhabi community 马扎比社群 31, 36-39, 85-86, 89-90

Mazhabi Sikhs 马扎比锡克教徒 83-88, 90

Megh community 米格社群 36

Melucci, Alberto 阿尔贝托·梅卢齐 172

Mendelsohn, Oliver 奥利弗·门德尔松 13, 217

modern/secular institutions, untouchability in 现代／世俗机构中的不可接触制 41-42

Mohanty, Manoranjan 曼诺拉简·莫汉蒂 219

moneylenders 放债者 81, 115

Municipal Act《市政法》88

Muslim butchers (kasais) 穆斯林屠夫 51, 53

Nadars of Tamilnad, The (1969)《泰米尔纳德的纳达尔人》（1969年）75

Nanak Dev, Guru 古鲁-纳那克·德夫 157-158

National Campaign on Dalit Human Rights 全国达利特人权运动组织 64

National Capital Region (NCR) 国家首都辖区 121

National Commission for Scheduled Castes and Scheduled Tribes 全国表列种姓和表列部落委员会 51

National Democratic Alliance (NDA) 全国民主联盟 50

National Sample Survey Organisation (NSSO) 国家抽样调查组织 97

Naudet, Jules 朱尔斯·诺德特 194

Nehru, Jawaharlal 贾瓦哈拉尔·尼赫鲁 69, 84;
　　idea of planned development 计划发展理念 96

Nehruvian agenda 尼赫鲁议程 12

Neo-Buddhists of Maharashtra 马哈拉施特拉邦的新佛教徒 223

neo-liberal capitalism 新自由主义资本主义 230

occupational hierarchies 职业阶序 27, 30, 216

Omvedt, Gail 盖尔·奥姆维特 158

original caste, concept of 原始种姓制度的概念 11

Other Backward Classes (OBCs) 其他落后阶层 82, 225-226;
　　caste-based quotas (reservations) for 给其他落后阶层的基于种姓的配额（预留名额）4;
　　Mandal Commission Report 曼达尔委员会报告 78;
　　separate quotas for 为其他落后阶层提供单独的配额 78, 188

Panchayati Raj 潘查雅特制度 77

Panipat 帕尼帕特 109;
　　as important urban centre of Haryana 作为哈里亚纳邦的重要城市中心的 99;
　　migration during 1947 1947年的移民 99;
　　public sector industries in 的国营企业 100;
　　Scheduled Caste population 表列种姓人口 100;
　　separation from Karnal district 从卡尔纳尔分离 99-100;
　　total population 总人口 100

pathological racial antagonism 病态的种族对立 211

personal identity 个人身份 213

Phule, Jyotiba 焦提巴·普乐 12, 14, 80, 192

Pipal Dass, Sant 圣皮帕尔·达斯 159

'political' activism "政治"行动主义 171n1

political entrepreneurs 政治企业家 14, 74, 118

political power for Dalits, significance of 政治权力对达利特人的重要意义 202

polluting occupations 污染性职业 30, 33

pollution-line, notion of "污染界限"的概念 23

Poona Pact (1932)《浦那协定》153-154

potters 陶工 31

poverty alleviation 减轻贫困 203

power in caste system, idea of 种姓制度中权力的观念 8-12

Prevention of Atrocities against Scheduled Castes/Scheduled Tribes Act《保护表列种姓和表列部落免遭暴行法》54

Protection of Civil Rights Act (1976) 1976年《民权保护法》25

public distribution system 公共分配体系 42

public sector industries 国营企业 100

Punjab Census (1931) 1931年的旁遮普人口普查 152

Punjab Christianity movement 旁遮普基督教运动 147-148

Punjab Legislative Assembly 旁遮普立法议会 153

Punjab practice of untouchability in 旁遮普不可接触制的做法 21;
 capitalist agriculture, growth of 资本主义农业的发展 31;
 caste and 种姓制度和旁遮普 25-27;
 caste in everyday social and economic life 日常社会和经济生活中的种姓制度 9-41;
 caste-occupation matrix 种姓-职业矩阵 30;
 construction of separate gurdwaras by Dalits 达利特人建造单独的谒师所 38;
 developmental schemes for upliftment 提升达利特人的发展计划 29;

dominant-caste big farmers 宰制种姓大农场主 33;
drinking water sources and 饮用水源与旁遮普 34;
entry into houses of the upper castes 进入高种姓的房屋 32-34;
health care centres 卫生保健中心 42;
Hindu religious institutions 印度宗教机构 38-39;
jajmani system 贾吉曼尼制度 28, 31;
langar (food served in gurdwaras) 琅加（谒师所提供的食物）36;
and the "line of pollution" 旁遮普和"污染界限" 22-25;
modern/secular institutions 现代/世俗机构 41-42;
occupational hierarchy and 职业阶序和旁遮普的不可接触制的做法 27;
Panchayats 潘查雅特 43-45;
politico-economic changes and 政治经济变革和旁遮普不可接触制的做法 25;
public distribution system 公共分配体系 42;
religious places and caste 宗教场所和种姓制度 35-38;
rules for 旁遮普实行不可接触制的规则 27-45;
segregated settlements 隔离的聚落区 29;
segregation of different caste-groups 不同的种姓群体隔离 27;
Sikh religion and 锡克教宗教和 27;
social and economic life 社会和经济生活 28;
social conditions 社会状况 22;
social ecology of the village and 村落的社会生态和 28-29;
unclean occupations and 不洁职业和 30-32;
villages with separate Dalit gurdwaras 拥有单独的达利特人谒师所的村落 37-38

Punjabi Chuhras, migration of 旁遮普的卓拉人的迁移 88
Punjabi Dalits 旁遮普的达利特人 166;
  caste hierarchy of 的种姓阶序 163

quota system 配额制度:
    Balmiki-Mazhabi identity and 巴尔米基人-马扎比人身份和 86-91;
    caste-based 基于种姓的 4, 82;
    classification of communities for 对各社群加以分类的 86;
    in educational institutions 教育机构中的 91;
    importance of 的重要性 202;
    jobs under 下的工作机会 84;
    political process in 中的政治进程 84-86;
    "quotas within quotas" "配额内进行配额" 83;
    rationalization of 富人合理化 82;
    for reserved categories 预留名额类别的 96;
    termination of the classification of 终止对配额进行分类 89

"racial" differences "种族"差异 210

racial lynching of the Blacks, phenomenon of 黑人遭受种族私刑的现象 211

racial prejudice 种族偏见 227

Raheja, Gloria G. 格洛里亚·G.拉赫贾 7, 11

Ram, Kanshi 坎锡·拉姆 14, 87, 162, 173-174, 185, 189, 202

Ram, Mangoo 曼古·拉姆 151-153

Ramachandra Rao Commission 马钱德拉·拉奥委员会 82

Ramdasis 拉姆达斯人 30, 62, 84

Ravan, Ram Rattan 拉姆·拉坦·拉瓦 88

Ravi Das, Guru 拉维·达斯古鲁 37, 156-158, 163, 167;
    teachings of 的教义 164;
    writings of 的著作 161

Ravi Das Mandal 拉维·达斯委员会 153, 156

Ravi Das Trust 拉维·达斯基金委员会 154

Ravidasis community 拉维达西人社群 30, 84, 91;
 from Ad-Dharm to 从达摩到拉维达西人社群 155-156;
 autonomous religious system for 独立自主的宗教体系 162;
 Guru Ravi Das deras 拉维·达斯古鲁宗教中心 159-160;
 identity formation of 拉维达西人身份认同的形成 146;
 present scenario of 今日的拉维达西人 158-160

recruitment patterns and processes of 招聘模式和流程 123-140;
 advertisement of vacancies 空缺职位广告 123;
 background characteristics 背景特征 129;
 campus recruitments 校园招聘 221;
 caste- and kin-based preferences 基于种姓和基于亲属关系的偏好 126;
 family matters 家庭关系重大 127-130;
 "general and reserved" category "普通"类别和"预留名额"类别 221;
 labour recruitment 劳动力招聘 222;
 linguistic skills of the candidate 候选人的语言技能 220;
 merit and modernity, issues of 能力与现代性的问题 124-127;
 personal traits, impact of 个人特质的影响 128;
 reservations and affirmative action 预留名额和平权行动 136-140;
 services of "head-hunters" "猎头"的服务 123;
 soft skills 软技能 129, 220;
 stereotypes and preferences 成见和偏好 131-136;
 for upper-end jobs 高层职位的招聘 220

religion and caste mobilizations, in Punjab 旁遮普的宗教和种姓动员 146-165;
 Ad-Dharm movement 达摩运动 151-155;
 for community and development 为社群和发展 165-166;

establishment of British colonial rule and 英国殖民统治的建立与 147;

Guru Ravi Das deras 拉维·达斯古鲁宗教中心;

movement for a separate religious identity 争取独立宗教身份运动 153;

and Ravidasi diaspora in religious life 与海外拉维达西侨民的宗教生活 162–165;

Ravidasi movement 拉维达西运动 162;

Sikh religion, de-Hinduization of 锡克教的去印度教化 151

religious identity 宗教身份 87, 153;

of Ad-Dharm 达摩人的 155;

caste-based 基于种姓的 156;

of Sikhs 锡克教徒的 151

religious places and caste 宗教场所和种姓制度 35–38

religious worship 宗教崇拜 11

reservation system 预留制度 89–90, 136–140, 173, 202–204;

see also quota system 也参见配额制度

right-wing anti-reservation organization 反对预留政策的右翼组织 188

Risley, Herbert 赫伯特·里斯利 24

ritual hierarchies 仪式上的阶序 10, 216, 230

Rudolph, Lloyd 劳埃德·鲁道夫 74

Rudolph, Susan 苏珊·鲁道夫 74

rural development programmes 农村发展计划 81

rural social order 农村社会秩序 81, 97, 173

rural society, democratization of 农村社会的民主化 81

rural-urban distribution 城乡分布 26

Sabberwal, R. L. R. L. 萨伯瓦尔 89

Saharanpur 萨哈兰普尔:
    agro-based industrial enterprises 立足于农业的工业企业 100;
    cottage industry 家庭手工业 100;
    Dalit enterprises in 达利特企业 101;
    Scheduled Castes in 表列种姓 100–101;
    total population of 总人口 100

sajhis 长工 31

Sanskritization, idea of 梵化 8, 23

sarpanches (presidents) 村长或五老会主席,在地方机构掌握最高权力者 43–45, 59

Sarwan Dass, Sant 圣瑟尔万·达斯 159–160, 162

Scheduled Castes 表列种姓 12, 56, 130, 136, 141, 154, 170, 183, 218;
    caste-based quotas (reservations) for 基于种姓的配额（预留名额）4, 82;
    categories of 的类别 82;
    common identity of 的共同身份 80;
    identification of 的确认 22;
    policy of reservations for 预留名额的政策 95;
    population in India 印度表列种姓的人口 171;
    population in Panipat 帕尼帕特表列种姓的人口 100;
    population in Saharanpur 萨哈兰普尔表列种姓的人口 100–101;
    quota system for 配额制度 96, 116, 119, 139;
    'quotas within quotas' for "配额内进行配额" 83;
    Ramachandra Rao Commission 马钱德拉·拉奥委员会 82;
    reservations in government jobs and educational institutions 在政府职位和教育机构中的 221;
    seats reserved for 预留给表列种姓的席位 43, 82, 85;
    sub-classification of 的再分类 68, 83

Scheduled Castes and Scheduled Tribes Prevention of Atrocities Act (1989) 1989 年《保护表列种姓和表列部落免遭暴行法》25

Scheduled List, formation of 表列名单的形成 153

Scheduled Tribes 表列部落 122, 130, 141, 181;
 policy of reservations for 为表列部落预留名额的政策 95;
 quota system for 为表列部落配额的制度 96

self-employment 个体经营 97

self-proprietorships 个体户 110

sepi 固定农业工人 87

Shah, Ghanshyam 甘地亚姆·沙阿（Ghanshyam Shah）28, 76

Shastri, Bijay Sonkar 比杰·松卡尔·沙斯特里 51

Shiromini Gurudwara Prabandhak Committee (SGPC) 西罗米尼·古鲁瓦拉·普拉班哈克委员会 85

Shuddhi (process of religious purification) 宗教净化过程 149–150

Shuddhi movement 宗教净化运动 150

Shudras 首陀罗 2, 23, 77

Sikh community, religious establishment of 锡克教社群的宗教权势集团 38

Sikh gurudwaras 锡克教谒师所 151

Sikh religion 锡克教 27, 35, 167;
 and Akali politics 和阿卡利党政治 85;
 de-Hinduization of 的去印度教化 151;
 discrimination against any caste 不提倡歧视任何种姓 47

Simon Commission (1935) 西蒙委员会 171

Singh, Amrinder 阿姆雷德·辛格 91

Singh Sabha movement 辛格大会运动 151

Singh, V. P. V. P. 辛格 78, 188

siris 长工 31

"social" activism "社会"行动主义 171nl

social boycott, caste-based 基于种姓的社会抵制 49, 57-58, 62

social capital 社会资本 193, 219-220

social change, Marxist notion of 马克思主义的社会变革概念 214

social divisions 社会分化 5

social engineering 社会工程 136

social evolutionism, theory of 社会进化理论 215

social exclusion, caste-based 基于种姓的社会排斥 48

social inequalities 社会不平等 4, 21, 81, 145, 212, 225-230

social mobility, for the caste communities 种姓社群的社会流动 75

social movement 社会运动 26, 79, 167, 172, 216, 230

social order 社会秩序 1-5, 47, 70, 81, 97, 170, 173, 186, 208, 213-214, 216, 224, 230

social organization, system of 社会组织体系 6, 16, 24, 70, 76, 134, 211, 213-214, 217-218, 229

social stratification 社会阶层分化 6

socialization, theory of 社会化理论 128

socio-cultural organizations 社会-文化组织 173

Soviet Union, collapse of 苏联解体 79

spatial and social marginalities 空间上和社会上的边缘性 4

Srinivas, M. N. M. N. 斯里尼瓦 8, 10, 13, 23, 72, 75, 168, 217

Swamy, I. D. I. D. 斯瓦米 50

target group 目标群体 226-227

Tata Institute of Social Sciences (TISS), Mumbai 孟买塔塔社会科学研究所 196

Teltumbde, Anand 阿南德·泰尔塔姆伯德 16, 116-117

Thomas, William 托马斯·威廉 210

Tilly, Charles 查尔斯·蒂利 227-228

"type of society", idea of "社会类型"的概念 211

UN World Conference against Radism, Racial Discrmination, Xenophobia, and Related Intolerance (WCAR) 联合国反对种族主义、种族歧视、仇外心理和相关不容忍行为世界会议,参见 Durban Conference (2001) 德班会议

unclean occupation 不洁职业 30-32, 46

United Progressive Alliance (UPA) 团结进步联盟 96, 119

universal adult franchise, principle of 成年人普选权原则 43, 70, 74, 79, 81

untouchability practice of 不可接触制的做法/实践 11, 21, 23, 24, 32, 112, 149, 151, 195;

 caste prejudice and 种姓偏见和 40;

 and drinking water sources 和饮用水源 34;

 in Hindu religious institutions 印度宗教机构中 38-39;

 and "line of pollution" 和"污染界限" 22-25;

 in modern/secular institutions 现代/世俗机构中 41-42;

 perception during village festivals 乡村节庆活动期间 40;

 in rural Punjab see Punjab, practice of untouchability in 旁遮普农村的不可接触制,参见旁遮普的不可接触制;

 Untouchability Offence Act (1955) 1955年《不可接触制犯罪法》25

 "untouchable" communities "不可接触者"社群 156, 171, 179

upper castes, lifestyle of "高种姓"的生活方式 23

upper-end jobs, selection for 高层职位的招聘 220

urban centres in India, migration to 移民到印度的城市中心 167-168

urban entrepreneurship 城市创业 219

urban-educated Indians 在城市受过教育的印度人 197

Valmiki, Sant 圣跋弥 37

varna system 瓦尔纳体系：

    categories in 中的类别 2;

    hierarchy of 的阶序 1;

    significance of 的重要性 2

village festivals, practise of untouchability during 乡村节庆活动期间不可接触制的做法 40

village panchayats 村落潘查雅特 30, 59, 62;

    caste-wise variation in 不同种姓的村落潘查雅特的差异 43-45;

    "Khap" panchayats 贾特氏族长老会 53

violence against the Dalits 针对达利特人的暴力 4, 17, 49, 82, 205;

    Dalit assertion in Talhan, Punjab 旁遮普邦塔汉村达利特人主张权利 54-59;

    on drainage rights 有关排水权 59-61;

    individual crimes and caste violence 个人犯罪和种姓暴力 63-66;

    land and caste issues in Punjab 旁遮普的土地和种姓问题 61-63;

    murder of five Dalit men in Dulina, Haryana 哈里亚纳邦杜利纳村5名达利特人被谋杀案 50-54

Vishwa Hindu Prashid (VHP) 世界印度教徒大会 53

Warner, W. L. W. L. 沃纳 210

Weber, Max 马克斯·韦伯 9-10, 15, 226;

notion of status 地位的概念 226

Western education, impact of 西方教育的影响 72

workforce management, principle of 人力资源管理的原则 124

yajna 雅吉纳 38

Youth for Equality 青年促平等组织 188

Zail Singh, Giani 贾尼·扎尔·辛格 85-86

N